本书由西北政法大学博士科研启动经费资助出版

Theory of Meterial law of
Private law in Rome

罗马私法物法论

律 璞 ◎ 著

光明日报出版社

图书在版编目（CIP）数据

罗马私法物法论 / 律璞著 . -- 北京：光明日报出版社，2025.4. -- ISBN 978-7-5194-8687-7

Ⅰ.D904.1

中国国家版本馆 CIP 数据核字第 20253PW975 号

罗马私法物法论

LUOMA SIFA WUFALUN

著　　者：律　璞	
责任编辑：李　倩	责任校对：李壬杰　贾文梅
封面设计：中联华文	责任印制：曹　净

出版发行：光明日报出版社
地　　址：北京市西城区永安路 106 号，100050
电　　话：010-63169890（咨询），010-63131930（邮购）
传　　真：010-63131930
网　　址：http://book.gmw.cn
E - mail：gmrbcbs@gmw.cn
法律顾问：北京市兰台律师事务所龚柳方律师
印　　刷：三河市华东印刷有限公司
装　　订：三河市华东印刷有限公司

本书如有破损、缺页、装订错误，请与本社联系调换，电话：010-63131930

开　　本：170mm×240mm
字　　数：230 千字　　　　　　　　印　张：15.5
版　　次：2025 年 4 月第 1 版　　　印　次：2025 年 4 月第 1 次印刷
书　　号：ISBN 978-7-5194-8687-7
定　　价：95.00 元

版权所有　　翻印必究

目 录
CONTENTS

绪论 1

第一章　物法概说 9
  第一节　罗马私法物法高度发达的原因分析 9
  第二节　物之概况 19
  第三节　物权概述 23

第二章　物之分类 31
  第一节　非财产物或不可有物与财产物或可有物 31
  第二节　有形物与无形物 46
  第三节　要式转移物与略式转移物 50
  第四节　动产与不动产 55
  第五节　主物与从物 61
  第六节　原物与孳息 64

第三章　所有权概述 70
  第一节　所有权概念 70

1

第二节　所有权内容 ································· 73
　　第三节　所有权的限制 ······························· 77
　　第四节　所有权产生基础之占有 ······················· 85

第四章　所有权取得方式之原始取得 ······················· 95
　　第一节　先占 ······································· 95
　　第二节　埋藏物的发现 ······························· 108

第五章　所有权取得方式之传来取得 ······················· 113
　　第一节　时效取得 ··································· 113
　　第二节　要式买卖 ··································· 123
　　第三节　拟诉弃权 ··································· 130
　　第四节　让渡 ······································· 134
　　第五节　添附 ······································· 141
　　第六节　加工 ······································· 151

第六章　他物权之地役权 ································· 157
　　第一节　地役权概述 ································· 157
　　第二节　乡村地役 ··································· 165
　　第三节　城市地役 ··································· 172
　　第四节　大陆法系国家及我国民法中的地役权制度 ······· 180

第七章　他物权之用益权 ································· 185
　　第一节　用益权概述 ································· 185
　　第二节　用益权的设定 ······························· 188
　　第三节　用益权人的权利和义务 ······················· 192
　　第四节　用益权的设定与消灭 ························· 202

第八章　他物权之地上权、永佃权 ········· 205
第一节　地上权 ········· 205
第二节　永佃权 ········· 211

第九章　担保物权之质权 ········· 214
第一节　质权概况 ········· 215
第二节　质权标的物 ········· 218
第三节　质权双方主体权利、义务及质权的消灭 ········· 224

结语 ········· 230

参考文献 ········· 235

后记 ········· 239

绪 论

一、研究价值

　　罗马法学家把罗马法划分为私法和公法。一般认为，公法是保护国家利益的法律，私法是保护个人利益的法律。在罗马时代，公法主要包括宪法、刑法、诉讼法等，而私法主要是指民事法律。罗马私法高度发达，罗马公法相对滞后。一般来讲，古代的东方国家只要处于奴隶制时代，公法都是高度发达的，这主要是由东方的专制社会决定的。而古代罗马，由于海上贸易高度发达，加上民主自由理念的早期萌芽，法律更加注重保护个人的利益，当然主要是保护罗马市民的利益。万民法时代，法律也比较注重保护外国人的合法权益。共和国时代，由于市民和贵族的长期斗争，贵族对市民的妥协，产生了罗马历史上早期的成文法律《十二表法》，制定于公元前450年，处于罗马共和国的早期。《十二表法》的制定反映了平民地位的上升。因此，在《十二表法》中规定了很多关于平民利益的条款。到了公元前1世纪，屋大维获得了皇帝的称号，建立了帝制，帝政时代正式开始。

　　公元前1世纪，伴随着经济和法律的发展，奥古斯都皇帝赋予法学家以法律解释权。这种法学家拥有的法律解释权使法学家的言论和著作具有了法律上的效力。罗马法学家获得法律解释权这一历史事实，极大地推动了罗马时代法律的发展，调动了罗马时代法学家研究法学的积极性和主动性。从公元前1世纪开始，罗马的历史上就出现了职业法学家集团，并且产生了以乌尔比安为核心的五大法学家。公元前1世纪到公元5世纪,罗马历史上出现了萨比努斯学派和普罗库路斯学派两个著名的法学流派,这两大法学流派在长期对立的过程中,极大地推动了罗马法律和罗马法学的发展。普罗库路斯学派和萨比努斯学派的对立争鸣一直持续到帝国晚期,对于罗马法律的发展做出了积极贡献。概括来说,罗马帝国时代产生了职业法学家集团,形成了法学流派,产生了法学流派争鸣的热烈景象。这在世界早期发展史上,都是前所未有的。职业法学家集团的形成、法学流派的形成和法学对立争鸣的情况,推动了罗马法律和罗马法学的发展,为罗马法律日后跨出国界,对世界范围内的诸多国家产生巨大影响,奠定了基础。有学者认为:"古罗马对西方文化的最大贡献,就是博大精深而行之有效的罗马法。"[1]

古代罗马法律是奴隶制时代的法律,因此,我们对罗马法的定性应当是奴隶制法律。在罗马的奴隶制时代,特别是帝国时代,伴随着罗马国家的对外扩张和罗马经济的发展,建立在私有制基础上的罗马法律,以调整和保护私人间的商品经济关系为基础,注重保护罗马市民和外国人的人身权利和财产权利。罗马法律在保护罗马市民和外国人人身权利和财产权利的过程中日益成长和发展起来,并且不断地充实自己。在此过程中,法学家的法律研究活动,对于促进罗马法律的发展和罗马法学的发展产生了十分重要的作用。罗马帝国时代,由于法学的高度发展,被后世法学家称为法学昌明时期。到了帝国晚期,随着立法经验的总结和法律的成熟,在查士丁尼统治时代,开始全面地开展法律规范整理汇编活动。在法律规范整理汇编活动过程中,产生了闻名于世的《国法大全》,又称为《民法大全》。可以说,帝国晚期查士丁尼整理的法典主要以私法也就是民事法律为核心,《国法大全》的编纂对罗马时代法律规范的保存,为罗马时代法律规范对后世民法产生的积极影响奠定了基础。

伴随着查士丁尼皇帝的去世,罗马法律也出现了衰落的情况。此后,从公元6世纪开始,罗马法律逐渐衰落,并且处于沉睡状态。公元12世纪、13

---

[1] 刘文荣.西方文化史——从阿波罗到"阿波罗"[M].上海:文汇出版社,2014:29.

世纪,伴随着《国法大全》中《学说汇纂》被人们发现,欧洲掀起了研究罗马法的热潮,当然主要是研究《学说汇纂》。在研究《学说汇纂》的过程中,出现了一个对其中的语言和文字进行解释的法学流派,这个法学流派就是著名的注释法学派,后来被称为潘德克顿法学流派。潘德克顿法学流派在研究罗马法的基础上,对罗马法的语言和文字进行了细致的解读,并且将罗马法的精神带到了欧洲大陆国家,为罗马法在欧洲大陆国家的复兴奠定了基础。14到17世纪,欧洲大陆上掀起了罗马法的研究热潮,罗马法的精神更是通过意大利的大学传递到了世界各地。11世纪以后,波伦亚和其他意大利北部大学成为西方世界的法学中心,罗马法作为共同法在这些学校开设。伴随着欧洲社会国家法时代的开始,"罗马私法和波伦亚学者们的著作被正式继受为有约束力的法律"①。

　　罗马法被欧洲大陆法系国家在民事立法活动中广泛采纳,成为大陆法系民事法律规范的基础。正如著名法学家孟罗·斯密所说:"史称所谓罗马优士丁尼法典研究之复兴者,乃指最初发端于意大利各大学中对于优帝法律积极扩大的研究风气,尔后传播于西欧大陆各国乃至英国各重要大学中之情形而言,尝考此种风气影响之所及,不仅使各国继受罗马法之一般原则,作为权威之法律原则,且在西欧大陆各国法院中,大多数复将其所继受之罗马法原则,更付诸实际上之应用。"② 按照美国学者孟罗·斯密的观点,罗马法在复兴的过程中,不仅仅在欧洲国家掀起了研究罗马法的热潮,在欧洲国家法院审理案件的过程中,率先将罗马法的条文运用到司法实践中,实现了罗马法基本精神和司法实践的融会贯通。这是罗马法律最早在欧洲国家的法律化,是通过早期的司法实践工作实现的。

　　19世纪到20世纪,欧洲大陆国家开始将罗马法精神贯彻到本国民法典的制定中,开始了对罗马法的移植运动。美国学者约翰·亨利·梅利曼认为:"大陆法系最古老的组成部分,直接来自公元6世纪查士丁尼皇帝统治时期所

---

① 梅利曼. 大陆法系: 第二版 [M]. 顾培东, 禄正平, 译. 北京: 法律出版社, 2004: 9.
② 斯密. 欧陆法律发达史 [M]. 姚梅镇, 译. 北京: 中国政法大学出版社, 1999: 256.

编纂的罗马法。"① 最早学习和借鉴罗马法条文和精神的是 1804 年制定的《法国民法典》。1804 年制定的《法国民法典》，又称为《拿破仑法典》。该法典是以查士丁尼《国法大全》中的《法学阶梯》为蓝本加以制定的。1900 年的《德国民法典》在制定过程中，借鉴了《国法大全》中《学说汇纂》的基本精神和主张，是近代德国最早的民事法律。《法国民法典》和《德国民法典》制定后其影响跨越国界，在欧洲历史上形成了一个著名的法律体系：大陆法系。大陆法系一般被认为是活着的法律体系，直到今天仍然有着巨大的生命力。大陆法系不仅仅影响周边国家法律制度的建立，而且影响到中国民事立法活动。大陆法系被称为民法法系或者罗马法法系，原因在于，大陆法系各国在民法典制定过程中，借鉴了罗马法的基本精神和原则。美国学者罗斯科·庞德对罗马法有着高度的评价，他说："罗马法体系（system of the Roman law）可以说是 19 世纪法律科学所取得的伟大的实际成就之一。"② 美国学者埃伦·沃森对罗马法有着很高的评价，他说："罗马法十分重要，它的影响不仅遍及世界，而且还缔造了一个民法法系。"③

　　以欧洲法为基础，罗马法逐步走向世界。1652 年后，罗马法的影响到达南非，与英国法律结合成为一种混合的法律制度，继续发挥作用。如果说罗马法对英国法的影响是局部的，那么，它对大陆法系国家的影响则是最直接的。罗马法除对日本、德国、法国民法典产生影响外，还对 1916 年《巴西民法典》、1958 年《韩国民法典》、1940 年《希腊民法典》及 1942 年《意大利民法典》的制定，产生了不同程度的影响。在中国 1929—1931 年制定的《中华民国民法典》，即国民党民法典中也可以看到对《德国民法典》的借鉴。

　　我国 1986 年《中华人民共和国民法通则》中的许多概念和制度也来自《德国民法典》，例如，自然人、法人、宣告失踪、住所、民事权利能力、

---

① 梅利曼. 大陆法系：第二版 [M]. 顾培东，禄正平，译. 北京：法律出版社，2004：6.
② 庞德. 法律史解释 [M]. 邓正来，译. 北京：中国法制出版社，2002：38.
③ 沃森. 民法法系的演变及形成 [M]. 李静冰，姚新华，译. 北京：中国政法大学出版社，1992：21.

民事行为能力等众多民事法律规定。由此可以看出，罗马法不仅对今天的英美法系国家、大陆法系国家民事法律制度产生了影响，对我国自清末变法修律以来的民事立法活动也产生了十分重要的影响。因此，溯本求源，深入了解罗马物权法律制度的发展状况，才能了解今天大陆法系国家物权制度的源与流。

二、研究现状

国内关于罗马法的研究起步比较早，正如冯卓慧先生云："我国关于罗马法的研究，约莫起步于20世纪30年代。至今已有半个多世纪的历史了。"[①]我国在20世纪30年代就出现了一批研究罗马法的专家，比如，陈朝璧先生。新中国成立以后，伴随着罗马法教学工作的开展，罗马法的研究工作有了进一步的发展。但是因为罗马法原始文献的欠缺，加上罗马法在今天的大学里面，一般在专门的法学院校开设，而且作为选修课开设，人们对罗马法缺少足够的重视。因此，尽管经过了几十年的推进，罗马法的研究仍然不尽如人意。正如冯卓慧先生云："无论哪种版本的罗马法著作，大都在用今天的语言，今天的理论，以一个模式纯客观地叙述罗马法'原理'。"[②] 冯卓慧先生的说法是十分正确的。尽管今天离冯卓慧先生做出这样的结论已经过去了将近三十年，罗马法的研究也有了长足的发展，但是从总体上看，我国目前的罗马法研究还多停留于罗马法教材的撰写和罗马法学术会议的召开、学术会议论文集的编纂，以及相关罗马法学术论文的发表几种状态。罗马法中的具体篇章，比如说，物与物权的板块，尚未引起学术界的充分关注。迄今，尚未有学者对罗马私法中的物与物权的内容进行深入的探讨。笔者认为，如果罗马法的研究仅仅停留于教材编写状态，而且是一概而论的全面编写，将无法深入挖掘罗马法的基本内容，也没有办法更好地了解罗马私法的精神。

[①] 冯卓慧. 罗马私法进化论 [M]. 西安：陕西人民出版社，1992：1.
[②] 冯卓慧. 罗马私法进化论 [M]. 西安：陕西人民出版社，1992：1.

值得注意的是，在罗马私法研究领域，有一部比较重要的著作——冯卓慧的《罗马私法进化论》，该专著由陕西人民出版社在1992年出版。《罗马私法进化论》，最重要的特点是运用了盖尤斯《法学阶梯》俄文译节本作为本书的基本资料依据，深化了对罗马私法基本内容的研究，改变了学术界在过去研究过程中没有资料依据，研究空洞、无凭的状态。可以认为，这部专著是罗马私法研究领域中的一部开山之作。全文以盖尤斯《法学阶梯》为依据，比较全面地论述了罗马私法发展的基本情况。全书划分为导论、人法、婚姻家庭法、物法、债法、继承法几个板块。在导论部分，叙述了盖尤斯和他的《法学阶梯》，以及查士丁尼《法学阶梯》对盖尤斯《法学阶梯》的继承和影响。在人法板块，叙述了适用于罗马人民的公民法，适用于罗马人民的自然法，以及人的法律地位。在婚姻家庭板块，叙述了罗马时期的婚姻法和家庭法的基本规定。在物法板块叙述了物的分类、所有权、他物权。在债法板块叙述了债的古典理论的形成、契约之债与侵权行为之债的基本情况。在继承法板块叙述了继承的概念、遗嘱继承和遗赠的基本内容。该专著以盖尤斯《法学阶梯》为蓝本，在国内法学界较早地实现了对罗马私法的深入研究。该专著涉及物法的板块，对物的分类、所有权和他物权进行了较为细致的阐述。但是因为该专著是叙述罗马私法全部内容的一部专著，内容涉及包括物法在内的各个板块，因此，在物法板块没有办法深入挖掘。其次，该专著以盖尤斯的《法学阶梯》为依据，在当时具有明显的资源优势，但随着学术研究活动的发展，一些最新的《学说汇纂》的翻译成果出版。因此，从今天的角度看，如果再以《法学阶梯》为蓝本，资料来源尚显单一。因为除了盖尤斯的《法学阶梯》之外，尚有《十二表法》、查士丁尼的《法学阶梯》以及很多意大利学者关于罗马法的研究性论著。

在罗马私法研究理论领域还有一部专著值得注意，就是江平和米健所著的《罗马法基础》，该书于2004年由中国政法大学出版社出版。该书将内容分为绪论和本论两个板块。在绪论板块详细地介绍了罗马法与现代法律文明、罗马法的历史影响和罗马法的基本知识。在绪论部分的写作，可以方便我们了解罗马法产生的背景知识，以及罗马法的历史发展情况。还能基本了解罗马法的一般知识，了解罗马法的体系。该专著本论部分主要以盖尤斯《法学阶梯》[①] 和查士丁尼《法学阶梯》为依据，将内容划分为人法、物法和诉讼法三个板块并进行了详细的叙述，具有独特的写作特色。在人法部分叙述了人、家庭和婚姻制度。在人板块讲述了人的概念、人格的概念、自然人、法人，还有行为能力等内容。在家庭板块主要叙述了亲属关系、监护和保佐，罗马家庭制度的演进与影响。在婚姻板块介绍了婚姻的基本概念、婚姻的种类、婚姻的效果、婚姻关系的消灭。在物法部分中介绍了物和物权、所有权、他物权，债的基本原理，以及债权的基本概念、债的效力、债的消灭。同时还讲述了法律交易、各种契约、私犯与准私犯，也介绍了继承法里面的内容，讲到法定继承、遗嘱继承、遗赠财产、信托等内容。另外介绍了罗马时代诉讼法的基本内容，讲述了罗马诉讼法的基本理论、法律诉讼、程式诉讼、裁判官保护方法、非常诉讼程序、诉讼时效、诉讼法的演进与评价等内容。从总体上来讲，江平和米健所著的《罗马法基础》，将罗马法分成了两部分，在绪论部分，主要介绍了罗马法的一般发展状况。而在本论部分，按照盖尤斯《法学阶梯》和查士丁尼《法学阶梯》的结构，从人法、物法和诉讼法几个内容出发，对罗马私法的内容进行了较为详尽的论述。该专著作为了解罗马法发展一般情况的专著有它自己的特点，同时也对罗马私法做了较深入的研究。特别是该书引用了国外罗马法专家的罗马法原理方面的著作，在写作方面相对深入，有一定的启发和价值。但是该专著在罗马私法研究中也有一定的缺陷，主要表现在绪论部分内容过多，冲淡了对罗马私法本论部分内容的研究，而在本论部分诉讼法板块的写作内容过多，这些内容与罗马私法本身关系不是太大，所以诉讼法板块的内容设计冲淡了罗马私法在本书中的地位。同时该专著没有运用罗马时代《学说汇纂》的相关内容，从而使某些论述在理论上缺乏依据。因为缺乏罗马法写作的原始文献基础，该专著也就没有办法将罗马法的研究推向深入。因为该专著是一部全面研究罗马法的论著，物法只是其中一个板块，因此作者无法在物法板块进行深入挖掘。

[①] 为与盖尤斯《法学阶梯》进行对比，本书在行文中统一将查士丁尼《法学总论——法学阶梯》简称为查士丁尼《法学阶梯》。

国内还有一部专著就是黄风的《罗马私法导论》。这部专著主要适用于全国的硕士专业学位教育。该专著由中国政法大学出版社在 2003 年出版发行，该专著的主要特点是在内容划分方面将内容分为绪编和分论。在绪编部分讲到了罗马法的历史发展和渊源。分论第一编介绍了民事诉讼的程序。第二编人法，介绍了人的身份、人的能力和法人制度。第三编家庭和婚姻法，介绍了家庭制度、婚姻制度还有家庭财产制度以及监护和保佐制度。第四编物法，介绍了物及其分类以及所有权。在所有权板块介绍了所有权的取得方式，所有权的丧失、限度和共有，同时介绍了用益物权，在用益物权中介绍了他物权的基本内容，还介绍了担保物权和占有。第五编债法，介绍了债法总论、契约之债、准契约之债、私犯之债、准私犯之债。第六编继承法，讲述了一般规则、遗嘱继承、无遗嘱继承等。可以说作为国内的第一本研究生专用罗马私法专著，这本专著写作较为深入，而且在各个板块都力图深入挖掘，但效果欠佳。值得注意的是，该专著在物法的写作过程中，运用了《学说汇纂》的研究成果，这是难能可贵的。同时，该书在物及物权的写作方面，提出的一些观点具有启发价值。但是因为该专著大而全的特点，因此在物和物法的板块难以深入挖掘。

第一章

物法概说

第一节 罗马私法物法高度发达的原因分析

罗马私法制度高度发达，公法相对滞后。这种情况与东方的奴隶制国家，如中国很不相同。东方社会在奴隶制发展时期，公法特别是刑法的发达程度远远地超越了私法。因此，学者们在总结中华法系基本特征时指出：中国古代社会公法高度发达，"中国传统的刑法体系是中国传统法律最重要的部分，历代王朝建立，均把制定、颁布以刑法为主的法典作为实施合法统治的重要任务"①。传统中国作为东方社会，和以古罗马为代表的西方社会，在早期法律发展领域有很大的差别。虽然同处于奴隶制社会发展时期，两者的法律发展也呈现出不同的特征。以古罗马为代表的西方社会私法高度发达，而以中国为代表的古代东方社会公法高度发达。为什么同处于奴隶社会发展阶段，东、西方的法律发展状况有如此大的差别呢？笔者以为主要有以下几方面的原因。

一、地理环境

西方社会包括古代罗马社会在早期主要以海洋为基础和依托发展起来。

---

① 《中国法制史》编写组. 中国法制史 [M]. 2版. 北京：高等教育出版社，2019：4.

古希腊以爱琴海为依托发展起来，而古代的罗马国家则在地中海流域建立城市国家，并且发展起来。古代罗马国家是以欧洲三大半岛：巴尔干半岛，亚平宁半岛和庇里牛斯半岛为基础发展起来的。亚平宁半岛深入地中海。尽管从公元前3世纪开始，罗马国家通过扩张，版图已超出了亚平宁半岛的范围，但意大利却一直是罗马经济发展的基础，是罗马扩张的基础，是罗马强国政治生活和行政的中心。也就是说，从公元前3世纪开始，尽管罗马版图扩张，但位于地中海地区的亚平宁半岛始终是罗马经济社会发展的中心。正如苏联学者科瓦略夫所言"是罗马文化的主要发源地"①。由于以海洋为依托，古代罗马社会海上贸易十分发达。海洋贸易的高度发达，使一人驾驶小舟出海成为可能。我们知道，商品交易的主要特点是等价交换。在等价交换的过程中，早期的平等、民主思想萌发。从此，古希腊和古罗马国家较早地开始立宪活动，将民主、平等的观念贯彻于法律制度，立宪活动勃兴。正如法国学者埃蒂耶纳·卡贝所言："在亚历山大大帝崛起的时候，亚里士多德就已经能够收集到二百五十部共和制宪法，而且希腊和希腊的周围还有着许多其他的共和国。"② 早期西方社会，古希腊、罗马，民主制度高度发达，立宪活动蓬勃开展，法律重在保护市民的个人权益，这种发展模式为保护个人利益的法律——私法的发达提供了历史的契机。

古代东方社会的早期发展模式与西方不同，主要以大江、大河为依托，以农业经济为核心发展起来。例如，古代中国以长江、黄河为基础，古代巴比伦国家以两河流域——底格里斯河、幼发拉底河为基础，古代印度国家以恒河为基础，发展起来。由于内陆河流水源充足，适合发展农业，而农业生产以自给自足为特点，缺乏等价交换的环节，因此民主、自由观念难以萌发。

二、海洋贸易

海洋贸易与大农业生产的情况不同，海洋贸易靠一个人的力量便可以完

---

① 科瓦略夫.古代罗马史[M].王以铸,译.北京：生活·读书·新知三联书店，1957：31.
② 卡贝.伊加利亚旅行记：第二、三卷[M].李雄飞,译.北京：商务印书馆，1978：143-144.

成。一人驾驶小舟便可出海，与他人从事海上贸易活动。因此，法律更加重视保护个人利益。个人本位也因此在商品贸易活动中形成。而东方的大农业生产则不相同。农业生产必须由一群人完成，也就是集体协作的产物。一个人无法完成农业生产的繁重任务，同时，农业生产不仅要依靠集体协作的力量完成，而且要有指挥者，要在集体领导之下完成，因此大农业生产更容易形成领导者与服从者，久而久之在法律上便形成了团体本位思想。法律保护的是一群人的利益，而非一个人的利益，以团体本位为表见的公法便应运而生，当然，作为公法代表的刑法也日益发达起来。

三、社会发展路线

东、西方社会，早期法律发展具有不同的路径，还有一个十分重要的原因，就是东、西方社会在从原始社会进入阶级社会的时候，走过了一条完全不同的发展路线。东方社会在进入阶级社会的时候，血缘氏族部落组织没有解体，而是完整地进入了阶级社会。进入阶级社会后，血缘氏族组织显得越发强韧，这种状况决定了血缘部落在进入阶级社会后形成家天下的局面，形成家、国二元的社会结构体系。在中国，传统儒家"齐家、治国、平天下"的理想就是由此而发。在儒家看来，只有家、国同时得到治理，天下才能太平，国家才能正常运行。统治者对国家的统治才能够维系。以家、国为出发点，在东方社会较早地形成了团体本位的观点，法律保护的对象不再是个人，而是团体。由此而来，保护个人利益的私法在东方社会就难以得到充分发展，常常处于停滞状态。而体现团体本位精神的公法，特别是其中的刑法和行政法，由于阶级统治的需要，得到了统治者的高度重视，从而有了长足发展，在中国即形成了以刑法和行政法为核心的律、令体系。东方社会，特别是中国，由于律、令体系的高度发展，使保护个人利益的私法难以生存。当然，其中的物权制度也就难以得到充分发展。

西方社会，在血缘部落从原始社会向阶级社会迈进的过程中，情况与东方社会有很大的不同。西方社会，按照地域划分人群，血缘部落，在从原始社会向阶级社会迈进的过程中完全解体。正如恩格斯所言："这样，在罗马也是尚在所谓三政废止以前,以个人血统关系为基础的古代社会制度便被破坏了,代之而创立了一个新的,以地区划分及财产差别为基础的真正的国家制度。"① 血缘氏族部落崩解的结果是,一个又一个单独的个人组成了社会的细胞,从而形成了我们经常讲到的市民社会。与东方国家,家、国二元结构不同,以古希腊、罗马为代表的西方早期社会,基本的社会结构是从个人到国家,由于少了家这样的组织结构,以个人为核心的市民社会,使个人本位的观念得以强化,以个人本位为出发点的私法便因此得到充分发展。其中的物权制度,也因为个人本位观念的深入人心得到充分重视,并在此基础上有了长足的发展。

四、平民地位上升

平民地位上升,也是罗马私法物法高度发达的原因。

罗马时代,法律的制定往往充斥着平民与贵族的激烈斗争。正如苏联学者科瓦略夫所言:"从共和国一开始的时候起,两个多世纪的时间,在罗马的各个等级之间便进行了时而是潜伏的,时而是重新激烈爆发起来的残酷斗争。"② 李中原也指出:罗马"社会的主要矛盾就是贵族阶级与平民阶级这两大阶层之间的斗争"③。平民与贵族的激烈斗争,加上贵族对平民的妥协,在很大程度上缩小了自由民各等级之间的身份差距,为罗马市民社会的形成和罗马私法的充分发展提供了历史的契机。

勃留司·瓦雷虑司,在公元前 509 年担任罗马第一任执政官时,提出法案规定:"公民不服官吏判决,可以向民众会议上诉。"④ 此后,随着贵族和

---

① 恩格斯. 家庭、私有制和国家的起源 [M]. 张仲实,译. 北京: 人民出版社, 1955: 125.
② 科瓦略夫. 古代罗马史 [M]. 王以铸,译. 北京: 生活·读书·新知三联书店, 1957: 94.
③ 李中原. 欧陆民法传统的历史解读——以罗马法与自然法的演进为主线 [M]. 北京: 法律出版社, 2009: 16.
④ 世界史资料丛刊编辑委员会. 罗马共和国时期: 上 [M]. 任炳湘,选译. 北京: 商务印书馆, 1962: 13.

平民斗争的深入，专门保护人民利益的保民官被选举出来，保民官的设立，是平民战胜贵族的一个重要的胜利成果。公元前445年，元老院做出让步，改选出兼有执政官权力的军事保民官，通常为八人，"作为向平民开放政权的第一步"①。虽然少有平民当选，却意味着平民的参政权力得到元老院的确认。随着平民与贵族斗争的深入，平民获得了当选执政官的资格，卢契乌斯·塞克斯久斯成为罗马历史上第一个从平民中选举产生的执政官。

平民迫切希望自己的各项权益得到法律的保障，在制定法律的过程中，常常把贵族的最终妥协作为双方斗争的结果。贵族的妥协、退让，最终使平民的权益通过法律规定得以实现。《十二表法》就是平民取得胜利、平民利益得到法律保护和扩张的重要法律。《十二表法》共计十二表，也即十二个板块，《十二表法》中的第三表债务法，第四表父权法，第五表监护法，第六表获得物、占有权法，第七表土地权利法，第九表公共法，第十表神圣法都涉及私法领域，也就是说，在《十二表法》中，有一半以上的内容涉及私法领域。《十二表法》制定于共和国早期，公元前450年。可以看出，《十二表法》制定的时代，贵族与平民斗争激烈，保护平民利益以及保护个人利益的私法内容大大增加，从而使《十二表法》成为罗马早期社会私法的集中代表，也是罗马历史上公布的第一部成文法律。以私法为核心和主要特征的发展模式，不仅仅在《十二表法》中表现出来，也成为《十二表法》之后罗马法律发展的主要方向，为罗马私法的高度发展奠定了基础。李中原指出："《十二表法》的颁布标志着罗马法属人效力的第一次突破，实现了贵族法（市民法的源头）与平民法的统一，从而确立了市民法体系的基础。"②

平民在和贵族的斗争中自身权利扩张，主要表现为财产权利的扩张。自罗马王政时代的第一个王罗慕路将土地分给罗马市民，包括平民开始，罗马土地在平民那里私有化的程度日益增加。由于罗马在对外扩张和征服的过程

---

① 世界史资料丛刊编辑委员会. 罗马共和国时期：上［M］. 任炳湘，选译. 北京：商务印书馆，1962：36.
② 李中原. 欧陆民法传统的历史解读——以罗马法与自然法的演进为主线［M］. 北京：法律出版社，2009：30.

13

中获得了大量土地,这些土地也在分配的过程中,大量集中于平民手中。罗马在征服过程中,土地上的人口数量也在增加,增加的人口中有一部分是外来移民,还有一部分是被征服地区,主要是拉丁地区的居民,他们虽然不是罗马市民的组成部分,也不享有罗马法上的公权即政治权利,但是他们可以占有土地,在土地分配的过程中,这部分人也在分配之列。这部分人,人口基数庞大,因此形成一股不可小视的力量。平民地位的提高,主要在于他们手中财产数量的增加,这种财产不仅来源于土地占有,还有大量来源于工商业生产所得。平民地位的上升,使平民与贵族平起平坐成为可能。也为保护以平民为核心的罗马市民的法律——罗马私法的发展提供了历史契机。

五、土地高度私有化

土地的高度私有化,为罗马私法物法的发展提供了基础。罗马历史上,土地制度走过了一条从公有到私有的道路。罗马王政时代的第一个王罗慕路统治的时代,就已经把国有土地分配给个人。罗马王政时代,罗慕路就开始将土地分配给个人,开创了罗马社会土地私有化的历程。当然,罗慕路时代,私有土地不是唯一的土地所有制形式,除了私有土地外,尚有国有土地,也即公有土地的存在。正如恩格斯所言:"但是以后我们还看到为氏族所有的土地,至于那为共和国全部内政史所环绕的国有土地,自不必说了。"[①]

共和国早期,伴随着罗马国家的扩张,罗马国家用于种植的土地数量增加,这个时候的罗马经济基本上以农业经济为核心。伴随着罗马国家地域的扩张,罗马的土地面积扩展。"大片的谷田和草地,森林,湖泊和河流里的渔场,矿区和采石场等。不论是在意大利或是在原先归迦太基统辖而现在变成罗马行省的地方,全都成了国家的财富。"[②] 由于土地面积的扩张,可供分配的土地面积逐渐增多。于是"逐渐增多的谷田大多数分配给那些移居到农民

[①] 恩格斯.家庭、私有制和国家的起源[M].张仲实,译.北京:人民出版社,1955:117-118.
[②] 罗斯托夫采夫.罗马帝国社会经济史:上册[M].马雍,厉以宁,译.北京:商务印书馆,1985:33.

新村去的罗马公民"①。

共和国时期，作为保民官的格拉古进行土地分配制度改革。"建议任何人不得占有土地五百罗亩以上……占有那些土地的人的儿子，每人可另外再持有这数目的一半，多余下来的，由每年改选的三个委员分配给穷人。"② 格拉古的土地改革方案提高了平民的法律地位，同时也打击了贵族的势力。该法案得到平民的拥护，格拉古死后，格拉古的弟弟保民官该犹司再一次进行了维护平民利益的改革，并且将格拉古的改革方案深入推进。该犹司提出了几个重要的改革法案，涉及公地的再分配问题、政治的民主化问题、把公民权给予意大利人问题等，使骑士、平民、意大利人的利益都能够得到保护。公元前138年，在该犹司的领导下开启了重新分配土地的运动。该犹司建议将公共土地分配给穷苦的公民，同时，将罗马公民在选举时享有的投票权，给予意大利人。建议在原来300个元老之外加进数目相等的300个骑士级普通公民。把审判的权力平等地授予这600人。该犹司对元老院进行改革，将元老的人数从300人增加到600人，其中一半的组织人员为平民，此举极大地提高了平民的地位，这些措施对于罗马政治体制改革和转轨意义深远。"看来好像这是一个无足轻重的举动，只换了一个姿势而已，但它却标志着国家事务上一个不小的转变，可以说这是整个政府从贵族政体转到民主的一个象征。"③ 虽然该犹司的法案在执行过程中遇到重重障碍，但从此以后，民主、平等的观念深入人心。"罗马社会的庶民运动的全部纲领却是在这个时代形成的。"④ 该犹司的改革方案，一方面提升了平民的地位，维护了平民的权利。另一方面也提高了骑士的地位，使骑士阶层从其他阶层中独立出来，成为一

---

① 罗斯托夫采夫. 罗马帝国社会经济史：上册[M]. 马雍，厉以宁，译. 北京：商务印书馆，1985：33.
② 世界史资料丛刊编辑委员会. 罗马共和国时期：下[M]. 任炳湘，选译. 北京：商务印书馆，1962：37.
③ 世界史资料丛刊编辑委员会. 罗马共和国时期：下[M]. 任炳湘，选译. 北京：商务印书馆，1962：57.
④ 世界史资料丛刊编辑委员会. 罗马共和国时期：下[M]. 任炳湘，选译. 北京：商务印书馆，1962：44.

种独立的政治力量。

出生于公元61年的小普林尼描绘了罗马帝国时期土地交易的频繁,小普林尼谈到当时皇帝公布的一条法令:"任何不愿把自己财产的三分之一投在地产上的人都不能做长官候选人。"① 可以看出,罗马帝国早期,伴随着罗马版图的扩张。为了扩大土地的耕植面积,推动土地私有化进程,法律明确规定,将投资地产作为官吏选拔的前提。这一法令的实施,极大地调动了人们购买地产的积极性,以至"罗马城周围的土地忽然大大涨价了"②。

罗马国家在扩张过程中,土地面积不断增加,越来越多的外来人口,包括蛮族人,例如,日耳曼人获得了罗马市民资格,并且获得罗马国家的土地所有权。凯撒征服高卢以前,日耳曼人已经进入高卢境内。从帝国初期至公元3世纪以前,罗马国家的势力到达莱茵河下游东岸、莱茵河上游以及多瑙河流域。由于版图的扩大,罗马统治区域中的外来人口,包括蛮族人逐渐获得了罗马国籍。正如美国学者孟罗·斯密言:"多数为罗马人所统治之日耳曼人,已完全罗马化,已取得罗马公民之资格。"③ 罗马国家在扩张的情况下将土地分配给外来人口。另外,在边疆地区,为了发展农业、稳定军心,罗马国家常常将边疆区域的土地分配给戍边的士卒。正如美国学者孟罗·斯密所言:"古代罗马分配边地于戍边老卒。"④ 边疆地区分配给士卒的土地,原则上能够为子孙继承,当然服兵役是子孙继承边疆土地的前提。可以看出,罗马时代,在平民与贵族激烈斗争,平民取得胜利、权力扩张的过程中,罗马的土地分配制度也在发生变化。在罗马社会发展的各个历史时期,虽然国有土地与私有土地并行,然伴随着罗马国家版图的扩大,加上平民权力的扩张,土地私有化的倾向亦愈加显著。在罗马国家,平民与贵族一样获得私有土地所有权的同时,获得罗马国家公民资格的外国人,包括以日耳曼为核心的蛮

---

① 世界史资料丛刊编辑委员会. 罗马共和国时期:上 [M]. 李雅书,选译. 北京:商务印书馆,1985:80.
② 世界史资料丛刊编辑委员会. 罗马共和国时期:上 [M]. 李雅书,选译. 北京:商务印书馆,1985:79.
③ 斯密. 欧陆法律发达史 [M]. 姚梅镇,译. 北京:中国政法大学出版社,1999:78.
④ 斯密. 欧陆法律发达史 [M]. 姚梅镇,译. 北京:中国政法大学出版社,1999:80.

族成员，也在罗马市民化的过程中，获得了罗马国家的土地所有权。这种土地的分配制度甚至扩及边疆地区，边疆土地的分配加快了罗马国家土地私有化的进程，也为建立在此基础上的罗马物法制度创造了条件。

黑格尔在谈到罗马土地制度时深刻地指出："罗马的土地法包含着关于土地占有的公有和私有之间的斗争。后者是更合乎理性的环节，所以必须把它保持在上风，即使牺牲其他权利在所不惜。"① 在黑格尔看来，罗马时代的土地制度虽然包含国有和私有两方面，但是以私有土地为核心，黑格尔的评价真实地反映了罗马的土地制度。

六、多神信仰与法律发展

罗马社会多神教的流行，为神灵崇拜行为的出现，法律中关于神法物的存在奠定了基础。罗马多神信仰中有很多的神灵，例如，天神朱庇特、天后朱诺、海神涅普顿、智慧女神雅典娜（密涅尔瓦）、月亮女神狄安娜、爱神维纳斯、战神玛尔斯、火神武尔坎努斯。由于多神信仰，罗马国家设立了许多神庙，用来祭祀神灵。"古罗马宗教却更具多神教性质，神祇多如牛毛，而且都是体现万物有灵观念的具体神。"② 刘文荣认为："古罗马宗教也是一种原始的、多神的、非理想化的和未超越现实的宗教。"③ 古希腊、古罗马神话最大的特点，就是神与人同形。神灵都具有人的形体特征，神和人的相同之处在于，神和人都拥有相同的情感。神和人的区别在于："神的生命无限，具有无上智慧，在其职司范围内神力无边。"④ 古罗马神灵信仰中神、人同形、同性的特征，反映了这一时期人们对自身力量的信奉和崇拜。由于对人自身力量的崇拜，加上多元化的神灵信仰，就让罗马法律走上了一条世俗化的发展道路。与中国古代神灵信仰的情况不同，中国古代走过了一条"天、人合一"的神灵信仰道路。在神灵信仰的过程中，具有天、人合一的深刻烙印，例如，

---

① 黑格尔. 法哲学原理［M］. 范扬，张企泰，译. 北京：商务印书馆，1961：54.
② 刘文荣. 西方文化史——从阿波罗到"阿波罗"［M］. 上海：文汇出版社，2014：12.
③ 刘文荣. 西方文化史——从阿波罗到"阿波罗"［M］. 上海：文汇出版社，2014：12.
④ 刘文荣. 西方文化史——从阿波罗到"阿波罗"［M］. 上海：文汇出版社，2014：7.

"黄帝龙颜"①。有史料记载:"女娲氏……蛇身人面。"② 中国神话传说中的神灵信仰具有同时信奉天和人的特征,因此,神灵的样貌不完全是人,而是半人、半神,由于天、人并行的二元化神灵信仰,中国法律也走上了世俗化的发展道路。

七、实用理性精神

罗马法注重实际,建立了完备的私法制度,对当时的经济关系和有关法律进行调整。相对来说,理论上的概括则薄弱一些,可以说法学仍处于不成熟的发展阶段。罗马时代,许多法律规定从目的上看,只是为了满足维护阶级统治、维护社会安全的需要。正如美国学者罗斯科·庞德所言:"在罗马法和日耳曼法的初期,有着一种颇为简单的理想:维持治安,亦即满足社会对一般安全所提出的最低限度的要求。"③ 美国学者罗斯科·庞德深刻地指出:"罗马法学家则通过描绘实现社会本质(亦即符合上述理想)的社会制度和描绘实现法律本质(亦即与那个维系其所描绘的社会秩序之理想相一致)的法律制度而使古希腊先哲的理论具有了实际效用。"④ 罗马时代,法律具有实用主义的功能。法学家实现社会本质也即社会安全和社会治理的理想,通过法律条文的规定变为社会现实,另外自希腊时期就已经形成哲学理论演变为法律的现实。因此,罗马时代的法律并非凭空创立,而是立足于社会治安、社会治理的现实需要。因此,罗马法律实际上是希腊时期、罗马时期,哲学理论、哲学思想的现实化。因此,罗马法律实际上具有高度实用性,说罗马法律是具有实用理性的法律恐怕并不为过。

---

① 马骕. 绎史 [M]. 北京:中华书局,2002:32.
② 杨伯峻. 列子集释 [M]. 北京:中华书局,1979:84.
③ 庞德. 法律史解释 [M]. 邓正来,译. 北京:中国法制出版社,2002:44.
④ 庞德. 法律史解释 [M]. 邓正来,译. 北京:中国法制出版社,2002:45.

第二节 物之概况

罗马时代，法学家将罗马法从结构上划分为人法、物法、诉讼法。人法从根本上讲，是对人身权益进行保护，物法保护的是人们的财产权益。当罗马市民的人身权益和财产权益遭到侵害时，罗马市民需通过起诉至司法机关的方式使自己的合法权益得到法律救济。物法处于人法和诉讼法之间，对保护罗马市民财产权益意义重大。物法，构成罗马法律的核心。其中的物权部分，对于界定物的属性、设定人们对物的权利、保护人们的财产权益意义重大。因此，可以认为，物权制度又为物法之核心内容，保护人们的财产权益不受侵犯，是早期社会，也是罗马古代社会法律发展的重要任务。罗马法的价值和生命力在于，通过界定物的含义和分类，通过设定物上的权利，自物权（所有权）、他物权，反映罗马时代的社会生产关系和罗马社会物质生活的基本诉求，有助于保护罗马时代奴隶制的社会生产关系和奴隶制时代的所有权体制。正如谢邦宇所言，罗马法物权制度之所以重要，就是因为"它直接反映社会物质生产关系，主要是调整社会关系中的财产关系，归根到底，反映在政治法律上层建筑上又主要是一个所有权制度问题"[①]。

一、物之概念

罗马法上的物具有广义和狭义之分。

广义的物通常就是指自然界中存在的除自由人以外的所有的物。自然界中存在的物，不论有用的还是无用的，有害的还是有益的，不论能够被人们支配，还是不能够被人们支配的，都属于广义的物。也就是指自然界中存在的一切事物。冯卓慧指出：可以肯定地说罗马法中所指的"物"就是近代民

---

① 谢邦宇. 罗马法文稿 [M]. 北京：法律出版社，2008：91.

法称为"财产"的。① 这个结论不够准确。冯卓慧所言罗马法上的物指"财物"仅涉及狭义的物,而未涉及罗马法上广义的物。实际上罗马法上广义的物,范围要大于财产物。既包含了财产物,也包含了非财产物。正如保罗在《论告示》第2卷中讲到的:"物"(res)这个词的含义比"财产"(Pecunia)的含义广。物包括我们的可有物以外的那些物,财产的含义同处于可有物状态的那些物有关。② 保罗认为,财产仅指可有物而言,而物则包含了不可有物,范围比财产大。这一点从盖尤斯《法学阶梯》和查士丁尼《法学阶梯》关于物的定义也可以看出。

从广义上讲,有些物可以作为我们的财产,有些物则不能。盖尤斯指出:"现在我们来看看物,它们有些属于我们的财产,有些则不属于我们的财产。"③ 盖尤斯关于物的界定就是从广义上讲的,因此,盖尤斯认为,广义上的物涵盖了自然界中可以作为我们财产组成部分的物,也涵盖了不能作为我们财产组成部分的物。查士丁尼皇帝关于物的界定与盖尤斯有着一样的认知。查士丁尼指出:"现在让我们来考察物,即属于我们财产或者不属于我们财产的物。"④ 从广义上论,物包含了属于我们财产组成部分的物,也即罗马法上的财产物可有物。这部分物能够为我们拥有所有权,也能够作为我们财产的组成部分。还有一部分物,不能够作为我们财产的组成部分,这部分物称为非财产物、不可有物,由于不能够作为我们财产的组成部分,因此,不能够为我们拥有所有权。

在古代罗马,人们所称的物,是指除自由人外存在于自然界的一切东西,不管是对人有用的、无用的,甚至有害的,均属于广义上的物。至于奴隶,在罗马奴隶社会,他不是权利义务的主体,而被法律规定为权利义务的客体,也是一种物。后来法学和法学思想不断发展,罗马法逐渐地将物限定为一切人力可以支配,对人有用,并且能够构成人们财产组成部分的事物。在查士

---

① 冯卓慧. 罗马私法进化论[M]. 西安:陕西人民出版社,1992:158.
② 斯奇巴尼. 物与物权[M]. 范怀俊,译. 北京:中国政法大学出版社,1999:19-20.
③ 盖尤斯. 法学阶梯[M]. 黄风,译. 北京:中国政法大学出版社,1996:80.
④ 查士丁尼. 法学总论——法学阶梯[M]. 张企泰,译. 北京:商务印书馆,1989:48.

丁尼《法学阶梯》中，它包括有体物、权利和诉权，又称财物，这是狭义的物。

罗马法学家所指的狭义的物，仅指财产物（可有物）而言，也就是说罗马法上广义的物中的非财产物（不可有物），不是民事法律也即私法调整的对象。罗马法上狭义的物，也即民事法律关系调整的物，是能够参与市场交易、流通的物。因而也是具有金钱价值的物。正如谢邦宇所言：罗马法上的"物"专指一种财产或财富，是以金钱价值为依存的。① 非财产物（不可有物），是其他法律调整的对象。一般而言，能够作为我们财产组成部分的物，也就是财产物，必须是能够参与市场流转的物。这是由私法保护人们正常的商品交易的属性决定的。能够参与市场流转的物，从现代民法学的角度，就是指可流通物。凡是不能够参与市场流转的物，也即禁止流通物，不能作为人们财产的组成部分，也不能成为民事法律，也即私法调整的对象。

一般而言，从狭义上说，罗马法上的物是指能够产生金钱效益，并且可以参与市场流转的财产。乌尔比安对财产有一个明确的界定。乌尔比安在《论告示》第59卷中明确指出："财产，根据自然法被说成是使人幸福（使人变得幸福）的东西。使人幸福即有用。"② 乌尔比安认为，财产主要的价值在于其共有性。

二、物之特征

罗马法上，物具有以下特征。

第一，罗马法上的物，不仅指自然人以外的东西，也包括奴隶在内。

在奴隶社会，由于奴隶和牛马都是重要的生产资料，奴隶和牛马一样是奴隶主的财产。

第二，物能够为人支配，对人们有用。

不能够被人支配的东西，如太阳、海洋，虽然对人有用，但不属于法律

---

① 谢邦宇. 罗马法文稿 [M]. 北京：法律出版社，2008：92.
② 斯奇巴尼. 物与物权 [M]. 范怀俊，译. 北京：中国政法大学出版社，1999：19.

上的物。同样，虽然能够被人们支配，但是对人们有害的物都不属于民法上的物。罗马时代，一般而言，法学家认为，民法上的物，必须是对人们的生产、生活发挥重要作用的物，也就是有价值的物。这种有价值的物通常需要通过市场流转获得。也只有这样的物，才能够成为民法上的物。如果是对人们有害的物，比如，毒品，比如，有害的金属等，在法律上是禁止参与市场流转和交易的。禁止参与市场流通和交易的物，也就是禁止流通物，在罗马法上不属于民法上的物。谢邦宇指出："法律意义上的物，属于民事权利的一种。一般说来，它是指可供人们控制和享有，并且具有经济价值的生产资料和消费资料。"① 谢邦宇对罗马法上物的界定，应该说是十分确切的。

第三，罗马法上的物，必须是能够作为人们财产的组成部分。

罗马法学家认为，民法上的物必须是自由人和神灵财产的组成部分，不能作为财产或财富的东西，便没有法律上的意义。即使能够满足人们的需要，也不是法律上的物，如空气、流水等。

第四，物不限于有体物，无体物或权利也包括在内。

罗马法既把财富作为物的主要标准，原则上必然将物视为可用金钱估价的东西。但具有金钱价值的东西，不一定是有体物，如地役权、用益权、债权等权利，在罗马法上被称为无体物。它们也是财产的组成部分。罗马时代法学家赫尔莫杰尼安在《法学概论》第2卷中指出："财产（Pecunia）这一名称不仅包括现金，而且包括像动产和不动产，有体物和权利这样的所有的物。"②

三、物之含义对后世民法发展的影响

罗马法上物的概念是泛指财物，包括现代民法的物权、继承和债权等，含义广泛。罗马法上的物既指有体物，也指无体物，即权利，是指能够为人力支配、对人有用，并能构成人们财产组成部分的事物。这一规定，被后世

---

① 谢邦宇. 罗马法文稿 [M]. 北京：法律出版社，2008：91.
② 斯奇巴尼. 物与物权 [M]. 范怀俊，译. 北京：中国政法大学出版社，1999：20.

民法借鉴。

《法国民法典》第二卷，财产及对于所有权的限制中规定：财产中动产和不动产既包括有体物，也包括对于有体物的权利，如用益权、地役权、债权、诉权等。《德国民法典》对物做了明确的狭义解释，法律上所称的物仅指有体物。《日本民法典》受其影响对物也做了同样的定义：本法所称物，谓有体物（85条）。但是德国和《日本民法典》都将权利质权列入担保物权体系，使作为物权的"物"在范围上有所扩张。物不仅包括有体物，在某些特定情况下也包括某些权利。《瑞士民法典》也规定，作为土地所有权标的物的土地，不仅包括不动产，也包括不动产登记簿上已登记的独立且持续的权利。

英美法系国家对物的支配关系由财产法调整，并不存在物权和物的独立概念，一般认为英美法上财产是独立于人身之外的，人们可享有法律认可的权利。既包括有体物，也包括无体物。

《中华人民共和国民法典》第115条明确规定：物包括动产与不动产。该条规定虽未对物的概念进行具体界定，但可以看出我国《民法典》所指物主要指有体物。作为物权的客体的物原则上限于有体物。个别物权（抵押权、质权）将权利作为客体。《中华人民共和国担保法》已有土地使用抵押、权利质押的规定。《物权法》第二条第二款明确规定：本法所称物包括不动产和动产，法律规定权利作为物权客体的，依照其规定。

第三节　物权概述

一、物权概念

物权一词可溯源于罗马法。罗马时代法学家认为，物权是指权利人可以直接对物行使并排除他人干涉的权利，即直接支配客体的绝对权力。因此，罗马法学家从这一现象出发，认为物权是人与物之间的关系。罗马法创造了物权的内容。但作为一个法律术语，却是后世学者创造完成的。中世纪注释法学家将罗马法上的权利，区分为对物的权利与对人的权利。前者指物权，而后者是指对物特定的使用权人享有的各项权利。

物权一词始见于1794年《普鲁士普通法》和1811年《奥地利民法典》，1900年《德国民法典》专设物权编，标志着物权概念的正式确立。《奥地利民法典》第307条对物权做出定义，物权，是属于个人财产上的权利，可以对抗任何人。除《奥地利民法典》外，世界各国民法典均未对物权做出明确定义。在传统民法中，对物权定义通常有三种观点。第一种观点认为，物权是对物的权利也即对物的支配权。第二种观点认为，物权是对人权即对抗一般人的财产权。前者是德国学者登伯格、耶林等人的主张。后者是德国学者温彻德、萨维尼的主张。第三种观点认为，物权既是对物权也是对人权，所谓结合说。该观点为日本和《德国民法典》物权理论所坚持，也即物权为直接支配一定物并排除他人干预的权利。我国《物权法》也采用结合说。

在我国，制定《物权法》，包括后来《中华人民共和国民法典》物权编的制定真正做到了划清产权界限，正确处理公有财产归属与使用关系，是解决当前国有资产和集体财产流失的关键，也是社会主义公有制改革和完善的途径。界定财产的归属和利用关系，使我国的法人真正成为民事主体，参与市场竞争。界定财产权利划分界限，可节约社会交易成本，更好地促进财产流转。

物权的一个特点是它的内容只能由法律规定和创设，不像债权那样一般可由当事人自由约定。罗马法上的物权共有六种，即所有权、役权、地上权、永租权、典质权和抵押权。后面五种属于他物权。占有，在罗马法上不认为是权利，是他物权的主要构成因素之一，是私有财产的真正基础。

二、物权与债权的区别

物权与债权都是财产权，但两者不同，其主要区别是物权的标的为物，债权的标的为债务人的行为。

第一，物权的标的须为特定物，种类物未具体指定的只能为债权的标的，不能成为物权的标的。债权的标的，则为对债务人的特定行为或不行为。债权人必须通过债务人的行为或不行为才能实现其给付。

第二，物权为支配权，债权为请求权。

物权的权利人可以对其权利的标的物直接行使权力，除所有权人以外，任何人不得对物拥有使用、收益、处分的权利。物权是一种消极的权利，所有权人以外的其他人，只要不侵犯所有权人对物的支配权，只要消极不作为就可以了。而债权则是一种积极的权利。债权，要求债务人积极履行给付义务。如果债务人不能积极履行义务，则债权人的债权难以实现。因此，债权，是指债权人必须向债务人主张权利，请求履行其给付的义务。

第三，物权为绝对权，债权为相对权。

物权的义务主体为不特定的大多数人，除所有权人外，任何人不得对物主张权利。物权作为绝对权，使所有权人能够对抗除自己以外的其他所有人。因此，物权是一种绝对权。而债权的义务主体则是特定的具体的个人，债权人只能向具体个人或组织请求履行债务，而不能向其他无关联的任何人请求履行债务。因此，债权是一种相对权。

第四，物权具有排他性，债权则无排他性。在同一物上不能同时存在两个完全相同的所有权或成立两个以上性质不相容的物权。罗马法以及后来的大陆法系国家法律普遍坚持一物一权原则，认为一个物上，只能存在一个所有权，而不能存在两个或两个以上所有权。也就是说，一个物上的所有权人只能是一人，而不能是两人或者多人。数人就同一物不能各自独立享有完全的所有权，物权是具有排他性的，因而后成立的物权只能在不妨碍先成立的物权的条件下存在。这又称为物权的优先性。而债权则不具有排他性。一个债上可以有数个主体的存在。在一个债上，可以存在数个债权人或者数个债务人。数人对同一债务，可以行使同一内容的债权。这是因为债权无排他性，在一个物上可以设定数个债权，但是在一个物上不能设定数个物权。

三、自物权

自物权是罗马法上最重要的物权，罗马法学家认为，在绝大多数情况下，人们主要通过使用自己的物完成基本的生产、生活需要。自物权是指物权的标的物，属于权利人本人的物权，即所有权。从字面意思上来理解罗马时代的自物权，就是指在自己物上设定的权利。自物权作为所有权，在罗马时代是一种非常重要的物权。自物权的重要性表现在所有权人也即自物权人，对自己所有的物，不仅享有使用、收益的权利，而且享有处分的权利。对物的处分权，是所有权最重要的特征，也是所有权与他物权的区别所在。

四、他物权

（一）他物权概念

他物权，是指物权的标的物，属于他人所有的物权，从字面意思上来讲就是指在他人物上设定的权利。罗马法学家认为他物权（jus in realiena）就是在他人物上设定的权利。他物权是以他人之物为基础设定的权利，罗马时代法学家认为，物权作为一种在物上设定的权利，主要表现为两种情况。一种情况，是在自己物上设定权利，就是我们通常讲到的自物权也即所有权，还有一种情况，就是在他人物上设定权利，称为他物权。罗马时代法学家认为，在物上设定的权利只有这两种情况，要么在自己物上设定，要么在他人物上设定，不存在第三种情况。所有权由于是在自己物上设定的权利，因而是一种比较完整的权利。所有权人对自己的物不仅享有使用、收益的权利，而且还拥有处分所有物的权利。他物权由于是在他人物上设定的权利，因而是一种不完整的权利，他物权人对他人之物通常只拥有使用权、收益权而无处分权。

（二）他物权存在的理由

早期社会，包括罗马古代社会，法学家发现，在自己物上设定的权利尽管十分重要，且为最完整的物权，但是它并不是物权的全部内容。原因在于，个人的物或者财产始终是有限的，人的财产不可能穷尽所有的物。正因为如此，在很多情况下，人们仅仅依靠自己所有的物或者财产，无法满足全部的生产、生活需要。特别是在古代早期社会，物质资料欠缺的形势下，更容易出现这种情况。自己的物数量有限，而人的生活、生产需求又是多元化的，无法完全依靠自己所有的物来完成。在这种情况下，必须凭借他人之物，才能最大限度满足自己的生产、生活需要。例如，自己没有牛，就需要借他人的牛来耕种田地；自己没有牧场，就需要使用他人的牧场来完成放牧牲畜的需要；自己没有房屋，就需要租住他人的房屋；等等。在很多情况下，人们必须凭借他人之物满足自己的各种生产、生活需要，他物权便应运而生。

一般而言，在早期社会，特别是农业社会，物资匮乏，生产、生活资料相对欠缺的情况下，使用他人之物来满足个人多种需求的愿望就显得更加迫切。罗马法上的他物权制度是所有权的延伸，他物权的存在对于最大限度节约社会财富，防止物的闲置、浪费提供了法律依据和法律保障。在罗马社会，可能出现的情况是，一方面，所有权人的所有物闲置不用。另一方面，他物权人有使用他人之物的迫切需要。罗马法上他物权法律制度的存在，恰好为物的闲置与物的利用提供了桥梁。闲置之物，通过他物权的设立，使所有权人以外的其他人能够对其加以使用和收益，有助于在更大程度上发挥物的效用。

（三）他物权的权能

他物权最基本的权能有使用权和收益权。

使用权，是指他物权人依照物的性质和用途对物加以利用的权利。他物权由于是在他人物上设定的权利，因而在对他人之物加以使用时，必须在保持物的原状的情况下，按照物的性质和用途对物加以使用。例如，用来居住的房屋不能改建为牛棚或者马棚，不能随意加高建筑物，不能随意分割房间、改变房屋结构，等等。由于他物权是一种有限的物权。因此在对他人之物使用的过程中，也会受到来自法律的多重制约。乌尔比安在《论萨宾》第十八编中指出：房屋的用益权人"不能将房间分层划分……他也不能安装浴池"[1]。乌尔比安认为，房屋的用益权人要保持房屋的原有状况，按照其固定用途，对房屋加以使用。用益权人既不能将房间分层划分，也不能在没有安装浴池的房间里安装浴池。同时，罗马法律规定对奴隶有使用权，但不能够

---

[1] 柯努特尔. 导言 [M] //民法大全学说汇纂第七卷：用益权. 米健，译. 北京：法律出版社，1998：18.

滥用奴隶。

收益权作为他物权的第二个权能，主要表现是他物权人不仅能够按照法律规定的方法和用途使用他人之物，而且对他人之物享有收益权。所谓收益权，就是获得他人之物所产生收益的权利。在罗马法上，物的收益表现在两方面，即自然孳息与法定孳息。因此，他物权人可以获得他人之物所产生的自然孳息与法定孳息。

由于他物权是在他人物上设定的权利，因此，他物权人不享有对他人之物的处分权。从这个角度看，他物权是一种不完整的物权。

（四）他物权的种类

罗马时代，法学家从对他人之物的实际需要出发，将他物权划分为两种：人役权与地役权。罗马时代法学家发现，人的基本的需要表现在两方面：第一个方面是满足人的基本的生产、生活需要，由此而产生的他物权称为人役权；第二个方面是满足人们对土地的利用需要，由此而产生的他物权称为地役权。马尔西安在《规则集》第3卷中指出："役权或者是人役权，比如，使用权和用益权，或者是地役权，比如，乡村地役权和城市地役权。"[①] 罗马时代的著名法学家马尔西安认为，役权包括人役权和地役权两方面。

大陆法系国家沿用了早期罗马法的规定，将他物权分为地役权和人役权，人役权包括用益权（地上权、永佃权），使用权，居住权及担保物权。

我国《物权法》将土地承包经营权、建设用地使用权、宅基地使用权、地役权，规定为用益物权。

五、物权的基本原则

（一）一物一权

罗马时代，法学家认为，一个独立的物上只存在一个所有权。在一个独立物的部分上，或多数独立物的集合之上不存在一个独立的所有权。现代各

[①] 学说汇纂第八卷：地役权［M］陈汉，译．纪蔚民，校．北京：中国政法大学出版社，2009：3.

国都承认建筑物的区分所有权。有人认为这是对一物一权原则的突破，实际上不是。把一个大的建筑物区分为许多部分，就每个部分设定所有权。这只是对客体的区分，仍然是一物一权。

大陆法系一物一权的观念和英美法系一物二权的观念是不一样的。正如高富平、吴一鸣所言："大陆法和英美法的差异也许不在财产的范围的认识上，而在所有权观念的认识上。英美法可以把一个物的利益在多个人之间进行分割，形成多重所有权。而在大陆法中，尽管物的价值也可以在不同主体之间进行分割，但这样的分割是纵向的。其中一个权利（所有权）是最高或最终的。"[1]

与大陆法系传统不同，以英国为代表的日耳曼法物权制度是早期欧洲封建社会土地所有制和农本经济在法律上的体现。英国11世纪征服者威廉入主英格兰，将全国1/5的庄园和全部森林留给自己，其余的分给180个他最信任的属臣。在英国，份地形成大大小小的独立王国，林立的政治和社会状态。基本特征可概括为人们之间突出的相互依靠，对不动产权益突出的层层分割。理论上国王拥有全部土地所有权，现实却是个人实际掌握自己土地上的权利。土地可以被继承和转让，但终极所有权为国王所有。在英国法上，以一物二权为特征的所有权运作模式，强调以占有为中心，不承认抽象所有权，而是基于对物的利用关系，即对物的占有关系确认物权的存在。因此，在英美法系国家，占有与所有并无严格区别。而大陆法系国家则始终强调一物一权，一个物上只能设定一个所有权。英国编制了一本包罗英格兰一切土地及财产的全国性的总目录，也就是土地调查书。征服者威廉于1086年实行土地调查。英国法上的地主享有土地利用和处分的权利，个人享有绝对的所有权，则被国家保留着。

就建筑物区分所有权而言，《中华人民共和国民法典》第271条明确规定：业主对建筑物内的住宅、经营性用房等专有部分享有所有权，对专有部分以外的共有部分享有共有和共同管理的权利。《中华人民共和国民法典》第

---

[1] 高富平，吴一鸣. 英美不动产法：兼与大陆法比较[M]. 北京：清华大学出版社，2007：8.

274条明确规定：建筑区划内的绿地，属于业主共有，但属于城镇公共绿地或者明示属于个人的除外。建筑区划内的其他公共场所、公用设施和物业服务用房，属于业主共有。罗马法明确规定所有权遍及于全部，不得属于二人。英国的土地最初向新权利人转让地产，最终以最后的时间为限，但后来变为可以继承的财产。

（二）物权法定主义原则

罗马时代法学家认为，物权的种类和内容，由法律规定，不得由当事人随意创设。有人提出习惯创设物权，然而即便因为习惯创设了物权，也需国家认可，由国家法律予以确认。后世民法普遍借鉴了罗马法上的这个规定。如《日本民法典》第175条规定：物权，除本法及其他法律所定者外，不得创设。

物权法定的根本宗旨在于物权种类及其内容尽可能规范化和统一化，以便公示，从而维护交易安全。在我国，物权法定原则，意味着各种物权种类都需由《物权法》规定，其他法律规范不得加以规定。

现代大陆法系国家均沿用了罗马法上的物权法定主义原则，罗马法认为物权都是典型的权利。本质上由法律规定并归入固定类型。当事人不得自由创设。

（三）公示与公信原则

罗马时代法律认为，物权的变动要通过一定制度进行公示，这种公示具有公信力。如果我现在自己创设一个物权但不向外公示，那怎么能够成立？那人家怎么知道呢？国家怎么保护呢？公示强调物权变动的要件即物权的变动采取何种方式让外界知晓为成立条件。不为外界知晓，则无法产生对抗第三人的效力。公信强调只有公示方能产生法律上的效力。虽然物权实质上已经变动，如当事人已完成了对付价款和交付标的物的不动产买卖行为，但因为未采取法定的公示方式（登记），仍不能发生物权变动的效力。不动产经登记而转让物权的，即使登记存在瑕疵，受让人不知登记物权此瑕疵的，办理登记即取得不动产物权。后世民法普遍借鉴了罗马法上的这个规定。

第二章

物之分类

罗马法按照不同标准将物分为许多种类，了解这些分类可以使我们清晰地把握罗马法上物的概念。

第一节 非财产物或不可有物与财产物或可有物

非财产物与财产物是把物能否为个人所有作为区分的标准。非财产物是指不能够作为个人财产所有权的客体的物。财产物是指可以作为个人财产组成部分的物。罗马时代著名法学家盖尤斯指出："那些属于神法物的东西不归任何人享有。而那些属于人法物的东西多数则归某人享有；它也可能不归任何人享有；实际上，属于遗产的物品在继承人出现之前不归任何人享有。"[1]

物，首先包括财产物或可有物。

财产物或可有物是指可交易物，可有物是指一切可以为个人拥有所有权的物，包括一切个人的财产及无主物。它们与非财产物不同，可为权利的客体。流通物与非流通物与财产物与非财产物不同。流通物固然都是财产物。但财产物不等于流通物，因为其中也有非流通物。有一些物法律允许个人拥有，但是禁止交换买卖。例如，世袭住宅系争物。查士丁尼统治时代规定的嫁奁中的不动产等。

---

[1] 盖尤斯. 法学阶梯 [M]. 黄风, 译. 北京：中国政法大学出版社, 1996: 80-82.

下面主要就非财产物或不可有物进行分析。非财产物包括神法物与人法物两种。

一、神法物

神法物是为神灵拥有所有权的物，人法物是为自然人的集合体拥有所有权的物。盖尤斯指出："物的最基本的划分体现为这样一种两分法，有些物是神法的，有些物是人法的。"① 盖尤斯指出：属于神法的物有神圣物和神息物。马尔西安在《法学阶梯》第3卷中指出："神用物、安魂物及神护物皆非可有物。"②

远古时期，民智未开，日月星辰，风雨雷电，山岳河川，土地疆界，或为神灵所有，或为神灵保护。几乎凡不属于人们所有的物都属于神法物，随着知识的增多，神法物的范围逐渐缩小。《十二表法》将神法物划分为神用物、安魂物和神护物。罗马时代著名法学家盖尤斯将神用物划分为两种：神圣物和神息物。盖尤斯指出："神圣物是那些供奉给上天的物品。神息物是那些留给祖先圣灵的物品。"③ 神息物包括安魂物和神护物。查士丁尼皇帝进一步指出："神圣物、宗教物、神护物都不属于任何人所有，因为属于神法范围的东西，不构成任何人的财产。"④

（一）神用物

1. 含义

神用物，是指经法定程序，供奉给神灵所用的物，包括土地等不动产，以及教堂和庙宇内的偶像、器皿和用具等动产。这里的神灵是指高级的神灵，而不是指低级的神灵。至于供奉亡魂等低级神灵的物不属于神用物。高级神灵所用之物来自人们的捐献。罗马时代的著名法学家西赛罗认为，人们可以捐献各种各样的物品给高级神灵，但是不要把土地捐献给神灵。西塞罗说：

---

① 盖尤斯. 法学阶梯 [M]. 黄风，译. 北京：中国政法大学出版社，1996：80.
② 斯奇巴尼. 物与物权 [M]. 范怀俊，译. 北京：中国政法大学出版社，1999：2.
③ 盖尤斯. 法学阶梯 [M]. 黄风，译. 北京：中国政法大学出版社，1996：80.
④ 查士丁尼. 法学总论——法学阶梯 [M]. 张企泰，译. 北京：商务印书馆，1989：49.

"至于说到不要把土地献神,我完全同意柏拉图的观点,如果我冒昧地翻译的话,他大概是这样说的:'土地有如住宅里的炉灶,是全体神明的圣物,因此任何人都不应把它第二次献神。'"① 在西塞罗看来,一旦土地捐献给神灵变成了神用物,那么将可能失去耕种的属性,就会导致资源的浪费。所以西塞罗认为:"但我对其他献神物品不做如此严格的限定,一是考虑到人们容易失误,二是考虑到季节的可能性。我担心,如果对土地的使用和犁耕再附之以邪道,那会使农业衰败。"②

2. 设立程序

供奉给神灵所用之物,首先要经过罗马共同体的批准才能成为神用物,有严格的程序要求。盖尤斯指出:"但是,只有经罗马共同体批准供奉给上天的物品才是神圣的,比如,为此颁布了一项法律或者制定了一项元老院决议。"③ 在罗马时代法学家盖尤斯看来,神圣物必须经过罗马共同体的批准。查士丁尼指出:"神圣物指大祭司向神隆重奉献的东西,例如,专供礼拜上帝的神圣建筑物以及奉献物;根据朕的宪令,这些东西禁止出售和质押。如果为了赎买俘虏,另当别论。如果凭自己的权威而使某物变为对自己是神圣的,则该物不是神圣的而是渎神的。神圣建筑物虽已塌毁,但该建筑物的基地诚如伯比尼安所述依然是神圣的。"④ 查士丁尼皇帝认为,供奉给上帝使用的神圣建筑物,以及奉献物,属于神圣物。按照查士丁尼皇帝的宪令的规定,这些东西禁止出售和抵押。也就是说禁止参与市场流转,禁止买卖。按照查士丁尼皇帝宪令的规定,如果为了赎买俘虏,则另当别论。神圣物在设立的过程中形式是严格的,要有大祭司来设立,如果是按照自己的意愿来设立,则某物不是神圣物。按照查士丁尼皇帝的宪令,神圣物所指向的建筑物即便倒塌,这个建筑物所在的地方仍然属于神圣物。

---

① 西塞罗.论共和国 论法律[M].王焕生,译.北京:中国政法大学出版社,1997:240.
② 西塞罗.论共和国 论法律[M].王焕生,译.北京:中国政法大学出版社,1997:241.
③ 盖尤斯.法学阶梯[M].黄风,译.北京:中国政法大学出版社,1996:80.
④ 查士丁尼.法学总论——法学阶梯[M].张企泰,译.北京:商务印书馆,1989:49.

土地、房屋等不动产成为神用物，须经贵族大会、元老院以立法程序设置或皇帝批准。动产只需要由大祭司经一定的仪式，即可确定为神用物。神用物不得为个人财产权的客体。即使寺庙倒毁，其基地也即地基依旧是神用物。帝政后期受到基督教的影响，这一制度有三个例外：准许用寺院的动产赎回战俘，寺院陷于经济困难时可以变卖神用物还债，遇到灾年还可以用神用物救济灾民。第三项在查士丁尼统治时期被取消。

3. 性质

罗马时代法学家认为，从性质上看，神用物是官方之物，而非私人之物。正如马尔西安在《法学阶梯》第 3 卷中所言："神用物是官方组织的祭神之物，而非私人祭神之物。因此，如果某人私自献祭某物，此物非神用物，而是俗物。一座庙宇后来变成了神用物，在它倒塌后那个地方仍是神用物。"[①] 马尔西安特别强调神用物的官方性质，并且认为神用物具有永久性。即便是倒塌了，倒塌的地方仍然是神用物，任何人不得侵犯。

4. 关于神用物的保护

罗马时代法学家认为，应当强化对神用物的保护，主要是对圣地的保护。由于神用物是供奉给高级神灵所用的物，因此任何人不能使用和侵犯。罗马共和国时期著名法学家西塞罗指出："至于说到对人犯罪和对神亵渎，实无任何净罪可言。"[②] 西塞罗指出："应视隐藏或偷盗圣物或圣地代管物者有如弑亲者。"[③] 罗马时代法学家西赛罗认为，神用物是供奉给高级神灵使用的物，所以偷盗或者是侵犯神用物的行为就和杀死自己的双亲的犯罪后果是一样的，是严重的犯罪行为。在罗马时代，对弑亲者的惩处是"装进皮袋扔进江河淹死"[④]。所以，对于侵犯圣地或者是偷盗圣物的行为，也应该是和弑亲者做出

---

① 斯奇巴尼. 物与物权 [M]. 范怀俊，译. 北京：中国政法大学出版社，1999：3.
② 西塞罗. 论共和国 论法律 [M]. 王焕生，译. 北京：中国政法大学出版社，1997：199.
③ 西塞罗. 论共和国 论法律 [M]. 王焕生，译. 北京：中国政法大学出版社，1997：226.
④ 西塞罗. 论共和国 论法律 [M]. 王焕生，译. 北京：中国政法大学出版社，1997：226.

一样的惩处,即装进皮袋投进江河淹死。罗马共和国时期的著名法学家西塞罗认为,个人可以捐献物品给宗庙。乌尔比安在《告示评注》第68卷中指出,裁判官说:"我禁止在圣地施工或在圣地中堆物。"① 乌尔比安在《告示评注》第68卷中指出:"圣地的【案件】有所不同,事实上,我们不仅被禁止在圣地施工,而且我们还被命令把所做的工程恢复原状。这是为了敬畏神(Religio)。"②

(二) 安魂物或宗教物

1. 含义

安魂物又称为宗教物,是供低神灵所有的物,安魂物作为非财产物不能被个人拥有所有权。陈朝璧指出:"凡掩埋人尸体或火葬后之遗灰之处所,皆为安魂物,不得为私权之客体,法律所以如此保护安魂物者,殆所以保护鬼魂耳。"③

2. 安魂物的范围

罗马人认为,人死后的亡魂是低级的神。安魂物是指灵魂或下级神所安息、寄托和使用的东西,如棺材、坟墓、墓碑、骨灰盒、殉葬物等。公元4世纪以前,被雷击的土地也属于安魂物。对安魂物,任何人不得加以破坏或损毁,禁止交易或者流转。

在罗马法学家看来,墓地是最重要的安魂物。乌尔比安在《裁判官告示评注》第25卷中指出:而"坟墓"的名称必须理解为包括一切埋葬之地。④

罗马法学家指出,埋葬死者的土地是最重要的安魂物。盖尤斯指出:"如果我们有责任为某个死人举行葬礼,我们则根据自己的意志将埋葬该死人的

---

① 斯奇巴尼.债·私犯之债(II)和犯罪 [M].徐国栋,译.北京:中国政法大学出版社,1998:127.
② 斯奇巴尼.债·私犯之债(II)和犯罪 [M].徐国栋,译.北京:中国政法大学出版社,1998:127.
③ 陈朝璧.罗马法原理 [M].北京:法律出版社,2006:79.
④ 斯奇巴尼.债·私犯之债(II)和犯罪 [M].徐国栋,译.北京:中国政法大学出版社,1998:112.

土地变为神息物。"① 罗马时代法学家认为，行省土地一般不能作为安魂物，但如果出于埋葬死者的考虑，他们可视为神用物。盖尤斯指出："但是，多数人认为行省的土地不能变为神息物，因为这种土地归罗马国家或者皇帝所有，我们似乎只拥有占有权或者用益权。然而，尽管它不是本义上的神息物，却仍被视为神息物。"② 在盖尤斯看来，尽管很多人认为行省的土地不能够成为神息物。但是，盖尤斯认为行省的土地仍然可以算作神息物中的一种。

罗马共和国时期的著名法学家西塞罗指出："如根据大祭司法，墓地神圣不可侵犯。"③ 罗马时代著名法学家西塞罗指出："要知道，在遗骨被撒上泥土之前，焚尸的地方尚不享有宗教禁忌；在遗骨被撒上泥土，从而认为被埋葬，那地方被称为坟墓之后，各种宗教权利才起作用。"④ 在西塞罗看来，尸体一定要被撒上泥土，也就是被埋葬，埋葬尸体的地方才能够称为坟墓。一旦被称为坟墓，坟墓就作为神用物受到法律的保护。如果在没有埋葬之前，所在的土地不能称为坟墓，也就不能作为罗马法上的神用物受到法律的保护。

坟墓作为安魂物，也有例外。在罗马法上，并不是所有的墓地都是安魂物。罗马帝国时代的著名法学家保罗认为，敌人的坟墓就不是安魂地。因此对于敌人的坟墓，任何人都可以做出任何形式的处理。保罗在《裁判官告示评注》第 27 卷中指出："敌人的坟墓对我们不是安魂地。因此，我们可以从中拆除石头转作任何他用。【也】不发生侵害坟墓之诉。"⑤

3. 埋葬死者的原则

首先，罗马法上一般的规定，安魂物不能够在城市，而只能存在于边远

---

① 盖尤斯．法学阶梯［M］．黄风，译．北京：中国政法大学出版社，1996：80．
② 盖尤斯．法学阶梯［M］．黄风，译．北京：中国政法大学出版社，1996：80．
③ 西塞罗．论共和国 论法律［M］．王焕生，译．北京：中国政法大学出版社，1997：138．
④ 西塞罗．论共和国 论法律［M］．王焕生，译．北京：中国政法大学出版社，1997：246-247．
⑤ 斯奇巴尼．债·私犯之债（Ⅱ）和犯罪［M］．徐国栋，译．北京：中国政法大学出版社，1998：113．

的乡村。西塞罗指出：《十二铜表法》规定，"不可将死者在城里埋葬或焚化"①。也就是说城市的土地不能够成为安魂物。另外，古代罗马法律中还规定，不能将死者埋葬在国家的公共土地上，或者说公有土地上。原因在于："国有土地不能置于私人宗教禁忌之下。"②

其次，墓地应当和私人住宅保持一定的距离。西塞罗指出，在《十二铜表法》中还有两个关于茔地的立法，其中一个涉及私人住宅，另外一个涉及茔地本身。当法律禁止"在未得到主人允许的情况下，在距他人住宅不足60步的地方建立新的火葬堆或新坟地"时，这显然是担心引起火灾。当法律禁止"空场——坟周空地——和坟地因使用期限而获得所有权"，这显然是在维护坟地的权利。③ 从西塞罗所引《十二表法》可以看出，在《十二表法》中规定：如果没有得到主人允许，不得在距他人住宅60步以内建立坟地或者埋葬死者，也就是说要考虑到对私人住宅的保护。埋葬死者必须距他人住宅60步以外，否则便是违法行为。西塞罗认为，在埋葬死者的时候，要本着节俭的原则，节约资源的理念。首先应缩小坟地的规模，"智慧的法律规定者都会注意这一点。要知道，据说雅典从第一位国王基克洛普斯起，便形成土埋习俗，要求在亲属进行祭礼、填过土后，在坟上种上庄稼，好让死者有如躺在母亲的怀抱里，而土地在用果实为自己净赎后，仍然生机勃勃"④。西塞罗认为："当后来丧葬变得耗资巨大，人们伴以放声恸哭时，便被梭伦立法予以禁止。我们的十二人委员会几乎原封不动地把这条法律引进了《十二铜表法》里。"⑤

---

① 西塞罗. 论共和国 论法律 [M]. 王焕生，译. 北京：中国政法大学出版社，1997：247.
② 西塞罗. 论共和国 论法律 [M]. 王焕生，译. 北京：中国政法大学出版社，1997：248.
③ 西塞罗. 论共和国 论法律 [M]. 王焕生，译. 北京：中国政法大学出版社，1997：249.
④ 西塞罗. 论共和国 论法律 [M]. 王焕生，译. 北京：中国政法大学出版社，1997：250.
⑤ 西塞罗. 论共和国 论法律 [M]. 王焕生，译. 北京：中国政法大学出版社，1997：251.

罗马时代，丧葬时的节约理念来自古希腊时期的丧葬理念。柏拉图曾经"禁止为建造坟墓而占用任何一块耕植地或可耕地，但如果有哪块地由于其本身的特点，只适于用来埋葬死者，且对活着的人不会造成损失，那么便应尽可能使用它。至于说到那可以提供收获，像母亲一样给我们提供食物的土地，无论是活着的人或是死去的人，都不应该从我们这里夺取它。柏拉图禁止建造高度超过五个人五天可以建成的坟墓，竖立或放置规模超过可镌刻四行英雄格颂扬死者的碑铭的石头"①。查士丁尼皇帝指出：

> 任何人得按其意愿在自己土地上埋葬死者，使该地变为宗教物；但是不得违反共有人的意愿，在原先是干净的共有土地上埋葬。如系共有墓地，共有人即使违反其余共有人的意愿，也可以埋葬。如用益权属于他人，所有人不经用益权人的同意，不得将其土地变为宗教物。但如得到所有人的允许可以在别人的土地上埋葬死者；即使在埋葬死者以后才得到所有人的许可，该土地仍不失为宗教物。②

查士丁尼皇帝认为，任何人都可以在自己的土地上埋葬死者，也可以经过他人土地所有权人的同意，将死者埋在他人的土地上，但是，任何人不得在公共土地上埋葬死者。

4. 关于墓地通行权

一般来讲，从宗教利益的角度考虑，一个人有通过他人土地前往自己墓地的权利。当然罗马法上还有一个现实的问题，就是关于土地所有权转让后，土地上原有墓地的通行权是否有效的问题。罗马法学家彭波尼在《论普拉蒂》第6卷中指出："根据法学原理，土地所有人在其土地上建造坟墓，他在出售土地后有权进入墓地。因为出卖土地的合同规定，人们享有进入位于其出卖了的土地上的墓地的权利及送葬时进入墓地或绕墓地行走的权利。"③

---

① 西塞罗. 论共和国 论法律 [M]. 王焕生, 译. 北京：中国政法大学出版社, 1997：252.
② 查士丁尼. 法学总论——法学阶梯 [M]. 张企泰, 译. 北京：商务印书馆, 1989：49.
③ 斯奇巴尼. 物与物权 [M]. 范怀俊, 译. 北京：中国政法大学出版社, 1999：6.

5. 安魂物的保护

由于安魂物是重要的神法物，因此，应当对安魂物特别是其中的坟墓进行保护，保护的主要表现是维护坟墓的现状。马尔西安在《法学阶梯》第3卷中指出："禁止使坟墓的状况变得恶化。但允许在不接触尸体的情况下，修理已毁坏的石头墓碑。"① 罗马帝国时代的著名法学家马尔西安认为，坟墓一旦成为安魂地，就要得到法律上的保护，任何人不得侵犯。也就是说不能够让坟墓的状况变得恶化，但是有例外，在不接触尸体的情况下可以修理已经毁坏的石头墓碑。

其次，为了使坟墓得到保护，罗马法律禁止任何人在坟墓中居住或者建造房屋。乌尔比安在《裁判官告示评注》第25卷中指出："如果某人在坟墓中居住或建造房屋，【任何】愿意的人，都被赋予起诉权。"② 乌尔比安认为，坟墓一旦成为安魂地，任何人都不能够侵犯，假如有人在坟墓中居住或者是在坟墓建造房屋，都是严重的犯罪行为。任何人都可以对他提起诉讼。

罗马时代法律，鼓励对安魂物特别是坟墓的侵权行为提起诉讼，并且予以奖励。乌尔比安在《裁判官告示评注》第25卷中指出：

> 裁判官说："对被主张以其恶意诈欺侵害坟墓的人，我将授予事实诉权对抗他，他将被判处从该案事实看来公平的金额给有关的人。如果没有任何有关的人，或【虽有这样的人，但】不愿起诉，对任何愿意起诉的人，我将授予100个金币的诉权。如果有多数人愿意起诉，我将把起诉权授予被认为最有正当的原因的人。如果某人以恶意诈欺在坟墓中居住，或在为建坟而做的工程上建造其他房屋，如果某人愿意就此事起诉，我将授予200个金币的诉权对抗行为人。"③

---

① 斯奇巴尼. 债·私犯之债（Ⅱ）和犯罪[M]. 徐国栋, 译. 北京：中国政法大学出版社, 1998: 112.
② 斯奇巴尼. 债·私犯之债（Ⅱ）和犯罪[M]. 徐国栋, 译. 北京：中国政法大学出版社, 1998: 112.
③ 斯奇巴尼. 债·私犯之债（Ⅱ）和犯罪[M]. 徐国栋, 译. 北京：中国政法大学出版社, 1998: 111-112.

罗马时代法学家认为，为了打击侵犯坟墓的行为，如果多数人对坟墓享有权利，那么，允许每一个人提起诉讼。乌尔比安在《裁判官告示评注》第25卷中指出："如果多数人对坟墓享有权利，我们是把诉权授予给每一个人还是授予已经在行使这一诉权的人？拉贝奥正确地说：必须授予每一个人，因为诉追所针对的，是每个人遭受的损失。"①

罗马时代法学家认为，由于安魂物是重要的神法物。因此，侵犯安魂物的行为，只能适用刑罚，通过提起刑事诉讼的方式予以保护，而不能采用简单的民事赔偿的行为。乌尔比安在《裁判官告示评注》第18卷中指出：

> 如果某人毁坏坟墓，不【适用】阿奎利亚【法】，而必须根据关于以暴力或欺瞒所做之事的令状起诉。杰尔苏对从坟墓上扯下雕像【的行为】也是这样写的。他还问：如果【雕像】既没有被铅封（Adplumbata），又没有被钉住，它是成了坟墓的一部分，还是仍然在我们的财产中？杰尔苏是这样写的：它如同骨灰瓮一样，是坟墓的一部分，因此将适用关于以暴力或欺瞒所做之事的令状。②

罗马时代法学家认为，与坟墓相关的物品，比如，雕像，视为坟墓的一部分。对此破坏的行为，适用破坏墓地的相关法律规定。乌尔比安认为，毁坏坟墓的行为不能够当作民事违法行为来处理，而必须用刑事令状起诉。当毁坏坟墓的时候，要通过令状的方式提起刑事诉讼。这种可以提起刑事诉讼的行为包括从坟墓上扯下雕像的行为。

除此以外的其他侵害坟墓的行为，也适用刑事法律的相关规定。乌尔比安在《裁判官告示评注》第25卷中指出："按被尊为神的塞维鲁斯的批复，对那些【经常】剥去尸体穿戴的人，总督要更严厉地镇压；如果他们以武装团伙进攻，尤其要这样；如果他们以强盗的方式武装地洗劫坟墓，甚至要受

---

① 斯奇巴尼. 债·私犯之债（II）和犯罪 [M]. 徐国栋，译. 北京：中国政法大学出版社，1998：113.
② 斯奇巴尼. 债·私犯之债（II）和犯罪 [M]. 徐国栋，译. 北京：中国政法大学出版社，1998：113-114.

死刑的惩罚；如果未用武器，他们要受直至矿坑苦役的刑罚。"① 乌尔比安认为，偷盗尸体上衣服的人，要承担严重的刑事责任，如果以强盗的方式武装洗劫墓地，要受到死刑的惩罚。在洗劫墓地时如果没有使用武器，要受到去矿坑服苦役的刑罚。

罗马法规定，可以通过令状的方式，对安魂物进行保护。保护安魂物的令状像不得在圣地施工或"把所做的事情恢复原状【的令状】，或关于埋葬死者或建造坟墓的令状，就是这样"②。保罗在《告示评注》第 63 卷中指出："但那些就圣地和就安魂地公布的令状，也包含着某些像所有权案件的因素。"③ 保罗认为，就圣地和安魂地公布的令状，具有非常重要的法律效力，就如同对所有物的保护一样。

（三）神护物

神护物，是罗马人认为受神灵保护的物，如城市的城墙，城门土地的界址等。盖尤斯认为："神护物，例如，城墙和城门，在一定意义上属于神法物。"④ 盖尤斯认为，城墙和城门都属于神护物。查士丁尼皇帝指出："同样，神护物如城门和城墙等，在某种程度上亦属于神法的范围，从而不构成任何人的财产。我们之所以说城墙是神护物（sanctos），乃是因为侵犯城墙的人，将受到死刑的处分；正因为如此，法律中对于犯法的人处以刑罚的那部分规定，叫制裁（san-ctio）。"⑤ 赫尔摩格尼在《【私】法摘要》第 3 卷中指出："不许对城墙和城门以及其他神护地做某种造成损害或不便的事情。"⑥ 从该规定可以看出，罗马法律从公法角度规定了不得侵犯城墙和城门。

---

① 斯奇巴尼. 债·私犯之债（Ⅱ）和犯罪 [M]. 徐国栋，译. 北京：中国政法大学出版社，1998：114.
② 斯奇巴尼. 债·私犯之债（Ⅱ）和犯罪 [M]. 徐国栋，译. 北京：中国政法大学出版社，1998：122.
③ 斯奇巴尼. 债·私犯之债（Ⅱ）和犯罪 [M]. 徐国栋，译. 北京：中国政法大学出版社，1998：123.
④ 盖尤斯. 法学阶梯 [M]. 黄风，译. 北京：中国政法大学出版社，1996：80.
⑤ 查士丁尼. 法学总论——法学阶梯 [M]. 张企泰，译. 北京：商务印书馆，1989：49.
⑥ 斯奇巴尼. 债·私犯之债（Ⅱ）和犯罪 [M]. 徐国栋，译. 北京：中国政法大学出版社，1998：127.

罗马时代，城门、城墙、土地的界址，都具有非常重要的价值。特别是城墙和城门，对于城市的防御和安全，起着非常重要的作用。因此必须强化对城墙和城门的法律保护。这也是罗马法上将城门和城墙作为神护物的重要原因。正如丘汉平先生所言："惟城垣城门何以不属于市府，殊难索解。抑以城垣城门为一市防御之所系，而视为神护物欤？"[1] 在丘汉平看来，城墙和城门本来应当是市府的财产，但是在法律上却将这些财产规定为神护物。原因就在于，它们重要的战略防御作用。

神法物一旦落入敌人之手，就失去其神圣性，即使重回罗马，用复境权恢复其占有，也须经过宗教的去污仪式，才能恢复原有的法律地位。神法物受到法律的特别保护，侵犯神法物的要受徒刑，情节严重的要受死刑的处分。

二、人法物

（一）含义

人法物是指公众使用的物。人法物通常是指为某一个人的群体所拥有所有权的物，也就是我们通常所说的公共财产，即公有物。盖尤斯深刻地指出："公有物被认为不归任何人享有，实际上它们被认为是集体的，私有物是归个人所有的物品。"[2] 宗教与法律分离后，人法物脱离神法物而独立。人法物又分为共用物、公有物和公法人物。人法物的存在，主要来自大自然的赠予，有很多物由大自然赐予公众享有所有权。这些物不能由某个个人享有所有权，例如，空气、阳光、山川、河流等，都不能由个人独享。正如法国学者埃蒂耶纳·卡贝所言：

"我们不妨看看宇宙万物，看看大自然赋予人类的大量食物、丰富的生活资源、空气和电力、光和热、天上的雨水和地上的海洋。所有这一切，不都是除了每个人可以按照自己躯体的需要适当加以享用之外，根本就不能由个人排他地占为己有吗？大自然难道不是希望所有这些东西

---

[1] 丘汉平. 罗马法 [M]. 朱俊, 勘校. 北京：中国方正出版社，2004：170.
[2] 盖尤斯. 法学阶梯 [M]. 黄风, 译. 北京：中国政法大学出版社，1996：82.

都归人类共同所有，成为公共财产吗？它不是已经建立了空气和阳光的共产制度了吗？"①

法国学者埃蒂耶纳·卡贝形象、生动地说明空气、阳光等所具有的人法物的属性，它们只能为人们共同所有，而不能作为个人财产的组成部分，这种属性是由大自然的馈赠决定的，大自然将空气、阳光、流水等馈赠给了大众而非个人。

（二）共用物

共用物是指供人类共同享有所有权的东西。对此，任何人包括罗马市民和外国人都可以享用。如空气、阳光、海洋等，另外海岸也是共用物。如果渔民在海岸上建设渔棚，该渔棚为渔民私有，但渔民不能对建设渔棚所用的海岸享有所有权。查士丁尼皇帝指出："依照自然法而为众所共有的物，有空气、流水、海洋，因而也包括海岸。因此不得禁止任何人走近海岸，只要他不侵入住宅、公共建筑物和其他房屋，住宅房屋不像海洋那样只属于万民法的范围。"② 查士丁尼皇帝认为，共有物包括空气、流水、海洋，也包括海岸。正因为如此，任何人都可以走近海岸。

（三）公有物

公有物是指罗马全体市民共同享有所有权的物。法国学者埃蒂耶纳·卡贝认为，有些财产不仅为人类共有，也可以为国家即全体国民共同享有所有权。他说："每个国家都有大片的国有土地。"③ 罗马在高卢战争和布匿战争以后，领地扩张。其所有权属于国家，不得为私人所有，如共用目的消失，则仍可为私权的标的。公有物中一种是全体罗马人都可以使用的，如公共土地、牧场、公路河川等。另一种是特殊的财产，不是任何人都可以使用的，如监狱只能由国家机关使用。

---

① 卡贝.伊加利亚旅行记：第二、三卷［M］.李雄飞，译.北京：商务印书馆，1978：126.
② 查士丁尼.法学总论——法学阶梯［M］.张企泰，译.北京：商务印书馆，1989：48.
③ 卡贝.伊加利亚旅行记：第二、三卷［M］.李雄飞，译.北京：商务印书馆，1978：127.

奥古斯都皇帝统治时代，将国家土地划分成两部分。一部分由元老院管理，一部分则为皇帝私有，皇帝有权将其私产卖给私人，从而成为私权的客体。查士丁尼皇帝指出："公共使用河岸也属于万民法的范围，如同公共使用河川本身一样；因此任何人得自由靠岸停船，系缆索于河岸的树上，卸载货物，如同在河上航行一样。但河岸的所有权属于其土地与河岸相连的人，从而生长在河岸上的树木亦属于他们所有。"① 查士丁尼皇帝认为，公共河岸任何人都可以使用，任何人都可以在公共河岸自由靠岸停船，系缆索于河岸的树上，也可以在河岸边卸载货物。查士丁尼皇帝认为："公共使用海岸也属于万民法的范围，如同公共使用海洋本身一样。因此任何人得自由在海岸上建筑小房以供憩息，以及在海岸晾晒渔网和从海中拽起渔网。海岸可以说不属于任何人所有，它与海以及海底土地和泥沙属于同一法律的范围。"② 查士丁尼皇帝认为，海岸也属于公有物。因此任何人都可以在海岸上建筑房屋用来休息，也可以在海岸边晾晒渔网，可以从海洋中打鱼。查士丁尼皇帝认为，海岸不属于任何人所有，属于公有物，属于全体罗马市民所有。

罗马时代法律规定，由于公有物为非财产物，需对其进行保护，保护的方式主要是发布令状。彭波尼在《萨宾评注》第30卷中指出："必须允许任何人要求那些归全体人使用的物，例如，公共道路、公共通道的公共使用。因此，任何要求这些物的人，都被发放令状。"③ 在彭波尼看来，任何人都能够使用公共通道、公共道路，当任何人需要使用公共道路和公共通道时，可以向他们发放令状，通过令状的方式保证公共通道、公共道路使用权的实现。乌尔比安在《告示评注》第67卷中指出："【适用于】公共物的【令状】，涉及公共场所道路和公共河流。"④ 保罗在《告示评注》第63卷中指出：为公

---

① 查士丁尼. 法学总论——法学阶梯[M]. 张企泰，译. 北京：商务印书馆，1989：48.
② 查士丁尼. 法学总论——法学阶梯[M]. 张企泰，译. 北京：商务印书馆，1989：48-49.
③ 斯奇巴尼. 债·私犯之债（Ⅱ）和犯罪[M]. 徐国栋，译. 北京：中国政法大学出版社，1998：129.
④ 斯奇巴尼. 债·私犯之债（Ⅱ）和犯罪[M]. 徐国栋，译. 北京：中国政法大学出版社，1998：120.

共福利适用的令状,有如"允许使用公共道路"和"公共河流",或"不得在公共道路上做某事"的令状。①

罗马时代法律规定,不得通过建造工程和堆放物的行为危害公共安全。乌尔比安在《告示评注》第68卷中指出:"裁判官说:你不得在公共地方做任何可能造成他人损害的工程,或在这样的地方堆放可能造成他人损害的物,有法律、元老院决议、元首的告示或命令认可你做的事情,不在此限。对已经这样做了的事情,我将不发布禁令。"② 在乌尔比安看来,任何人都有使用公共地方的权利。为了方便他人对公共场所的使用,裁判官通过自己的告示,规定了任何人都不能够在公共场所建造可能对他人造成损害的工程,或者是在公共场所堆放可能对他人造成损害的物。当然,乌尔比安同时认为,有法律、元老院决议、元首的告示或者命令认可人们做的事不在此限。没有法律、元老院决议、元首的告示或命令的认可,任何人不能够建造损害他人的建筑物,或者说在公共道路上堆放可能造成他人损害的物品。

罗马时代法律规定,如果建造工程或堆放物的行为对公有物造成损害,应承担民事赔偿责任。乌尔比安在《告示评注》第68卷中指出:裁判官说:"你在公共道路上所做的工程或在公共通道上堆放的物,造成该道路或该通道状况恶化或将变得恶化的,你要恢复原状。"③ 乌尔比安认为,如果有人违反法律的明确规定,在公共道路上建设建筑物,或者是在公共道路上堆放物品,造成道路或通道状况恶化,或者将变得恶化的,损害人要恢复原状。在笔者看来,乌尔比安认为,可能对道路造成损害或者即将使道路状况恶化的主要意思就在于,建造的建筑物,或者是在道路上堆放的物品,造成了道路状况的恶化,也就是说影响了人们对公共道路或者公共通道的使用,即公共道路或者公共通道受到了阻塞。在这种情况下,要求侵权行为人承担恢复原状的

---

① 斯奇巴尼. 债·私犯之债 (Ⅱ) 和犯罪 [M]. 徐国栋,译. 北京:中国政法大学出版社, 1998:122.
② 斯奇巴尼. 债·私犯之债 (Ⅱ) 和犯罪 [M]. 徐国栋,译. 北京:中国政法大学出版社, 1998:129.
③ 斯奇巴尼. 债·私犯之债 (Ⅱ) 和犯罪 [M]. 徐国栋,译. 北京:中国政法大学出版社, 1998:130.

民事责任，所谓恢复原状就是拆除在公共道路上建筑的建筑物，或者将公共道路上堆放的物品移走，恢复公共道路和公共通道原有畅通的状态，以方便他人对公共道路和公共通道的利用和通行。

（四）公法人物

公法人物，是为某一地区的罗马市民所拥有所有权的物。法国学者埃蒂耶纳·卡贝认为，除了国家财产之外，各个地方村庄也拥有大量的公共财产。他说："每个村社都有大片的村社土地，还有大路小道，天然或人工的河道、河湾港汊、种种的公共场所、公共建筑、公共广场、公共散步坪及公共的喷泉……剧场、学校、医院、浴室。"① 埃蒂耶纳·卡贝所言村社共有财产，也为某一地区的居民拥有的共有财产，相当于罗马法上的公法人物。保罗认为，任何人都可以通过申请令状的方式，来使用公共道路和公共河流，也可以通过申请令状的方式，让某人不得在公共道路上做某事。这类物主要指市府等的财产，如罗马市的斗兽场、剧场浴池等，供本市的人共同享用。公法人物的性质与公有物一样，只是范围较小而已。也有公产与私产之分。查士丁尼皇帝认为："属于团体而不属于个人的物，例如，戏院、竞赛场和其他城市全体所共有的类似场所。"② 在查士丁尼皇帝看来，戏院、竞赛场和其他一些类似的公共场所，属于某一地区的罗马市民所有，属于公法人物，也即团体物。

第二节　有形物与无形物

罗马时代的法学家认为，能够作为人们财产的组成部分，参与市场流转的物，不仅包括有实体存在，看得见、摸得着，能够为触觉感知的物，还包括看不见、摸不着，不能为触觉感知的物。前者称为有形物，也即有体物。这类物是财产物的主要组成部分。后者称为无形物，也就是无体物，以权利

---

① 卡贝．伊加利亚旅行记：第二、三卷［M］．李雄飞，译．北京：商务印书馆，1978：127.
② 查士丁尼．法学总论——法学阶梯［M］．张企泰，译．北京：商务印书馆，1989：49.

为表现。盖尤斯将物以其形体特征划分为有形物与无形物，前者指实体物，后者指权利，如继承权、使用权、债权等能为人们创造实际利益的权利。罗马时代的法学家认为，不仅仅有形物（有体物）可以参与市场流转，无形物——权利也可参与市场流转。这个判断不仅无法为后世民法突破，且为物的种类的发展留下了广阔的空间。这反映了罗马法学和罗马法律的高度发达，以及罗马时代法学家思维之缜密。

一、有形物

有形物是指具有实体存在，可以由触觉感知的物体，如土地、奴隶、金钱、衣服等。在现实生活中绝大部分的物有实体存在。我们的生活用品尤其如此。盖尤斯在《法学阶梯》第2卷中指出："有体物是那些人们能够触摸到的，例如，土地、奴隶、衣服、金子、银子以及其他数不胜数的东西。"[①] 盖尤斯罗列了土地、奴隶等有体物，并且认为，在我们的生活中，数不胜数的物都是有体物。实际上在我们的生活中，有体物是居多的。绝大部分物都有实体存在，而且看得见摸得着，能够为人们的触觉感知。

二、无形物

无形物是指没有实体存在，仅由人们拟制的物，即权利，如债权、用益权、地役权等。物以可以用金钱评价者为限。有体物与无体物都是如此。故人法中的自由权、家长权、监护权等，虽然也是权利，但不是物。罗马时代法学家发现，在现实生活中，除了有实体存在能够为触觉感知的物外，还有很多的物能够参与市场流传，是人们财产的组成部分。但是这种物不能够为触觉感知，也没有实体的存在。盖尤斯指出：无体物是那些人们无法触摸的物，就像那些表现为权利的物，例如，遗产、用益权、以任何方式产生的债

[①] 学说汇纂第一卷：正义与法·人的身份与物的划分·执法官[M]. 罗智敏，译. 纪蔚民，校. 北京：中国政法大学出版社，2008：153-155.

等……属于此【无体物】类型的也有城邦和乡村土地的权利，亦称为"役权"。① 罗马法学家把这种物叫作无形物。罗马法学家认为，无形物就是权利。江平、米健指出：罗马人"将客体及客体之上的权利统统视为物，故其关于物的概念要比现代民法关于物的概念内涵广泛"②。江平、米健这个观点是十分正确的。客体就是指有形物（有体物），而客体上的权利就是指无体物（无形物）。

罗马时代，有很多的权利能够作为人们财产的组成部分，能够参与市场流转，是可流通物，比如，继承权、用益权、债权等。在罗马时代，继承权、用益权和债权都能够参与市场流转。比如，继承人可以将继承权卖出，而用益权人也可以将其用益权转让，债权人也可以将债权转让。

三、两者的区别

罗马时代，有形物和无形物（权利）往往有相互交杂、难以区分的情况。查士丁尼皇帝认为继承权与继承标的物，用益权与用益权标的物是有区别的，两者不能同日而语。前者是指无形物（权利），后者是指有形物。查士丁尼言："即使遗产中存在着有形物，亦不相干，因为用益权人从土地收取的果实是有形物，而基于某种债权应向我们给付的东西也多半是有形物，例如，土地、奴隶、金钱等。"③ 查士丁尼认为，权利的标的物大多以有体物的形式呈现，但权利本身并不是有体物，而是无体物。他说："遗产继承权，用益权和债权等本身都是无形体的。"④ 查士丁尼认为，权利中还有一种也属于无形物。他说："有对于城市和乡村不动产所主张的权利，这些权利也称为地役权。"⑤

---

① 学说汇纂第一卷：正义与法·人的身份与物的划分·执法官［M］. 罗智敏，译. 纪蔚民，校. 北京：中国政法大学出版社，2008：155.
② 江平，米健. 罗马法基础［M］. 3版. 北京：中国政法大学出版社，2004：176.
③ 查士丁尼. 法学总论——法学阶梯［M］. 张企泰，译. 北京：商务印书馆，1989：59.
④ 查士丁尼. 法学总论——法学阶梯［M］. 张企泰，译. 北京：商务印书馆，1989：59.
⑤ 查士丁尼. 法学总论——法学阶梯［M］. 张企泰，译. 北京：商务印书馆，1989：59.

有形物和无形物之间最为重要的区别在于：人们可以对有形物实施占有，但是不能对无形物实施占有。因为占有的条件是实际支配，也即持有或者握有。人们无法实际持有或者握有无形物。因此，无形物不能被占有。英国学者巴里·尼古拉斯认为："无形物既不能通过时效取得（usucapio）来获取，也不能通过让渡（traditio）来转让。"①

有体物与无体物的区别，在罗马法上是很重要的。有体物可以占有，无体物不能占有。因此对经占有而取得财产的方式，如交付、先占和时效等，就不适用于无体物。帝政以后，法学进步，大法官创造出一种"准占有"的方法。可以适用于地上权、人役权、田野役权和部分都市地役权，使这些权利可因时效而取得，并受占有令状的保护。

四、罗马法上有形物与无形物的规定对后世民法的影响

罗马时代法学家关于有形物和无形物的划分，使物的种类得以扩张，为后世民法无形物和有形物的划分奠定了基础，做出了贡献。后世民法在发展过程中，法学家发现在现实生活中，除了有形物可以参与市场流转，无形物也能够参与市场流转。伴随着后世民法的发展，随着社会生活内容的丰富化和经济的繁荣活跃，能够参与市场流转的权利的范围有所扩张。在现代民法发展过程中，除了传统罗马法规定的继承权、用益权和债权之外，无形物又扩张到著作权、专利权和股权等。罗马法上有形物与无形物的划分对后世民法产生了极大的影响。后世民法在发展过程中大多借鉴了罗马法上的早期规定。现代民法在发展过程中，很多国家的法学家发现罗马法的规定，无法从根本上加以突破。

《法国民法典》第二卷"财产及对所有权的各种变更"中规定财产中的动产与不动产既包括有体物，也包括对于有体物的权利，如用益权、地役权、债权、诉权等。《德国民法典》对物做了明确的狭义解释，该法典第九十条规定：本法所称的物为有体物。《日本民法典》受其影响对物也做了同样的定义

---

① 尼古拉斯. 罗马法概论 [M]. 黄风，译. 北京：法律出版社，2000：110.

(85条)。但是，德国和日本民法典都将权利质权列入担保物权体系，使作为物权客体的"物"在范围上有所扩张。不仅包括有体物，在某些特定情况下也包括某些权利。《瑞士民法典》也规定作为所有权标的物的土地不仅包括不动产，也包括不动产登记簿上已登记的独立且持续的权利。

英美法系国家，对物的支配关系由财产法调整，并不存在"物权"和"物"的独立概念。一般认为，英美法上的财产是独立于人之外的，人们可以对之享有法律认可的权利的东西，既包括有体物，也包括无体物。

第三节 要式转移物与略式转移物

一、概说

这是罗马法对物的一种特殊分类，是以物的重要性及其所有权的转移是否需要履行法定形式为分类的标准。

罗马法上，根据物的价值高低，将物划分为要式转移物和略式转移物。一般重要的物，需要根据法律规定的程序转移，称为要式转移物。要式转移物，可以是土地和房屋这样的不动产，也可以是奴隶或者牛、马这样的动产。英国学者巴里·尼古拉斯认为："在早期市民法中最为重要的区分是要式物（res mancipi）与略式物（res nec mancipi）的区分，这是罗马法所特有的区分。"[1]

要式转移物与略式转移物的划分主要取决于物对于我们生产和生活的重要性。早期社会，特别是农业社会，在社会财富方面，不同的社会财富其价值和意义是不相同的，一般而言，对于人们的生产、生活具有重大意义和价值的物主要是土地、驮物的牛马以及奴隶等。牛、马在古代社会是重要的生产工具、战争工具。因此，对罗马国家，特别是农业社会而言，是十分重要

---

[1] 尼古拉斯. 罗马法概论 [M]. 北京：黄风，译. 北京：法律出版社，2000：109.

的物，因此是要式转移物。奴隶劳动对于罗马社会的繁荣起着至关重要的作用。特别就大农业生产而言，奴隶更是十分重要的劳动工具。因此，牛、马和奴隶虽然是动产，却是十分重要的要式转移物。相反，类似于大象、骆驼这些在今天看来十分重要、珍贵的物，在罗马时代却是略式转移物。原因在于，它们在罗马时代对人们的生产、生活并未产生重要影响。因此，骆驼和大象在罗马时代属于略式转移物，而非要式转移物。正如盖尤斯所言："那些被列入野兽之列的动物，例如，大象和骆驼，也是略式物。"①

共和国晚期、帝国时代，要式转移物和略式转移物区分消失。其主要原因除了固有的要式转移物，其社会功能降低之外，还有一个非常重要的原因，就是由于社会生活的快速发展，人们变得日益繁忙。需要履行严格的法律程序，形式主义色彩浓厚的要式转移物品的方式已经无法适应快速发展的社会经济需求。因此伴随商品经济的快速发展，要式转移物和略式转移物的区分逐渐模糊，两者实现了融合。

二、概念

（一）要式转移物

罗马时代，一些非常重要的生产、生活资料，例如，土地、驮物的牛马、奴隶等属于要式转移物。为了显示这些物品的重要性，早期社会，法律将其规定为要式转移物。必须通过法律规定的程序转让。盖尤斯《法学阶梯》对要式转移物进行了概念上的界定。盖尤斯指出："要式物则是通过要式买卖向他人转让的物品。所以它们被称为要式物。"②

要式转移物是指法律规定其所有权转移，一定要采用法律规定形式转移的物，不履行法定的方式而转移的，其转移不发生法律效力。

（二）略式转移物

罗马时代，一些物品，特别是用作消费的物品，对农业生产和社会发展

---

① 盖尤斯．法学阶梯［M］．黄风，译．北京：中国政法大学出版社，1996：84.
② 盖尤斯．法学阶梯［M］．黄风，译．北京：中国政法大学出版社，1996：84.

没有特别重大的价值和意义。罗马法学家将其规定为略式转移物。略式转移物，通常能够通过一手交钱一手交货的方式转移物的所有权，转移形式更加灵活。

略式转移物是指其所有权转移无须履行一定法律形式的物，当事人可以自由地转让。盖尤斯《法学阶梯》明确规定："行省土地是略式物。"①

就土地而言，行省土地由于不能参与市场流转，因此只能作为略式交易物加以规定。盖尤斯在《法学阶梯》中指出："行省土地，他们有的称为贡赋地，有的称为纳税地。"② 从盖尤斯的论点可知，行省土地都是不能参与市场交易流通的，因此不能通过要式买卖的方式转移。在行省土地中，贡赋地和纳税地是有区别的。盖尤斯在《法学阶梯》中指出："如果土地处于被认为归罗马国家所有的行省之中，是贡赋地；如果土地处于被认为归皇帝所有的行省之中，是纳税地。"③ 从盖尤斯的论述可以看出，贡赋地是国家所有的土地，这种土地通过地方政府的开垦向国家交纳租税。因此，称为贡赋地。纳税地则是皇帝所有的土地，皇帝的土地通常租赁给个人，获得租税。

罗马时代，要式转移物通常是指十分重要的物。就动物而言，能够服务于人们的生产、生活，对提高劳动生产率意义重大。例如，可以驮物和耕地的牲畜。牛、马等都属于要式转移物。而一些非重要的动物，例如，野生动物，由于不能够对人们的生产、生活发挥重大作用，因此，属于略式转移物。从一般意义上理解，大象和骆驼本来也是野生动物，由于对人们的生产、生活发挥不了重大作用，因此，在《法学阶梯》中也被规定为略式物。

三、要式转移物的种类

罗马法学家将要式转移物分为四种。

第一，意大利的土地。

包括意大利土地上的房屋，因为房屋是土地的附属物。

---

① 盖尤斯．法学阶梯 [M]．黄风，译．北京：中国政法大学出版社，1996：86.
② 盖尤斯．法学阶梯 [M]．黄风，译．北京：中国政法大学出版社，1996：84.
③ 盖尤斯．法学阶梯 [M]．黄风，译．北京：中国政法大学出版社，1996：84.

在罗马时代，特别是盖尤斯生活的公元 2 世纪，要式转移的土地中，也有明确的划分。只有能够参与市场交易的十分重要的国家土地也即意大利土地，才采用要式转移方式转移所有权。行省土地"不能适用要式买卖和拟诉弃权"①。盖尤斯《法学阶梯》规定，行省土地不能通过要式买卖的方式转移，也即行省土地不是要式转移物。盖尤斯《法学阶梯》明确规定："意大利土地是要式物"②。

在盖尤斯生活的时代，帝国早期，罗马国家通过扩张，拥有了大量的土地。这个时期，只有十分重要的国家土地，也即意大利土地，才被法律认定为要式转移物，也即只有国家土地才能够参与市场流转。一个时期的法律规定，通常和这个时期的土地发展状况、经济发展水平有着重要的关联。

第二，意大利耕地的地役权。

罗马时代法学家认为，无形物通常都是略式物。盖尤斯指出："几乎所有的无形物都是略式物，乡村土地的役权除外。实际上后者显然是要式物，虽然它们属于无形物。"③ 盖尤斯认为，乡村土地的役权也即地役权，作为无形物属于要式物，除此以外的无形物都属于略式物。

罗马时代，将无形物规定为略式转移物。原因在于，无形物没有实体存在，看不见，摸不着，如果规定为要式物，则无法实现物的实际交付。另外，在罗马时代，以权利为表见的无形物，通常其价值和作用都有限，因为无法对生产、生活产生重大影响，加上无法实现物的实际转让，因此，无形物也即权利是作为略式物加以规定的。但是乡村土地的地役权是重要的无形物，因为乡村地役所涉及的通行地役、取水地役、畜牧地役等役权，对人们的生产、生活影响深远。因此，将乡村土地的地役权规定为要式物，也是对乡村土地的地役权价值的认可，是无形物中的例外规定。与此相反，盖尤斯认为，"城市土地的役权是略式物"④。

---

① 盖尤斯. 法学阶梯 [M]. 黄风, 译. 北京: 中国政法大学出版社, 1996: 88.
② 盖尤斯. 法学阶梯 [M]. 黄风, 译. 北京: 中国政法大学出版社, 1996: 86.
③ 盖尤斯. 法学阶梯 [M]. 黄风, 译. 北京: 中国政法大学出版社, 1996: 84.
④ 盖尤斯. 法学阶梯 [M]. 黄风, 译. 北京: 中国政法大学出版社, 1996: 82.

罗马时代在地役权的两种类型中，由于城市地役所涉及的立墙权、采光权、通水权对人们的生产、生活没有产生重大影响，因此，城市地役在罗马法上被规定为略式物。

第三，奴隶。

奴隶在罗马时代是十分重要的物，对罗马时代的经济繁荣和社会发展做出了积极贡献。从公元前2世纪到公元前1世纪的一百年间，大量的奴隶涌入意大利，他们绝大多数来自希腊和小亚细亚这些被罗马国家征服了的区域。进入罗马国家的奴隶，大多数是技术熟练的工匠或者是有着经营田庄经验的人。他们的涌入，极大地推动了罗马国家经济的繁荣。奴隶劳动，是罗马社会经济发展的重要保障。正如美国学者罗斯托夫采夫所言："奴隶是帝国经济生活中的栋梁，特别是在工商业界，在这方面，他们为各种各样的作坊主人供应了劳动力。"[1]

第四，能驮物与能拉车的家畜，即马、牛、驴、骡。

以上四种都是古罗马农业自然经济社会的重要财富，所以法律规定其转移一定要用法律规定的方式。

四、区分要式转移物与略式转移物的意义

要式转移物，最初必须用要式买卖方式转移。《十二表法》时代，已可采用拟诉弃权方式代替。只有这两种方式，其所有权的转移才会发生法律效力。至于略式转移物，则无此要求。本来区分两者的依据是其在经济上重要与否，随着商品经济的发展、文化的进步，原来认为重要的东西不再重要。而有些东西，例如，船舶、珠宝、艺术品等，其交换价值远远超过了意大利的牛马与土地。因此，此项区分已无意义。帝政后期，拟诉弃权已废弃，要式买卖也已消失。不再区分要式转移物与略式转移物。查士丁尼时代，法律明文规定废除这两种区分。

---

[1] 罗斯托夫采夫. 罗马帝国社会经济史：上册 [M]. 马雍，厉以宁，译. 北京：商务印书馆，1985：156.

罗马时代，要式转移物和略式转移物在农业时代的划分十分重要，特别是一些用来耕种和驮物的牲畜，尤其是牛、马，是十分重要的生产工具，对于农业生产力的提高显得十分重要。农业时代，不能缺少的是土地。土地在农业时代对满足全社会的生产生活需要意义重大。因此，在生产力不够发达、商品经济发展不够充分的罗马早期农业社会，特别是王政时代、共和国早期，要式转移物和略式转移物的划分显得十分重要，这种划分凸显了农业社会的生产需要和劳动需求。到了共和国晚期，特别是帝国时代，伴随着罗马国家的对外扩张及商品经济的快速发展，用来耕地的牲畜、牛马、奴隶的重要性开始下降。要式转移物和略式转移物的划分意义消失。因此，从共和国晚期后，不再区分要式转移物和略式转移物。帝国时代，查士丁尼《法学阶梯》中已无此种划分。

在罗马法上，要式物与略式物的区别在于，要式物必须通过要式买卖或者拟诉弃权的方式转让物的所有权。要式买卖，需要说固定的语言，做固定的动作，要有五个证人的存在，而且需要在长官面前进行。强调交易的形式要件，十分烦琐。因此，要式物只能是重要的物。而略式物在交易时，常常不需要烦琐的法律形式。交易方式简单，通过一手交钱一手交货的方式即可完成物的转移。盖尤斯指出："如果我把一件衣服、一块金子或者一块银子以买卖、赠与或者任何其他名义让渡给你，该物就立即变为你的，只要我是物的所有主。"[1] 在盖尤斯看来，略式物是可以通过一手交钱一手交货的方式完成物的所有权转移的。这种规定，一方面，区分了要式物与略式物对人们的生产、生活发挥的不同作用，另外也区分了要式物与略式物转移方式的不同。略式物，可以通过一手交钱一手交货的简单方式转让。

第四节 动产与不动产

罗马时代，法律按照物是否能够移动，移动后是否减损其价值、改变其

---

[1] 盖尤斯. 法学阶梯 [M]. 黄风, 译. 北京: 中国政法大学出版社, 1996: 84.

性质将物划分为动产与不动产。动产与不动产的划分是以物能否移动和移动后是否变更其性质、损害其价值进行分类。在罗马法上，动产与不动产的划分是一种十分重要的物的种类的划分。正如英国学者梅因所言：享有物件的唯一自然分类，即能符合物体中实质区别的唯一分类，是把它们分为"动产"和"不动产"。①

罗马法上划分动产与不动产的价值和意义在于，属于财产重要组成部分的不动产，通常需要通过要式的方式转移，也就是需要履行法律规定的程序。而动产，特别是其中价值较小的动产，在万民法时代，可以通过略式的方式，也即一手交钱一手交货的方式转移。

一、动产

在罗马法上，动产是指可以移动，移动后不会改变其性质、减损其价值的物品。例如，一只蓝色的杯子，从宿舍移动到教室，它的颜色、重量、形状均未发生变化。动产，通常是移动后未发生变化的物。罗马时代法学家根据动产的移动方式，将其划分为自力移动和他力移动两种情况。自力移动的物，通常是指能够自己移动，不需要借助外力的物。罗马法上可以自行移动的物主要包括奴隶，还有各种动物，主要是指家禽、家畜等家养动物。可以自行移动的物，主要是指有生命物。而无生命物常常是无法自行移动，需要借助外力移动的。比如说，我们的杯子无法自行移动，只能靠人力发生位移，除了杯子以外的其他无生命物，例如，桌子、衣物、用具等均需要凭借外力移动。可见，动产是指能够自行移动或用外力移动而不改变其性质和价值的有体物。

盖尤斯对动产有一个定义："动产指以自己的力量能够进行运动的物，属于要式转移物的范畴：奴隶、女奴、四足动物和由人所驯服的驯化动物和公牛、马、骡、驴，根据我们学派拥护者们的意见，这些动物刚一出生，就被

---

① 梅因. 古代法 [M]. 沈景一, 译. 北京：商务印书馆，1959：155.

认为是要式转移物。"①

能自行移动的，如奴隶、家畜。可用外力移动的，如用具和衣服等。现代意义上的动产概念，承袭和发展了罗马法的概念。《法国民法典》对动产的定义：财产之作为动产，按其性质，或按法律的规定，可以自一场所移至另一场所的物体，或如动物以自力移动，或无生命物仅能以他力变换位置，按其性质均为动产。

奴隶，作为动产的重要组成部分，属于会说话的动物。罗马帝国初期学者瓦罗指出："有些人把农具分成两类，即（一）干活儿的人和（二）人干活时必不可少的工具；还有一些人把他们分成三类，即（一）能讲话的农具，（二）只能发声的农具和（三）无声的农具。奴隶属第一类，牛属第二类，车子属第三类。"②

由于早期自然法思想中强调万物的平等，因此，虽然在罗马法上，奴隶属于物，但奴隶因为具有一般人的形体特征，因此和普通的物不同，在罗马法上，奴隶得到了一定程度的法律保护。帝国早期的学者瓦罗指出："在修建房屋和院落时，必须准备一处安置奴隶的地方，以便使他们在被劳动、寒冷或是暑热折磨得筋疲力尽的时候，能够在那里缓一缓，活动活动，或是舒舒服服地睡一觉来解除疲劳。"③ 瓦罗认为奴隶主不能残酷地压榨奴隶，而应该对他们友善，以提高他们的劳动积极性，从而提高生产效率。他说："如果有时对他们比平时慷慨些，如果给他们较好的食物和衣服，如果偶然地放他们的工或者是允许他们自己的一头牲畜放到农庄上去吃草，或是给他们诸如此类的其他特权，他们的劳动热情就会提高。"④

---

① 盖尤斯. 法学阶梯 [M]. 黄风，译. 北京：中国政法大学出版社，1996. 转引自冯卓慧. 罗马私法进化论 [M]. 西安：陕西人民出版社，1992：165. 在此处显示缺四行，据冯著补。
② 瓦罗. 论农业 [M]. 王家绶，译. 北京：商务印书馆，2006：59.
③ 瓦罗. 论农业 [M]. 王家绶，译. 北京：商务印书馆，2006：50.
④ 瓦罗. 论农业 [M]. 王家绶，译. 北京：商务印书馆，2006：49.

二、不动产

不动产是指不能自行移动，也不能用外力移动，否则就会改变其性质或减损其价值的有体物，如土地、房屋、树木等。

（一）罗马法上关于不动产的规定

不动产在罗马法上可分作三类。

1. 土地

包括耕作地、住宅地、意大利土地、外省土地、公地和私地等，是最基本的不动产。由于不动产中的土地十分重要，因此，罗马共和国时代著名的学者加图指出：

> 你想要置买田产时，要记取下列事宜：勿汲汲于购置，要不辞辛苦地去察看，勿以绕行一次为已足。好的田产，每次去每次使你更满意。邻人面容丰润到如何程度要加以注意：在良好的地区必然有丰润的面容。要走到里面去，注目观察，好彻底了解它。要有好气候，不易遭冰雹，要土地肥美，天然生长力强。如果有可能，要地处山脚下，南向，环境有益卫生，【那里】要工人多，而且要靠海，靠可以行船的河流，有良好的水域或繁华的城市，有良好的往来人多的道路。要处在那些不常变换主人的地方。①

在古罗马学者加图看来，因为土地作为不动产具有十分重要的意义，因此购买土地时，要特别注意土地的位置，要尽量选择地势比较好的肥沃的土地，并且，要有好的地理位置尽可能地靠海或者是靠近水域。

2. 动产附着于不动产而成为不动产。如草木附着于土地，木材砖瓦附着于房屋而成为不动产。

3. 罗马法上动产和不动产的区别也反映在地上权、永租权、地役权等各方面。罗马时代，常常将设立于不动产上的权利视为不动产的组成部分。

---

① 加图. 农业志 [M]. 马香雪，王阁森，译. 北京：商务印书馆，1997：2-3.

(二) 大陆法系国家法律中有关不动产的规定

《法国民法典》规定不动产为以下几点。第一，地户与建筑物（518条）。地产与建筑物依其性质为不动产。第二，土地上的附着物。主要是指无生命物固定于支柱以及属于建筑物之一部分的风磨、水磨（519条）；房屋内或其他不动产上，用于引水的管道为不动产（523条）。有生命物：土地上植物未分离前，"连于根系，尚未收割的庄稼与树上尚未摘取的果实，亦为不动产"（520条）。第三，土地上的安置物包括各种农具，种子、鸽子、兔子、蜂群（笼中）。以不动产为客体的权利，不动产用益权、土地使用权，动产、不动产以外。（524条）《德国民法典》《日本民法典》《瑞士民法典》都有关于不动产的规定，都将不动产规定为土地及其定着物。《日本民法典》第八十六条规定：土地及其定着物为不动产。《德国民法典》第94（1）条规定：附着于土地上的物，特别是建筑物，以及与土地尚未分离的出产物，属于土地的主要组成部分。

英美法系国家没有不动产与动产的划分。但是存在土地及其他财产的划分。土地不仅包括地表土地，还包括地表上的一切物，地上空间及地下之物。

三、两者的区分

罗马共和国早期，《十二表法》制定的时代，法律中还未形成完整的动产与不动产的概念。《十二表法》中将动产与不动产合称为物品，进而将物品划分为土地与其他物品。《十二表法》第六表第三条明确规定："占有土地的时效（规定）为二年，其他一切物品为一年。"[①] 从《十二表法》的规定可以看出，罗马社会早期，共和国时代，法律主要从大的方面将物划分为两类，土地与其他物品。罗马时代，法律上关于动产与不动产的划分有一个漫长的发展历程，并不是一蹴而就的。正如英国学者梅因所言："把它们分为'动产'和'不动产'。这种分类虽是法律学中所熟悉的，但它是罗马法慢慢地发展而

---

① 周一良，吴于廑. 世界通史资料选辑：上古部分 [M]. 北京：商务印书馆，1962：337.

得来的,并且直到罗马法的最后阶段才被采用。"①

罗马社会早期,对物的划分,按照其是否能够移动,移动后价值是否会减损,将其划分为可动物与不可动物。早期法律没有采用动产与不动产的概念,可动物与不可动物的划分的重要依据是物是否能够移动。到了帝国晚期,查士丁尼统治的时代,《法学阶梯》中开始出现确切的动产与不动产的术语。《法学阶梯》将不动产划分为乡村不动产与城市不动产,乡村不动产是指土地,城市不动产是指建筑物。《法学阶梯》在对地役权进行规定时指出:"因为没有不动产,就不能设定地役权。除非他是不动产所有人,否则他就不能取得关于城市或乡村不动产的地役权,或负担这种地役。"②《法学阶梯》认为,地役权必须以乡村不动产或者城市不动产为依托设立。

尽管罗马法上动产与不动产的术语出现较晚,但是以此为基础的物的划分是十分清晰的。罗马五大法学家之一的莫特斯丁在《区别集》第六卷中明确指出:"被指派来处理当事人财产的代理人,一般来说,在没有专门委托的情况下,不得出让当事人的不动产或者动产。"③可见,罗马帝国中期,在法律中已经开始出现了关于动产与不动产的划分。

罗马法上不动产是指土地及其附着物,其他物为动产,不动产为要式转移物,后者为略式转移物。

动产与不动产的划分具有十分重要的意义。不动产物权的变动以登记为公示方式。而动产则以交付为权利变动的标志。我国台湾地区所谓"民法典",《德国民法典》《瑞士民法典》,都规定取得土地所有权须在不动产登记簿上登记。

---

① 梅因. 古代法[M]. 沈景一, 译. 北京: 商务印书馆, 1959: 155.
② 查士丁尼. 法学总论——法学阶梯[M]. 张企泰, 译. 北京: 商务印书馆, 1989: 60.
③ 学说汇纂第三卷: 起诉的问题与基本制度[M]. 吴鹏, 译. 腊兰, 校. 北京: 中国政法大学出版社, 2016: 111.

第五节　主物与从物

一、主物

在罗马法上，主物是指两个物结合在一起或者相互关系，决定结合体或复合体的本质和社会功能的物。

二、从物

从物是指用来为另一个物服务，但未被其吸收的物。

罗马法上从物的划分有以下几种情况。

第一，附合。合成物中构成合成物基础的为主物，附加的为从物。在这种情况下，主物与从物紧密相连，不可分割。例如，文字无法从纸张上取出，图画无法与纸张分离等。在这种紧密相连、无法分离的情况下，决定合成物基础的是主物，附加的是从物。在这种情况下，不考虑物的价值高低，只要是合成物基础的就是主物。查士丁尼说："文字即使是金质的，仍从属于书写文字所用的纸张或者羊皮。如同一切营造或播种的东西从属于土地一样。"[①]查士丁尼认为，在主物与从物密不可分，比如，文字无法脱离纸张或者羊皮独立存在，土地上的营造物或播种物无法脱离土地单独存在的情况下，决定合成物基础的土地或者纸张（羊皮）就是主物。文字与营造物、播种物是从物。文字，哪怕是价值高昂的烫金文字，因为附加于纸张，不能独立存在的缘故，只能是从物。与此相同，土地上的营造物或者各种播种物哪怕价值高昂，因为其从属于土地只能作为从物存在。在这种情况下，区分主物和从物的价值在于，从物属于主物的所有权人所有。正如查士丁尼所言："因此，如果铁提在你的纸张或羊皮上书写了短诗、故事或者演说词，这一文书即属于

[①] 查士丁尼. 法学总论——法学阶梯[M]. 张企泰，译. 北京：商务印书馆，1989：55.

你，而不属于铁提所有。"①

第二，从使用目的来划分。有独立效用的物就叫作主物，没有独立效用的物叫作从物。也就是说直接满足人们需要的物是主物，而辅助主物存在的物叫作从物。这种情况下，主物和从物有一定的距离，从物可以离开主物独立存在，但是，从物离开主物无法独立发挥作用。例如，就房子和窗子而言，房子是主物，窗子是从物。就门和锁而言，门是主物，锁是从物。就锁和钥匙而言，锁是主物，钥匙是从物。

第三，罗马法上划分了物之部分。物之部分，作为从物附加于主物的一种情况，常常是就两个独立的物而言的，这两个物不仅相互独立，且从物的存在与否不影响主物的存在和效用的发挥。乌尔比安在《论告示》第32卷中讲道："铅盆、井、井盖或牢固地铅焊到水管上的龙头及埋于地下的装置，人们知道，它们虽未附着于房屋，但属于房屋的一部分。"② 乌尔比安认为，铅盆、井、井盖作为房屋的一部分是物之部分，对房屋自身作用的发挥没有太大影响。因此，在物之部分的情况下，从物与主物的空间距离更进一步地推远，从物相对于主物可能更加独立。除了铅盆、井、井盖可以作为从物成为主物的一部分之外，和房屋有着相当空间距离的其他物品，比如，雕像、花坛等，也可视为房屋的一部分。乌尔比安在《论告示》第32卷中讲道："同样，人们知道，小塑像如同圆柱及嘴里常喷水的兽形雕像一样，是别墅的一部分。"③ 从理论上讲，雕像与花坛这些物品作为从物和主物之间有着相当的距离，且对作为主物的房屋而言，可有可无，并不影响房屋自身功能的发挥。既然如此，为什么要将这些与主物有着相当空间距离，且不影响主物存在的物品，作为主物之部分加以规定呢？笔者认为，罗马法学家将这些看似并不重要的物品作为从物，作为物之部分加以规定，主要的目的是遵循交易的基本原则：从物随同主物一同转让。

罗马法上，关于物之部分的划分，说明了物之部分是可以独立于主物单

---

① 查士丁尼. 法学总论——法学阶梯 [M]. 张企泰，译. 北京：商务印书馆，1989：55.
② 斯奇巴尼. 物与物权 [M]. 范怀俊，译. 北京：中国政法大学出版社，1999：24.
③ 斯奇巴尼. 物与物权 [M]. 范怀俊，译. 北京：中国政法大学出版社，1999：24.

独存在的物，这种单独存在的物，就整体来讲，是发挥着次要的作用，而不是发挥主要的作用。所以在罗马法上，把物之部分涉及的物也称为从物。罗马法学家认为，物之部分存在的情况非常多见。比如，雕像相对花园来讲，就是物之部分，属于从物。花坛相对花园里来讲也是物之部分，属于从物。另外像水井、树木，在罗马法学的意义上都属于物之部分，都属于从物。

三、罗马法上主物与从物的划分对后世民法的影响

大陆法系国家民法中也划分了主物和从物。《德国民法典》第97（1）条规定：不是主物的组成部分，但为了主物的经济上的目的而提供使用，并与主物存在符合此使用目的的空间关系的动产为从物。《日本民法典》第87条规定：物的所有人，为达到通常的使用目的，而将属于自己所有的其他物附属于该物，其附属之物为从物。《瑞士民法典》第644条第2款规定：从物是"以主物的经营、使用或保管为目的，并且通过附和、改进或其他方式与其目的主物相联结的动产"。

从以上的规定可以看出，主物和从物具有以下特征。第一，从物通常为独立存在之物，可以离开主物独立存在。第二，从物与主物结合而成合成物。第三，从物在合成物中起次要作用，主物在合成物中起主要作用。划分主物和从物的法律意义在于，明确从物的归属。从物随主物一同转移。我国《物权法》上没有主物与从物的划分，但是《城镇国有土地使用权出让和转让暂行条例》第23条明确规定：土地使用权转让时，其地上建筑物、其他附着物所有权随之转让。《城镇国有土地使用权出让和转让暂行条例》第33条明确规定：土地使用权抵押时，其地上建筑物、其他附着物随之抵押。

第六节　原物与孳息

一、概念

（一）原物

在罗马法上，原物是指能够产生收益的物。早期人类在社会发展过程中发现，世界万物都有生生不息的繁衍功能。万物从生到死，又从死到生。如此，人类社会才能不断地向前发展。老子深刻地指出："道生一，一生二，二生三，三生万物。"[①] 老子认为，万物都是由道产生的，万物通过一生二，二生三的繁衍，逐渐由少向多，由有限向无穷发展。罗马时代，法学家发现所有的物都有一个生出自己的物，这个物就是罗马法上的原物。因此，罗马法学家认为，能够生出其他物的物称为原物。

（二）孳息

孳息是指原物产生的产物或者收益。

在罗马法上，首先将孳息划分为自然孳息和法定孳息。正如英国学者巴里·尼古拉斯讲的"物的孳息或者产品既包括土地的收获和牲畜自然繁殖，也包括地租或类似的收益。按照现代术语，它们被区分为自然孳息（fructus naturales）和民法孳息（fructus civiles）"[②]。

二、自然孳息

罗马法把自然孳息划分为天然孳息和加工孳息。

罗马法上，天然孳息和加工孳息，主要根据是否对自然物施加了劳动和功力进行划分。凡是施加了人力劳动和功力的就是加工孳息。凡是自然长成

[①] 阮元校刻．十三经注疏 [M]．清嘉庆刊本．北京：中华书局，2009：2927．
[②] 尼古拉斯．罗马法概论 [M]．黄风，译．北京：法律出版社，2000：145．

的野生之物，没有追加人力劳动的就是天然孳息。

具体而言，自然孳息在罗马法上，从大的方面讲，主要包括无生命物产生的孳息，也即无生命物产生的产物，以及有生命物产生的产物。罗马法上，无生命物产生的孳息主要是指土地的出产物，包括各种矿产资源以及生产于土地上的各种植物。有生命物产生的孳息，包括两类：动物产生的孳息和植物产生的孳息。罗马法学家认为，天然孳息包括树上的野果子，还包括野马生下的野马驹，野牛生下的野牛犊，野生动物产下的幼崽，等等。查士丁尼《法学阶梯》规定："动物的孳息，包括幼畜以及乳、鬃和毛等一起在内。"[1]

罗马法学家认为，自然孳息包含两种状态。第一种是孕育中的未分离状态，第二种是已分离状态。罗马法关于孳息孕育状态和分离状态的划分，主要目的是规定未分离状态的天然孳息归所有权人所有，已分离状态的孳息归用益权人所有。这样就很好地解决了孕育状态中的孳息和已分离状态中孳息的归属问题。罗马法上关于已分离状态孳息与未分离状态孳息的归属问题有明确的法律规定。查士丁尼《法学阶梯》规定："有土地用益权的人，就他自己收取的果实，成为果实所有人。因此，如果他死亡时果实已成熟，尚未摘取，这些果实不属于他的继承人，而是属于土地所有权人。"[2]

罗马法上，规定已分离状态的孳息和未分离状态的孳息，其重要的价值在于判断孳息的归属。按照查士丁尼《法学阶梯》的规定，在用益权人死亡的情况下，如何判断孳息的归属，罗马法上有一个十分重要的标准：已经从树上摘下来的果实归用益权人的继承人所有；结在树上，未摘下的果实为所有权人所有。罗马法做此规定的原因在于，树上的果实未摘下的，一时半会不会腐坏，可以留给所有权人，因为所有权人离自己的所有物——树，尚有一定的距离。已摘下来的果实，因为容易腐坏的缘故，需要尽快处理，因此，交由用益权人的继承人继承。可见，罗马时代，已分离状态孳息与未分离状态孳息归属的选择，主要是从有利于物的保护、利用，防止资源浪费角度做出的。

---

[1] 查士丁尼. 法学总论——法学阶梯 [M]. 张企泰，译. 北京：商务印书馆，1989：57.
[2] 查士丁尼. 法学总论——法学阶梯 [M]. 张企泰，译. 北京：商务印书馆，1989：57.

《法国民法典》将孳息划分为人工孳息和天然孳息。《法国民法典》第583条规定：自然果实是指由土地的自然产生一类的果实，兽类的生产与繁殖亦属于自然果实。土地的人工果实是指经耕作而获得的果实。在《法国民法典》中将孳息分为产物类的果实和民事上的果实。产物类的果实包含自然果实，主要指土地的自然产物，还包含人工果实，是指经耕作而获得的果实。民事上的果实主要是指房屋的租金，到期可追索款项的利息与分期支付的定期金，租赁土地的果实，也就是租赁土地的租金。

《德国民法典》把类似于罗马法上的孳息称为物的孳息。《德国民法典》中所谓物的孳息主要包含直接的物的孳息，也就是天然孳息，还有间接的物的孳息，主要是指加工孳息。《德国民法典》第99条明确规定：物的果实是指物的生产物及依物的使用方法所取得的其他收获物（直接孳息）。《德国民法典》还将物的孳息划分为权利的孳息。这种权利的孳息包含直接的权利的孳息和间接的权利的孳息。直接的权利的孳息，相当于罗马法上的法定孳息，主要是指房屋的租金和金钱借贷的利息。而间接的权利的孳息主要就是指因为专利权或者著作权以及商标权等权利产生的利息和收入。从《德国民法典》的规定可以看出，《德国民法典》在传统罗马法的基础上，将法定孳息划分为直接的权利孳息和间接的权利孳息，特别是间接的权利孳息的划分，是伴随着资本主义时代商品经济的快速发展以及商标权、著作权、专利权的出现而产生出来的一种新型的法定孳息的种类，是在罗马法基础上的继续发展和进步。

《瑞士民法典》第643条第2款明确规定：自然孳息系指循环产生的出产物及依通常习惯根据该物用途可得之收益。《瑞士民法典》第643条第3款规定：自然孳息，在与原物分离前，为原物的组成部分。《德国民法典》第99条第3款明确规定：果实也指或者权利因法律关系所取得的收入，就是法定孳息。《法国民法典》《日本民法典》都将法定孳息限定在物的收益这一范围内，原物与孳息的划分，价值在于确定孳息的归属。孳息应当归属于有权收获孳息的人。

三、法定孳息

在罗马法上，法定孳息是指依照法律规定产生的孳息，也就是原物产生的收益。罗马法上原物产生的收益，主要是指金钱借贷的利息、房屋出租产生的租金等。

四、孳息的归属

（一）罗马法上孳息的归属

1. 归所有权人所有

罗马法上，按照孳息随同原物一同转让的原则，孳息原则上归原物的所有权人所有。

2. 归用益权人所有

在有用益权人存在的情况下，孳息可以归用益权人所有。查士丁尼《法学阶梯》明确规定："根据自然法，羔羊、小山羊、牛犊、幼驹于出生时，属于用益权人所有。但是女奴的子女不是孳息，从而应归属于女奴的所有人。因为把人当作孳息是荒谬的，所有孳息都是自然界为了人的利益而创造出来的。"[①] 按照查士丁尼《法学阶梯》的规定，有生命物——动物产生的孳息可以归用益权人所有。查士丁尼时代，随着奴隶地位的提高，法律规定奴隶的子女不属于孳息，因此不归用益权人所有。英国学者巴里·尼古拉斯指出："女奴的子女不属于孳息，因此归所有主所有。这体现着对奴隶的一种仁慈，但比较带有讽刺意味的现代观念是，子女的价值太昂贵了，以至不能把这份财产让给（女奴）的用益权人。"[②] 由于用益权人不是物的所有权人，因此，法律规定对原物应尽善良家长的责任。因为损坏或者死亡导致孳息数量缺失时，应用原物产生的孳息加以补充。因为当用益权终了时，孳息也要和原物一同归还所有权人。查士丁尼《法学阶梯》明确规定："对羊群有用益权的

---

① 查士丁尼．法学总论——法学阶梯 [M]．张企泰，译．北京：商务印书馆，1989：57．
② 尼古拉斯．罗马法概论 [M]．黄风，译．北京：法律出版社，2000：147．

人，应以所生羔羊补充已死去的羊，犹里安也持这种意见。用益权人同样应补植已凋谢的葡萄枝和树木。因为他应细心栽培养育，并以善于治家的家长的注意来使用。"①

3. 归善意占有人所有

罗马法上，还规定孳息可以归善意占有人所有。查士丁尼《法学阶梯》明确规定："任何人如误认另一人为所有人而向他善意购买土地，或者根据赠与或其他正当理由善意地从他那里取得土地，而实际上该另一人并非真正所有人，则按照自然理性要求，他所收取的果实应属于他所有，作为其栽培和劳作的补偿。"② 罗马时代和现代社会，经常出现非所有权人，以所有权人的身份向他人出售土地的情况。买得者不知情形，即为善意占有人。罗马时代的法律，为了保护其栽培和劳作的辛勤付出，规定善意占有人可以获得占有物的孳息。

由于善意占有人并非真正意义上的所有权人，因此就面临着一个问题，当所有权人向善意占有人索要自己的土地时，能否同时索要土地产生的孳息呢？针对这一问题，查士丁尼《法学阶梯》明确规定："如事后真正所有人出现，并请求恢复土地，他不得对占有人已消费的果实提出请求。至于明知自己是占有他人土地的人，他不享有同样权利，因此他必须连同土地一起返还果实，哪怕果实已被消费掉。"③ 按照查士丁尼《法学阶梯》的规定，占有人是否需要返还孳息，要根据情况而定。当占有人是善意占有他人土地，也即不知道土地上有所有权人的情况下占有土地，已消费掉的孳息不予返还。相反，如果占有人是恶意占有他人土地，也即明知土地上有所有权人存在的情况下占有土地，则必须向土地所有权人返还孳息。

---

① 查士丁尼. 法学总论——法学阶梯 [M]. 张企泰，译. 北京：商务印书馆，1989：57.
② 查士丁尼. 法学总论——法学阶梯 [M]. 张企泰，译. 北京：商务印书馆，1989：56.
③ 查士丁尼. 法学总论——法学阶梯 [M]. 张企泰，译. 北京：商务印书馆，1989：56-57.

(二) 现代国家关于孳息归属的法律规定

1. 归原物的所有权人所有

大陆法系民法典普遍规定所有权人对所有物的天然孳息与法定孳息有收获的权利。《中华人民共和国物权法》第116条明确规定：天然孳息，由所有权人取得。

2. 归用益权人所有

《中华人民共和国民法典》第326条明确规定：用益物权人行使权利，应当遵守法律有关保护和合理开发利用资源、保护生态环境的规定。所有权人不得干涉用益权人行使权利。《法国民法典》第585条明确规定：用益权设立之时，枝干上悬挂的或根系上所结的自然果实及人工果实，属于用益权人。《法国民法典》第586条明确规定：民事上规定的果实，视为用益权人按照用益权存续期间的比例，逐日取得并归其享有。此项规则适用于土地租赁的租金、房屋租赁的租金以及其他民事上规定的果实。

3. 归善意占有人所有

《德国民法典》第955条（1）明确规定：物的自主占有人，在不影响第956条、第957条规定的情况下，在物的出产物或者其他属于物的果实的组成部分与物分离后，取得其所有权。

第三章

所有权概述

第一节 所有权概念

一、罗马法上的所有权概念

罗马法上无论是盖尤斯的《法学阶梯》还是查士丁尼的《法学阶梯》，都没有对所有权下一个明确的定义。但从远古时代起，罗马人已经形成了一种概念，即所有权就是对物的支配权利。

意大利著名法学家彭梵得在《罗马法教科书》中对罗马法上的所有权下了定义。认为所有权"是对物最一般的实际主宰或潜在（inpotenza）主宰"①。著名的罗马法研究专家周枏先生在《罗马法原论》一书中将所有权定义为"所有权是对所有物的完全支配权"②。后世注释法学家将罗马法上的所有权解释为，以所有人的资格支配自己的物的权利。认为所有权具有绝对性、排他性和永久性。法国学者埃蒂耶纳·卡贝认为：罗马法上的所有权，也即私有权，"就是使用和处置自然界所创造的财富的权利"③。法国学者埃蒂耶纳·卡贝认为，罗马法上的所有权具有两项重要的权能，即使用权与处分权。

---

① 彭梵得. 罗马法教科书 [M]. 黄风，译. 北京：中国政法大学出版社，1992：194.
② 周枏. 罗马法原论 [M]. 北京：商务印书馆，1994：299.
③ 卡贝. 伊加利亚旅行记：第二、三卷 [M]. 李雄飞，译. 北京：商务印书馆，1978：9.

法国学者蒲鲁东在对罗马法上的所有权制度进行评价时指出："罗马法明定所有权是在法律所许可的程度内对于物的使用权和滥用权。"[1] 蒲鲁东进而对滥用权进行解释："他所指的不是狂妄和不道德的滥用，而仅是绝对的支配权。"[2] 法国学者蒲鲁东认为，罗马法上的所有权是一种对物的绝对支配权力。这种绝对权力表现在哪些方面？蒲鲁东进一步指出："土地所有人可以决定让树上的果实烂掉，可以在他的田里撒上盐，可以把他的母牛放牧到沙地上去，可以把葡萄园变成荒地，还可以把他的菜园变成游猎的园林。"[3]

二、大陆法系国家对所有权的定义

大陆法系各国都继承了罗马法上的所有权观念，从全面支配的角度对所有权做出定义。黑格尔对所有权的界定是："人有权把他的意志体现在任何物中，因而使该物成为我的东西。人具有这种权利作为他的实体性的目的。因为物在其自身中不具有这种目的，而是从我意志中获得他的规定和灵魂的，这就是人对一切物据为己有的绝对权利。"[4] 法国学者洛克认为，所有权的取得和实现，与人们的劳动密切相关。正是因为人们的辛勤劳动，才使他成为某物的所有权人。洛克指出："一个人能耕耘，播种，改良，栽培多少土地和能用多少土地的产品，这多少土地就是他的财产。"[5]

（一）列举式

通过列举所有权所包含的各项权能或者各种作用，阐述所有权的概念。《法国民法典》第544条明确规定：所有权是指，以完全绝对的方式，享有与处分物的权利，但法律或条例禁止的使用除外。《日本民法典》第206条明确规定：所有人于法令限制的范围内，有自由使用、收益和处分其所有物的权利。

---

[1] 蒲鲁东. 什么是所有权 [M]. 孙署冰，译. 北京：商务印书馆，1963：67.
[2] 蒲鲁东. 什么是所有权 [M]. 孙署冰，译. 北京：商务印书馆，1963：67.
[3] 蒲鲁东. 什么是所有权 [M]. 孙署冰，译. 北京：商务印书馆，1963：67.
[4] 黑格尔. 法哲学原理 [M]. 范扬，张启泰，译. 北京：商务印书馆，1961：52.
[5] 洛克. 政府论：下册 [M]. 瞿菊农，叶启芳，译. 北京：商务印书馆，1964：21.

（二）概括式

《德国民法典》第903条明确规定：物之所有人在不违反法律及第三人权利范围内，物的所有权人可以随意处分其物，并排除他人的任何干涉。《瑞士民法典》第641条明确规定：物的所有权人，在法律规范的限制范围内，对该物可自由处分。

三、普通法系国家的所有权概念

普通法系国家的所有权概念来自日耳曼法的影响。日耳曼法根植于封建土地所有权和团体耕作的农本经济基础之上，其所有权观念与罗马法有明确区别。日耳曼法中的所有权观念，是一种以对物的利用为中心的相对所有权观念，承认一物二权，在术语的使用上及所有权发展的过程中，英美法系国家常常用财产权替代，指人们对财物的权利。英国著名的哲学家休谟认为，财物的本性不在于自身，而在于满足人的需要。英国著名法学家，以洛克为代表的权利论的财产理论，以及以休谟为代表的规则论的财产权理论，都认为在一宗土地上的财产权以及利益地权个人享有占有的权利、使用的权利以及处分的权利。

四、我国民法中的所有权概念

我国民法中对所有权也进行了定义。《中华人民共和国民法通则》第71条明确规定：所有权是指所有人依法对自己的财产享有占有、使用、收益和处分的权利。《中华人民共和国民法典》第240条明确规定：所有权人对自己的不动产或者动产依法享有占有、使用、收益和处分的权利。

第二节　所有权内容

一、所有权主体、客体之沿革

在罗马时代，最初只有贵族享有所有权，平民则仅有事实上的占有，无法律上的占有，古罗马法的所有权最初称为宗联成员之支配权。到《十二表法》颁布，才明文规定，平民和贵族享有平等的所有权。一般外国人则不能享有民法上的所有权，随着罗马向外扩张，与外国的经济文化往来增多，来罗马的外国人数量增多，大法官乃承认一般外国人享有万民法上的所有权。公元212年，卡拉卡拉皇帝把市民权授予罗马境内的一般居民。所有权主体方面的差别削弱，查士丁尼统治时代，降服的外国人也享有所有权，所有权主体方面的市民资格被外国人享有。

从所有权客体方面看，最初并不是所有的东西都可作为市民法所有权的标的，仅家庭中的贵重财产，如妻、子女、奴隶和能驮物、拉车的牲畜及世袭住宅等。罗马法可作为所有权的客体受市民法保护。罗马社会文化、经济发展后，家属已不再视为权利义务的客体。动产的范围扩大，就土地而言，最初土地属于氏族、部落和宗联公有，后来分公、私两部分。公地最初由宗族的人集体所有，共同耕种，共同享有。随着社会经济的发展逐渐分配给个人。

二、所有权的权能

（一）使用权

罗马法上，使用权是指不变更物的性质，按照物的用途对物加以利用的权利，自己可以使用，也可以让他人使用。现代大陆法系国家一般认为，在大多数情况下，拥有所有权的目的是对物加以利用，因而使用权是所有权的重要权能。使用权可以与所有人相分离，使用权可以转移给非所有权人行使，且使用权仅适用于非消耗物。使用权，通常在不损毁所有物或改变其性质的前提下，依照物的性能和用途加以利用。使用权在行使时，通常会受到一些限制，如限制建筑物所有权人增高其建筑物等。

(二) 收益权

在罗马法上，收益权是指收取所有物孳息的权利。具体是指收取所有物的天然孳息、加工孳息或法定孳息的权利，如收取果园的果实、借款的利息。

现代大陆法系国家一般认为，收益权亦称为收取标的物孳息的权利。收益权作为所有人的基本权利可以与所有权相分离。可以在一定期限内让与使用权和全部收益权仅保留处分权。例如，我国为鼓励开发自然资源，将国有荒山、滩涂划拨给集体或个人使用。也可以转让使用权、部分收益权，保留处分权。该转让途径主要通过所有权人与经营人订立合同实现。

(三) 处分权

在罗马法上，处分权是指处理所有权标的物的权利，是所有权的最根本的权能，包括消费、毁损、抛弃、转让、变更等权利。现代大陆法系国家一般认为，处分权是指对所有物依法加以处置的权利。处分权是所有权中最重要的权能。处分权通常只能由所有权人本人行使。非所有权人不得随意处分他人所有的财产。但在某些特殊情况下，处分权得由非所有权人行使。如果有企业依法处分国有财产，在此种情况下，处分权得由非所有权人行使。处分权虽与所有人分离，但其所有权并未消灭，企业本身存在，国家对企业的收益权也存在。

我国国有企业改制过程中的两权分离就是这种情况。《中华人民共和国民法典》第258条明确规定：国家所有的财产受法律保护，禁止任何组织或者个人侵占、哄抢、私分、截留、破坏。《中华人民共和国民法典》第259条明确规定：违反国有财产管理规定，在企业改制、合并分立、关联交易等过程中，低价转让、合谋私分、擅自担保或者以其他方式造成国有财产损失的，依法应当承担法律责任。《中华人民共和国民法典》第256条明确规定：国家举办的事业单位对其直接支配的不动产和动产，享有占有、使用以及依照法律和国务院的有关规定收益、处分的权利。

占有在罗马法上不是所有权的权能。因而所有权的权能只包括使用权、收益权和处分权三项。

三、所有权思想的变迁

(一) 个人的所有权思想

罗马时代，法学家认为，在不违反法律规定的情况下，个人对自己所有的物拥有完全的支配权，所有权可上及天空，下及地心。18世纪以来，受启蒙思想的影响，罗马法个人主义思想，天赋人权思想勃兴。很多著名的法学家和哲学家认为，所有权与生俱来。天赋所有权人对权利标的物拥有完全支配的绝对权。1787年法国《人权宣言》宣布，所有权神圣不可侵犯。此观念随后成为近代民法三大原则中的所有权绝对原则。依此，个人对自己所有之财产有自由使用、收益、处分的权利，国家不得干涉，容易造成个人权利的泛滥。

英国著名的法学家洛克指出："然而人既是自己的主人，自身和自身行动或劳动的所有者，本身就还具有财产的基本基础。"[①] 洛克指出，人们既然都是平等和独立的，任何人就不得侵犯他人的生命健康自由或者财产。洛克认为，既然人人平等，不存在从属或受制的关系。那么每个人都对自己的财产拥有自由处分的权利。法国著名的思想家卢梭指出，人是生而自由的。德国著名哲学家黑格尔指出："所有权所以合乎理性不在于满足需要，而在于扬弃人格的纯粹主观性。"[②] 德国著名哲学家康德指出："把任何一个属于我的意志选择的外在对象作为我的（财产）是可能的。"[③]

（1）所有权绝对观念在各国法律制度上的体现，破除了封建的等级制度。1804年《法国民法典》规定，所有法国人都享有民事权利。

---

① 洛克.政府论：下册 [M].瞿菊农，叶启芳，译.北京：商务印书馆，1982：29.
② 黑格尔.法哲学原理 [M].范扬，张企泰，译.北京：商务印书馆，1961：50.
③ 康德.法的形而上学原理——权利的科学 [M].沈叔平，译.北京：商务印书馆，1991：55.

(2) 所有权绝对观念表现在所有权内容的绝对上。

第一，所有权在时间上具有绝对性。第二，所有权在空间上具有绝对性。第三，所有权推及于地上及地下。第四，可对自己所有物进行任何作为与不作为。

(3) 法律为所有权提供保护。

第一，各资本主义国家纷纷制定了民法典。比如，1869年的《葡萄牙民法典》，1900年的《德国民法典》。民法典的制定为所有权的保护提供了基础。第二，为所有权的实现提供程序保护。主要表现为排除妨碍、恢复原状、赔偿损失。英国著名的法学家边沁指出：最大多数人的最大幸福原则是个人利益服从集体利益，英国著名的法学家密尔提出了多数人的暴政。这些观念的提出，使所有权无限的思想开始受到了一定的限制。第三，所有权神圣不可侵犯的原则深入人心。

（二）社会的所有权思想

19世纪末，个人的所有权思想渐渐被社会的所有权思想取代，认为所有权的行使应顾及公共利益，不得损害他人权益，认为所有权为负有义务之权利，所有权应当受到限制的观念开始出现。1919年德国《魏玛宪法》明确规定所有权负有义务。其行使应同时有益于社会公益。这个时期有关所有权的法律思想为之一变，演化为排斥个人本位而代之以社会本位。私法上的所有权绝对原则，逐渐修正为所有权限制原则。但是此种社会的所有权思想在第二次世界大战中与法西斯思想相结合，转化为极端的社会所有权思想，导致国家对个人的财产可恣意剥夺。

（三）个人与社会调和的所有权观念

第二次世界大战以后，鉴于过分强调个人所有权有害于公共利益，过分强调社会的所有权又足以抹杀个人财产权，妨害个人自由，于是倡导个人与社会调和的所有权思想，认为个人行使所有权时应顾及社会公共利益。这种观念是未来所有权思想发展的主流。

1946年日本宪法第29条明确规定：财产权的内容应符合公共福利，依法律规定之。1948年《意大利共和国宪法》第42条第2款明确规定：私有财产受法律承认及保障。法律为确保私有财产之社会机能并使一切人均能享受，应规定其取得、享有之方法及其限制。

第三节 所有权的限制

所有权有限原则来自罗马时代的法律规定。罗马法上，在一些特殊的情况下，所有权人行使所有权时要受到一定的限制，这种特殊情况表现在以下几方面："罗马法上虽然确认所有权是对物的绝对权利和最完全的支配权，但事实上，所有权仍受到多方面的限制，而且这种限制随着社会的发展越来越突出。"[①]

罗马时代，从总体上看，认为所有权是无限的。可以及于地上、地下，范围包括天空、地面和地心。但是在遇到特殊情况时，所有权也会受到诸种限制。这些限制主要包括来自相邻关系的限制，来自宗教和道德方面的限制，还有来自社会公共利益方面的限制。罗马时代的这些法律规定对后世民法影响深远。

一、因相邻利益的限制

（一）罗马法上相邻关系的限制

罗马法上，关于所有权受到相邻关系的限制，其理论来自一种自然法思想。美国学者罗斯科·庞德讲道："其出发点是这样一种观点，即人是一种理性实体，因此根据这种实体的特质，人能够在一种自然状态中，即在一种理性存在的抽象特质得以充分实现的状态中与其邻人共同相处。"[②]

1. 相邻田地之间要保持一定的距离

《十二表法》第七表明确规定：相邻田地之间，应留空地五尺，以便通行

[①] 江平，米健. 罗马法基础 [M]. 3版. 北京：中国政法大学出版社，2004：184.
[②] 庞德. 法律史解释 [M]. 邓正来，译. 北京：中国法制出版社，2002：47.

和犁地。在他人土地上有通行权的，其道路的宽度直向为八尺，拐弯处为十六尺。建筑物的周围应留二点五尺宽的空地，以利通行。树枝越界的，其下垂的树叶，应修剪至离地面十五尺，使它不致影响邻地。①

2. 应当在土地的边界种树

在处理相邻关系时，为了防止土地边界的纠纷，也为了充分利用和节约资源，罗马时代，人们常常会在土地的边界种上各种树。罗马帝国早期学者瓦罗认为："一块未经圈起来的农庄的边界，如果沿着它的四周栽上树木作为标志，则较为稳妥。否则，你的奴隶就要跟他们的邻居们争吵，而你的土地边界只能通过诉讼来决定了。"② 罗马时代，在土地的边界上栽种各种树木，人们是有考量的。一般会栽种经济价值较高、生长周期较短的树木，主要有松树、柏树等，罗马学者瓦罗认为栽种榆树最合适，他的理由是"种这种树是特别有利的，因为它常常可以用来作为支架，可以架葡萄，而使你收获许多筐的葡萄。它供应牛羊，以它们非常爱吃的叶子，它的枝子还可以拿来编篱笆，烧炉灶"③。

3. 挖掘作业时要考虑相邻关系

《十二表法》第七表，土地权利法第二条明确规定：

> 应当指出，当进行划界诉讼时，必须遵照《十二铜表法》的指示，该指示似乎是仿照据说梭伦在雅典曾经实行过的下列立法令而规定的：如果沿着近邻地区挖掘壕沟，则不得越过限界，如【设置】围墙，则必须【从近邻的地区起】留出空地一尺；如果是住所，则留出二尺，如果是挖掘坑道或墓穴，则留出的尺度与掘坑的深度同，如果是井，则留出六尺，如果是栽种橄榄树或无花果，则从近邻的地区起留出空地九尺，而其他的树木，则为五尺。④

从《十二表法》的规定可以看出，在进行壕沟挖掘时，要考虑到近邻土

---

① 周一良，吴于廑. 世界通史资料选辑：上古部分 [M]. 北京：商务印书馆，1962：339.
② 瓦罗. 论农业 [M]. 王家绶，译. 北京：商务印书馆，2006：55.
③ 瓦罗. 论农业 [M]. 王家绶，译. 北京：商务印书馆，2006：55.
④ 周一良，吴于廑. 世界通史资料选辑：上古部分 [M]. 北京：商务印书馆，1962：339.

地的情况，留出一定的宽度。如果是设置围墙要留出空地一尺；如果是住所，要留出二尺。如果是挖掘坑道和墓穴，则留出的尺度与它们的深度相同。挖掘井时，要留出六尺的通道；如果是栽种橄榄树或无花果树，则需要留出九尺，一般树木留出五尺。

4. 种植树木要考虑相邻关系

根据《十二表法》第七表第九条的规定："凡高度达15尺的树木。为使其阴影不至损害近邻地区，其周围须加修剪。"① 按照《十二表法》的规定，可以看出，凡是高度达到15尺的树木，必须要对其周围的树枝进行修剪，以防止其树枝以及树叶伸入邻居土地的上空，遮挡邻居土地的阳光。

《十二表法》第七表第九条明确规定："如果近邻地区的树木因被风吹，倾斜到你的地区来，你可以根据十二铜表法提出收拾它的诉讼。"② 按照《十二表法》的规定，可以看出，近邻地区的树木因为被风吹，导致树枝或者树叶落入邻居的院中，邻居可以提起诉讼，要求树木的所有权人到邻居院中收拾落在自己院中的树枝和树叶。

《十二表法》第七表第十条明确规定："允许收集从近邻地区掉下的橡实。"③ 按照《十二表法》的规定，如果有近邻地区的橡树的果实落到自己院中，土地的所有权人可以捡拾落到自己土地上的橡树的果实。《十二表法》第八表第七条明确规定："如果橡实从你的树上掉到我的地区来，而我驱出牲口，喂之以橡实，则根据《十二铜表法》，你不得提出践踏的控诉，因为没有在你的地区放牧牲畜，也不得提出因牲畜而遭受损失，因不法行为而遭受损失的控诉。"④ 根据《十二表法》的规定可以看出，如果橡树的果实从邻居的树上掉落到我的土地上，我的牲畜可以捡拾橡树的果实，对方不能提出践踏的诉讼，因为我在我自己的土地上让我的牲畜去吃落在地上的橡树的果实，因此对方不能够提出诉讼。古罗马时期的著名法学家西塞罗指出："按照《十

---

① 周一良，吴于廑. 世界通史资料选辑：上古部分 [M]. 北京：商务印书馆，1962：340.
② 周一良，吴于廑. 世界通史资料选辑：上古部分 [M]. 北京：商务印书馆，1962：340.
③ 周一良，吴于廑. 世界通史资料选辑：上古部分 [M]. 北京：商务印书馆，1962：340.
④ 周一良，吴于廑. 世界通史资料选辑：上古部分 [M]. 北京：商务印书馆，1962：341.

二表法》规定……邻地之间保持五步宽的不归属地界。公元前165年通过的《马弥利乌斯法》规定，进行这种地界划分时要有仲裁法官在场。"①

（二）大陆法系国家法律关于相邻利益的限制

《瑞士民法典》第684条第1款明确规定：任何人，在行使其所有权时，特别是在其土地上经营工业时，对邻人的所有权有不造成过度侵害的注意的义务。《瑞士民法典》第685条第1款明确规定：所有人在挖掘或建筑时，不得使邻人的土地发生动摇，或有动摇的危险，或使其土地上的设施受到危害。《瑞士民法典》第689条第1款明确规定：土地所有人，对自高地自然流至的水，特别是对雨水、雪水或未设围障的泉水，有承受的义务。

《德国民法典》第909条明确规定：不得以会使邻地失去必要支撑的方法开掘土地。《德国民法典》第903条明确规定：在不违反法律和第三人利益的范围内，物的所有权人可以随意处分其物。《德国民法典》第906（1）条明确规定：土地所有权人不得禁止煤气、蒸汽、臭气、烟气、煤烟、热气、噪声、震动和其他来自他人土地的类似的干涉的侵入。《日本民法典》第214条明确规定：土地所有人不得妨碍自邻地自然流来之水。《日本民法典》第218条明确规定：土地所有权人不得建造可使雨水直接注泻于邻地的房顶及其他工作物。《德国民法典》第905条明确规定：土地所有权人的权利扩及于地面上的空间和地面下的地层。但所有权人不得禁止他人在排除干涉与所有权人无利害关系的高空和地层中所进行的干涉。

二、因公共或社会利益的限制

罗马法明确规定，河流两岸的土地所有人，应在必要的范围内使其土地供公众使用，如行路、拉纤、停泊、系缆、曝晒渔网等。街道和公路两旁的土地所有人应对道路进行适当的维护。如果道路因水灾或其他事变而毁坏时，邻近土地的所有人，在道路未修复前应任他人在自己的土地上通行。奥古斯

---

① 西塞罗. 论共和国 论法律 [M]. 王焕生，译. 北京：中国政法大学出版社，1997：208.

都时期还规定房屋最高不得超过七十尺。

奥古斯都统治时代，为维护公共利益，对个人的所有权进行限制规定，法律规定如下：

> "鉴于各种障碍物损坏公共水道并有碍引水线的维修工作，元老院命令在泉源附近，拱桥和渡槽两侧十五尺范围内均须保持干净无物，在城圈之内以及紧接城区的建筑物之地下引水道两侧，应留出五尺空闲地。以后在这种地方禁止修造坟墓和房屋，禁止植树。目前在此已有的树应一律砍倒，只有同房屋紧相连接或被围在房屋之内者可酌免。"①

奥古斯都皇帝统治时代，为了维护公共利益，法律规定对公共水道、泉源、拱桥和渡槽，及地下引水道这些公共设施进行保护。在这些区域的土地所有权人，应留出相应的空地。同时，法律禁止在以上区域建造坟墓、种植树木等。体现了帝国初期奥古斯都皇帝统治时代，为了保障公共利益而对个人权利的限制。

元老院在公元前11年发布法律规定："在本法案通过之后，任何人蓄谋破坏或致使破坏渡槽水道、引水管道、拱桥、水管、水库、贮水池等引导公共用水入城的装置……应遵照水利总监的要求，切实负责修理、恢复、重建、修造、树立。"② 由此可见，元老院的法律规定，任何人，不能因为个人利益破坏以引水管道为核心的城市公共设施。如果实施破坏行为，则需要按照法律规定恢复原状。

康斯坦丁皇帝在致前执政官马克西姆斯管水官的信中指出："水渠经过其土地的人应该知道，他们应使水渠左右两边的树与水渠保持15步的距离。"③ 康斯坦丁通过自己的敕令表达了对公共利益的关注。认为，当有水渠通过土地所有权人的土地时，土地所有权人种树时应离水渠15步的距离。

---

① 世界史资料丛刊编辑委员会. 罗马帝国时期：上 [M]. 李雅书，选译. 北京：商务印书馆，1985：37.
② 世界史资料丛刊编辑委员会. 罗马帝国时期：上 [M]. 李雅书，选译. 北京：商务印书馆，1985：37.
③ 斯奇巴尼. 物与物权 [M]. 范怀俊，译. 北京：中国政法大学出版社，1999：115.

三、宗教利益的限制

罗马社会,在早期的宗教信仰中,有关于灵魂不灭的思想。早期人类在生活的过程中产生了对自然界的崇拜。早期社会,由于生产力发展水平低下,人们战胜自然的能力有限,抗拒自然灾害的能力不足,于是开始产生了对自然灾害的肇事者——水、电、风、雨等神灵的崇拜,也就是早期的自然崇拜。"绝大多数民族在产生之初,都处在一种对自然界无比敬畏的状态之中,似乎万事万物的背后都有神灵的存在,人类的命运,乃至整个宇宙苍生都服从着一种必然性的支配。"①

除了对自然的崇拜之外,人们开始思考自己的来世、今生。人是否有灵魂?灵魂与肉体分离后能否独立存在?灵魂能否再一次转世投胎?罗马社会早期,人们认为自己不仅有今生,而且还有来世,于是对亡魂的崇敬心理便油然而生。罗马古代社会,人们认为亡魂在人死亡后能够继续生存,直到再一次的转世投胎为止。法国学者古郎士指出:"在远古哲学家出现以前,极古的时代,颇信死后尚有第二个世界,他们以为死者并非人体消解之谓,不过一种生活变迁而已。"②

古代社会,宗教在社会政治中占有重要地位,所有权也受其限制,某人未经同意将尸体或骨灰埋在他人土地上,不经大祭司或皇帝发布挖掘令,土地所有权人不得擅自将尸体或骨灰掘走。

罗马法上明确规定土地所有权人不得阻碍他人经由其土地前往自己的墓地。

四、人道主义和道德方面的限制

罗马时代,奴隶地位的扩张,来自自然法思想的流行。西塞罗认为:"真正的法律乃是正确的规则,它与自然相吻合,适用于所有人,是稳定的,恒

---

① 李中原. 欧陆民法传统的历史解读——以罗马法与自然法的演进为主线 [M]. 北京:法律出版社,2009:42.
② 古郎士. 希腊罗马古代社会研究 [M]. 李玄伯,译. 上海:上海文艺出版社,1990:1.

久的……我们无论以元老院的决议或是以人民的决议都不可能摆脱这样的法律。"① 西塞罗指出:"一切有生命之物,应享有同等地位。"② 罗马时代,奴隶的地位有一个逐渐扩张的过程。早期奴隶作为法律上的物是权利的客体。

按照狄奥尼修斯《罗马古事记》的记载,早在王政时代,第六个王塞维乌斯·图里乌斯时"就已给释奴以公民权,后世遵循这种做法"③。罗马国家在王政时期,就开始给予被解放奴隶以罗马公民权利。可见,奴隶,包括获得解放奴隶的权利问题,在罗马国家发展的早期——王政时代就已经得到重视。能够获得罗马公民权的做法一直延续到奥古斯都皇帝统治的时代,这一时期,释奴获得罗马公民权利变得更加容易。以至"许多被称为无价值的恶人也获得了公民权"④。科路美拉在《论农业》中讲到奴隶的选择,从一个侧面反映了帝国早期奴隶的地位。他说:"一开始我的建议就是不要从那些外貌生得漂亮的奴隶里挑选管庄人。当然更不能从那些过惯城市里声色犬马生活的人中挑选。这批懒散成性的奴仆都已惯于游手好闲。他们经常出入于游乐场所,什么公园、跑马场、剧场、茶寮、酒肆,甚至赌场、妓院,整天想入非非,不务正业。"⑤ 从科路美拉的记载可以看出,帝国时代奴隶拥有相当的自由权利,可以出入各种公共场所,也因此出现了许多不务正业的奴隶。科路美拉认为,不能选择这样的奴隶从事庄园的管理工作。科路美拉的记载,从一个侧面反映了帝国时代奴隶地位的提高。

到了帝国时代,随着自然法思想的传播,奴隶的地位不断上升,正如《罗马十二帝王传》记载:"释放奴隶(Liberti),共和国末期和帝国初期常

---

① 西塞罗. 论共和国 论法律 [M]. 王焕生,译. 北京:中国政法大学出版社,1997:120.
② 西塞罗. 论共和国 论法律 [M]. 王焕生,译. 北京:中国政法大学出版社,1997:111.
③ 世界史资料丛刊编辑委员会. 罗马帝国时期:上 [M]. 李雅书,选译. 北京:商务印书馆,1985:110.
④ 世界史资料丛刊编辑委员会. 罗马帝国时期:上 [M]. 李雅书,选译. 北京:商务印书馆,1985:110.
⑤ 世界史资料丛刊编辑委员会. 罗马帝国时期:上 [M]. 李雅书,选译. 北京:商务印书馆,1985:89.

见，奴隶可因对主人有功或交付赎金而获得解放（有的得到主人的授产），获释后享有自由人身份，可支配自己财产，可获得公民权。"① 大量的奴隶获得解放，反映了奴隶地位的提升。帝国早期，法律规定，未经执政官批准，主人不得派自己的奴隶去斗兽场参加决斗。这个规定，一方面，是因为罗马国家的扩张需要大量的劳动力，尽量减少奴隶因为参加决斗带来的伤害；另一方面，是因为这一时期法学家强调自然法是超越时间、超越空间的永恒的法律，自然法不仅适用于人而且适用于万物，包括动物，也包括奴隶在内。在哈德良皇帝和安东尼皇帝统治时代，奴隶的地位进一步提高。任何无正当理由杀死自己奴隶的行为被规定为犯罪。在安东尼统治时代，如果奴隶主因主人施加的"无法忍受的残酷"虐待而跑到皇帝塑像下寻求庇护，主人将被迫出卖这个奴隶。②

在罗马早期，奴隶可随意由所有权人处理。帝政以后，随着人道主义观念的兴起，法律逐渐限制奴隶主虐待和擅自杀戮奴隶。法学昌明时期，禁止滥用权力学说兴起，即所有人不得专以损害他人为目的而行使其权力，日常情况下，所有人使用其物应维持在一般的合理状态。居民区允许冬天在室内生火取暖而排烟于室外，允许倾倒生活污水等，但不得开设排放大量烟雾和流出大量废水的作坊，这一原则，对后世各国民法产生了巨大影响，为后世各国民法所坚持。

罗马法明确规定禁止杀死奴隶，禁止开设产生大量烟雾废水的作坊。

除以上几方面外，罗马法对所有权还有其他一些权利进行法律上的限制，如为了保护弱者的利益，被监护人子女和被保佐人，不经监护人、保佐人同意，不得出让其要式转移物。查士丁尼统治时代，丈夫对妻子嫁妆中的不动产，即使征得妻子同意，也不得出让或者抵押。

---

① 苏维托尼乌斯. 罗马十二帝王传 [M]. 张竹明，王乃新，蒋平，等译. 北京：商务印书馆，1995：47.
② 尼古拉斯. 罗马法概论 [M]. 黄风，译. 北京：法律出版社，2000：69.

第四节　所有权产生基础之占有

在罗马法上，占有与所有权是两种不同的法律制度。占有者实际支配某物，而所有权者有权支配某物。罗马时代，占有者实际支配某物的行为虽然不能等同于所有权，但其对物的实际支配行为却得到法律的保护。正如英国学者巴里·尼古拉斯所言："有权拥有某物与实际拥有某物的区别致使罗马法对所有权和占有加以区别。"① 的确，在罗马法上实际拥有某物被规定为占有。在这种情况下，即使某人没有权利拥有某物，也即对某物没有所有权，法律仍然会对他实际拥有某物，也即对物的占有行为进行保护。从这个意义上讲，"窃贼没有权利拥有他所窃取的物品，尽管如此，他仍然拥有它"②。在罗马法上，窃贼对自己窃取的财物不享有所有权，但其对窃取物的占有权却受到法律的保护。

罗马法将占有规定为一种事实，并且予以保护，最重要的目的是维护社会的和平与稳定。正如美国学者罗斯科·庞德所言："在罗马法和日耳曼法的初期，有着一种颇为简单的理想：维持治安，亦即满足社会对一般安全所提出的最低限度的要求。"③

一、占有之概念

在罗马法上占有是指对物的事实上的支配和管理，罗马法认为占有是事实而非权利。

保罗在《论告示》第54卷中指出："人们可以占有有体物。"④ 在罗马时

---

① 尼古拉斯. 罗马法概论 [M]. 黄风，译. 北京：法律出版社，2000：111.
② 尼古拉斯. 罗马法概论 [M]. 黄风，译. 北京：法律出版社，2000：111.
③ 庞德. 法律史解释 [M]. 邓正来，译. 中国法制出版社，2002：44.
④ 学说汇纂第41卷：所有权、占有与时效取得 [M]. 贾婉婷，译. 纪蔚民，校. 北京：中国政法大学出版社，2011：87.

代著名的法学家保罗看来，人们可以对有体物实施占有。保罗在《论告示》第54卷中指出："人们不能占有物的不确定的部分，这就如同构想一种你想要占有已经被他人占有的物的情形。"[1] 按照罗马时代法学家的观点。人们所占有的物必须是确定的物，不能够对物的不确定的部分实施占有，因为对物的不确定的部分是没有办法实施占有的。保罗在《论告示》第54卷中指出：

> 尼拉提乌斯和普罗库路斯认为，如果先前不存在自然占有，那我们不能仅凭心素获得占有。因此，如果我知道在我的土地中有埋藏物，那么当我有占有意图时，我就立即获得了对它的占有，因为体素的欠缺可以用心素补充。布鲁图斯和马尼利乌斯认为，当某人通过长期占有而取得土地，他也同时获得了其中的埋藏物，即使他并不知道它的存在。这种观点是不正确的，因为不知情的人不能获得对埋藏物的占有，即使他占有土地。但即使他知道有埋藏物，他也不能通过长期占有而取得，因为他知道该物是属于他人的。有人认为萨宾的观点更为正确，如果没有将埋藏物从它所在的地方取出，知道它的人也不能对其进行占有，因为此时它还没有处于我们的控制之下，我赞同这一观点。[2]

罗马时代关于地下埋藏物没有在某个人的实际支配之下时，某人能不能够对埋藏物实施占有的问题，法学家之间进行了长期的争论。尼拉提乌斯和普罗库路斯（也称普罗库勒）认为，如果埋藏物没有被占有，没有在实际的控制之下，但是我知道在我的土地上有埋藏物，那么当我有想要占它的意图时，我就可以立即获得对他的占有。普罗库路斯和尼拉提乌斯认为，体素的欠缺可以由心素来补充，而布鲁图斯和马尼利乌斯则认为，如果一个人长期占有土地，他也就同时获得了其中的埋藏物，即便不知道这块土地有埋藏物的存在。保罗认为，普罗库路斯和布鲁图斯的观点都是不正确的，当埋藏物没有在某个人实际支配之下的时候，某人仅凭占有心素是不能够对它实施

---

[1] 学说汇纂第41卷：所有权、占有与时效取得 [M]. 贾婉婷，译. 纪蔚民，校. 北京：中国政法大学出版社，2011：87.

[2] 学说汇纂第41卷：所有权、占有与时效取得 [M]. 贾婉婷，译. 纪蔚民，校. 北京：中国政法大学出版社，2011：87.

占有的。保罗认为，萨宾的观点是正确的，只有当埋藏物处于我们的实际支配之下时，我们才能够实施占有，否则如果埋藏物还没有从它所在的地方取出，那么它也就没有处于我们的实际支配之下。我们也就不能够对它实施占有。因此，罗马时代的法学家认为，占有体素和占有心素是缺一不可的，不论缺失了心素还是缺失了体素，占有行为都将不能够完成。

二、占有的种类

（一）法定占有（有所有的意思）和自然占有（持有、借用、租用）

在罗马法上，从主观角度出发，有将某物据为个人所有的意思，即构成法定占有。法定占有者，有将某物归己所有的意思，有可能成为某物的所有权人。也就是说，法定占有人，可以获得占有物的所有权。以持有、借用、租用为表现的自然占有人，因为没有将占有物归己所有的意思，因此，不能成为占有物的所有权人。例如，租住他人房屋，借用他人物品的行为等。正如英国学者巴里·尼古拉斯所言："借用人并不是像所有主那样持有物，他在对物实行持有时承认出借人拥有更高层次的权利。"[①] 通常而言，借用、租用是派生于所有权的权利。根据罗马法上一物一权的原理，借用人、租用人只能对物实施自然占有，而无法获得借用物、租用物的所有权。有一点需要特别注意，借用人、租用人虽然不能获得借用物、租用物的所有权，但其对借用物、租用物的占有行为是受法律保护的。当其占有行为受到侵犯时，可以提起相应法律诉讼。

（二）适法占有和违法占有

罗马时代法律从占有的客观方面出发，将占有划分为适法占有和违法占有。

适法占有，是指和平、公开、持久的占有。和平的占有就是指不采用暴力方式的占有。公开占有就是占有行为是向大家公开进行，向社会成员公开进行的。持久占有是指占有行为在一个很长的时间内持续而未中断的情况。违法占有是指暴力、隐匿和容假的占有。所谓暴力占有就是指用暴力威胁或者施加暴力的方式来占有某物。所谓隐匿占有就是指占有行为处于秘密状态，

---

① 尼古拉斯. 罗马法概论 [M]. 黄风, 译. 北京：法律出版社，2000：115.

不向社会成员公布。而容假的占有则是指短期内的短暂占有，而不是在一段时间内的长期占有。

（三）善意占有与恶意占有

罗马时代法律从占有人是否知道占有物上有所有权人的存在而实施占有行为，将占有划分为善意占有与恶意占有。善意占有是指占有人认为自己有正当权利的占有，也即不知道占有物上有所有权人存在情况下的占有。恶意占有是指占有人明知或者应当知道自己无正当权利而占有，也即明知或者应当知道占有物上有所有权人存在情况下的占有。

三、占有的法律效果

（一）占有是所有权产生的基础

罗马法上，占有不是所有权的权能，而是非所有权人获得物的所有权的前提和条件。罗马时代法律认为，所有权是一种或然的权利，也就是说，所有权不是永恒的。当所有权人怠于履行权利，导致所有物处于闲置、浪费状态时，法律允许积极发挥物的效用的非所有权人，也即占有人，通过自己对物的占有行为，在满足一定条件后，成为占有物的所有权人。从这个意义上讲，占有是所有权产生的基础。

（二）善意占有人可获得占有物的孳息，不负赔偿之责

罗马时代法律认为，善意占有人，虽然不是物的所有权人，但是，他通过对物的积极的占有行为，改善了物的存在状况。为表彰善意占有人对物的积极利用的行为，法律赋予其获得占有物孳息的权利。罗马法上的这项规定，同时也是对善意占有人辛勤劳动应当获得收获物所有权的肯定。

四、占有的条件

罗马时代法律认为，占有行为有严格的构成要件。占有人在主观上要有将占有物归己所有的意思，也即占有心素。同时还要有在客观上支配占有物的事实，也即占有体素。同时具备这两个条件，才构成对物的占有。

（一）占有体素

占有体素在罗马法上是指占有人在占有过程中对占有物有实际支配的事实，也就是说占有人对客体实际上的支配权。

保罗在《论告示》第 54 卷中指出："那些被我们关起来的鸟，或那些经过驯化处于我们看管之下的鸟都归我们占有。"[1] 罗马时代的法学家认为，在我们实际支配之下的鸟，也就是被我们关起来的鸟和在我们视野之下的鸟，也就是经过我们驯化的鸟，都可以被我们适时占有。保罗指出：

> 尼尔瓦（子）认为，除了奴隶以外的动产，只要处于我们的看管之下，那就由我们占有。亦即，只要我们愿意，就可获得对它们的自然占有。因而逃跑的动物或因丢失而无法找到的花瓶，都不再被我们占有，尽管事实上它们没有被任何人占有。但如果处于我的看管之下的物只是暂时无法被找到，情况则有所不同。因为该物只是在经过仔细寻找，被找到之前暂时不在。[2]

罗马时代的法学家认为，我们要对某个物实施占有，这个物必须在我们的实际支配之下。当然这种实际支配就是说该物处于我们的视线之内，也就是我们可以发现它的范围之内。一般来讲，只要是我们的家养动物，没有丧失回家的能力，那么就说明我们只是暂时脱离了对它的看管，在这种情况下，我们仍然是它的占有人，而其他人则不能够对我们的动物实施占有。当然，当我们饲养的动物逃跑或者丢失，无法回到主人身边时，或者我们的花瓶丢失无法找到，那么我们就失去了对这些物的实际支配，也就丧失了对这些物的实际占有。在这种情况下，不在我们实际支配之下的逃亡动物或者失去了回到我们身边能力的动物以及丢失的花瓶都可以被他人占有。这个规定是为了维护物的稳定状态，让丢失不能回到我们身边的物，能够被其他占有人照管，也能够让我们丢失的花瓶被他人占有，从而使花瓶得以被他人利用。

---

[1] 学说汇纂第 41 卷：所有权、占有与时效取得 [M]. 贾婉婷，译. 纪蔚民，校. 北京：中国政法大学出版社，2011：93.

[2] 学说汇纂第 41 卷：所有权、占有与时效取得 [M]. 贾婉婷，译. 纪蔚民，校. 北京：中国政法大学出版社，2011：93.

罗马时代法学家认为，一些物虽然被我们暂时抛弃，不在我们的实际控制之下，但他们仍然是我们的所有物。乌尔比安在《论告示》第72卷中指出：

> 彭博尼说：如果一些石头因船舶失事而沉入了台伯河，经过一段时间以后又被打捞了起来，那么在这段时间里所有权是否发生了改变？我认为所有权没有发生变化，但占有发生了改变。这与逃亡奴隶是不同的，逃亡奴隶仍被视为处于我们的占有之下，因为他们仅凭自身无法摆脱我们的占有，这与石头是不同的。①

罗马时代著名法学家乌尔比安认为，如果一些石头因船舶失事沉入了河中，也就意味着这些石头，不再处于我们的支配之下。因此，我们也就会丧失对这些石头的占有权利。罗马时代的法学家认为，奴隶即便不处于我们的支配之下，也可以为我们占有，因为他们不能够轻易地摆脱我们对他们实施的占有。而石头这样的物品一旦丢失，它不再处于我们的实际占有之下。那么我们将丧失对它的占有。其他人可以对石头重新实施占有。罗马时代法学家认为，处于自然自由状态的动物都不为我们占有。保罗指出："被我们关入培养地的野兽或被我们放入鱼塘的鱼都由我们占有。但那些池塘中的鱼或那些封闭的树林中的野兽都不归我们占有，因为它们处于自然自由的状态。相反，如果有人购买了一片树林，就认为其中所有的野兽都归其占有，这种看法是错误的。"② 罗马时代法学家认为，如果动物包括野兽和鱼被我们放在了培养地或者放进了鱼塘就由我们占有。而那些不被我们支配的池塘的鱼和森林中的野兽不归我们占有。因为他们没有在我们的实际支配之下，他们处于一种自由自在的状态。罗马时代有一些法学家认为，如果有人购买了一片森林，就应该认为森林里的所有的动物都由他占有。帝国时代的法学家认为这种观点是不正确的，某人尽管购买了森林，森林里的野兽数量居多，完全由他来占有，就妨碍了他人狩猎权的实现。因为一个大量群体的野生动物由某

---

① 学说汇纂第41卷：所有权、占有与时效取得 [M]. 贾婉婷，译. 纪蔚民，校. 北京：中国政法大学出版社，2011：103.

② 学说汇纂第41卷：所有权、占有与时效取得 [M]. 贾婉婷，译. 纪蔚民，校. 北京：中国政法大学出版社，2011：93.

一个人占有，实际上是不现实的，也是一种资源浪费。出于保护野生资源的考虑，也防止对资源造成实际上的浪费。因此，尽管某人购买了一片森林，他也不能够对森林中的所有的野兽实施占有。因为这是没有必要的，也是不现实的。他人可以根据罗马法律的规定在森林中狩猎，让更多人的狩猎权得以保护，同时达到防止资源浪费的目的。

（二）占有心素

占有心素是指占有人对占有物有获得所有权的意图，也就是将占有物归己所有的意思。

获得占有既需要体素，也需要心素，仅有体素或仅有心素都不能取得占有。保罗指出：但我们所说的"占有的取得必须兼备心素与体素"并不是说如果一个人想占有一块土地，他就必须要走过每一个地块。事实上他只需要进入其中的任何一部分，同时有占有边界内所有土地的意图就足够了。① 罗马时代的法学家认为，占有必须具备体素和心素，也就是说必须要有对占有物事实上的支配，而且要有将占有物归己所有的意思。但是罗马时代的法学家同时指出，当对某一地块实施占有时，并不需要走过地块的每一个部分，只要进入其中的任何一部分，也就是只要进入了地块，就意味着这块地在他的实际支配之下，不需要把整个地块走遍。罗马时代法学家认为，从占有体素言，只要某一个地块在他的支配之下，就可以了。由此可以看出，在罗马时代，法律关于占有体素的规定是相对宽松的，只要某物在自己的实际支配之下就可以了，不需要时时刻刻占有它。

罗马时代的法学家认为，如果占有心素丧失，那么某个人将丧失对某物的占有权利。保罗指出："在占有的丧失上也要考虑占有人的意思。因此，如果你在某块土地之上，但你不愿再占有它，那你就立刻失去了对它的占有，因而仅凭心素即可失去占有，虽然仅凭它并不能取得占有。"② 保罗认为，如

---

① 学说汇纂第41卷：所有权、占有与时效取得 [M]. 贾婉婷，译. 纪蔚民，校. 北京：中国政法大学出版社，2011：87.
② 学说汇纂第41卷：所有权、占有与时效取得 [M]. 贾婉婷，译. 纪蔚民，校. 北京：中国政法大学出版社，2011：89.

果一个人一开始占有某物,但是后来又不愿意继续占有了,没有继续占有的意图了,那么他将丧失对原占有物占有的权利。

(三) 占有主体

罗马时代法学家认为,一个物上,占有主体只能有一个,不能存在多个占有主体。保罗指出:

> 与其相反,多个人不能对同一物进行共同占有,因为我占有某物,而你也同时占有它,这是违反自然的。但萨宾写道,如果某人对某物进行了临时让与,那么他本人和临时让与的受让人都占有该物。特里巴提乌斯赞同这一观点。他认为,在一个物上可以有一个人正当的占有,一个不正当的占有,但不能同时存在两个正当占有或两个不正当占有,拉贝奥对此提出了批评,因为正当与否与占有结果并无太大关系。这一观点更为正确,因为同一占有不能落在两个人身上,正如你站在某处,而我也站在同一地方;或你坐在某处,而我也坐在同一地方。①

罗马时代法学家对于一个物能不能由多人同时实施占有,发生了激烈的争执。特里巴提乌斯和萨宾认为,多个人可以对同一个物实施占有,其中一人是正式占有,而另一人是临时占有。普罗库路斯学派的著名法学家拉贝奥对此进行了批评,拉贝奥认为,在一个物上只能有一个占有人,不能有两个占有人同时存在。并且举了例子:两个人不能同时坐在同一个地方,两个人也不能同时站在同一个地方。这个观点得到了帝国晚期法学家们的认可。

罗马时代法学家认为,占有人的身份可以多元化。保罗指出:"正如有人主张的那样,人们可根据多种原因对同一物进行占有。比如,进行时效取得的人既作为买受人,也作为所有人占有。因此,如果我是一个以买受人名义占有某物的继承人,那么我既作为买受人,又作为继承人占有该物。因而所有权只能根据一个原因取得,但占有可根据多个原因取得。"② 罗马时代的法

---

① 学说汇纂第41卷:所有权、占有与时效取得 [M]. 贾婉婷,译. 纪蔚民,校. 北京:中国政法大学出版社,2011:89.
② 学说汇纂第41卷:所有权、占有与时效取得 [M]. 贾婉婷,译. 纪蔚民,校. 北京:中国政法大学出版社,2011:89.

学家认为，占有人的身份可以多元化。占有人既可以是买受人，也可以是所有权人。可以集所有权人和买受人于一身。占有人也可以集继承人与买受人于一身。这种情况和所有权人的情况不一样，所有权人的身份是单一的，不能与其他身份相结合。比如，所有权人不能与买受人身份合一，也不能够与继承人身份合一。但是占有人身份可以多元化，说明罗马时代关于占有主体的资格的规定是相对宽松的。

五、大陆法系国家占有观

（一）事实说

该学说认为占有本身并不能被视为一种权利，而是被看作一种对物的实际关系及对物实施事实上控制的权利。该学说认为，占有取得完全是事实行为，故违法行为也可取得占有，法律行为的无效，并不影响占有的转移。

萨维尼认为，占有是人与物之间的事实关系。占有人必须具有占有体素，也就是管理物件之事实，还必须拥有占有心素，也就是占有权人有将物归己所有的意思。德国著名的思想家耶林认为，占有人必须有占有心素。也就是有将物的所有权归其所有的意思。《德国民法典》第854条（1）明确规定：物的占有因对物有实际控制而取得。《德国民法典》第858条（1）明确规定：未经占有人同意而剥夺其占有或者妨害其占有的人，其行为为违法。就《德国民法典》而言，主要是保护占有不受第三人的干涉和侵害，而不管占有人是否享有所有权。

《瑞士民法典》第919条第1款明确规定：凡对某物进行实际支配的，为该物的占有人。《瑞士民法典》认为占有是事实而非权利。无论物的所有权和他物权属于谁，也不论是善意还是恶意，只要对物实际控制就构成占有。占有为事实说，其功能不在于保护权利，而在于保护社会和平。罗马时代著名法学家保罗指出，对占有而言，有无占有的权利不再过问，盗贼亦为占有人。

（二）权利说

在日耳曼法上，占有为物权法的核心概念，系物权的一种表现形式。占有与所有权有严格的区分，占有不是一种单纯的事实，而是一种物权。《法国民法典》第 2228 条明确规定：对自己掌管之物或行使之权利的持有或享有，或者对由他人以我之名义掌管之物或行使之权利的持有或享有，谓之占有。《法国民法典》第 2229 条明确规定：占有应当是以所有人之身份持续、不断、平静、公开、毫无隐晦地占有。《日本民法典》第 180 条明确规定：占有权，因以为自己的意思，事实上支配物而取得。《日本民法典》第 188 条明确规定：占有人于占有物上行使的权利，推定为适法的权利。财产的实际占有人被推定为对该财产享有权利，除非另有他人证明对此享有更优越的权利。

六、我国民法占有观

（一）权能说

我国民法依据苏联民法有关规定，认为占有是一种权能。1922 年《苏俄民法典》第 58 条明确规定：在法律规定的范围内，所有人对财产享有占有、使用和处分的权利。《中华人民共和国民法通则》第 71 条、《中华人民共和国物权法》第 39 条都体现了这样的精神。

（二）事实说

《中华人民共和国民法典》第 461 条明确规定：占有的不动产或者动产毁损、灭失，该不动产或者动产的权利人请求赔偿的……恶意占有人还应当赔偿损失。《中华人民共和国民法典》第 462 条明确规定：占有的不动产或者动产被侵占的，占有人有权请求返还原物；对妨害占有的行为，占有人有权请求排除妨害或者消除危险；因侵占或者妨害造成损害的，占有人有权依法请求损害赔偿。《中华人民共和国民法典》第 461 条至 462 条明确规定，占有包括有权占有与无权占有。《中华人民共和国民法典》第 460 明确规定：不动产或者动产被占有人占有的，权利人可以请求返还原物及其孳息；但是，应当支付善意占有人因维护该不动产或者动产支出的必要费用。

第四章

所有权取得方式之原始取得

所有权取得方式是指所有权人取得物之所有权的方法。所有权取得方式是早期罗马法上的一项重要规定。罗马法对所有权人取得物的方法进行了早期规定，这些规定对后世民法的发展做出了积极贡献。罗马时代对物的所有权的取得方式主要划分为两种，一种就是原始取得，所谓原始取得就是指在物上没有所有权人的情况下，取得所有权。原始取得的方式在罗马时代主要规定了先占、埋藏物的发现等。尼古拉斯将原始取得解读为"某物从来没有被任何人拥有过（对某野兽的先占［occupatio］），或者对新所有权的证明无须参考对先前所有权的证明"[①]。

第一节 先占

一、先占概述

（一）概念

先占是指以所有的意思占有无主动产而取得其所有权的法律事实。王凌云指出："先占原则，是先占人以支配和管理之意思，先于他人占有无主物从

[①] 尼古拉斯．罗马法概论［M］．黄风，译．北京：法律出版社，2000：120．

而取得该物所有权的法律制度。"①

(二) 先占制度的起源

1. 起源于习惯

先占,就早期社会的发展历程而言,主要是来自习惯,且由习惯加以调整和保证。早期社会,人们为了维持生存的基本需求,需要砍伐树木,挖掘石料,建筑房屋,方便居住和取暖。需要上山砍柴以取暖,需要采摘野果以果腹,需要用动物的皮毛取暖,需要食用肉类以保证生存,于是采伐权和狩猎权便应运而生。

2. 起源于自然理性

先占,实际上来自早期的一个自然理论:先到先得。相当于现代社会的一种排队机制,排在前面的先行购物。王凌云认为:"先占原则,实质上是对每个人自身能力的尊重和发挥,它让个体在社会共识的允许下获得了一个绝对的私人空间。"② 先占,作为一种自然取得所有权的方式,在早期由习惯加以调整。进入阶级社会后,便由法律加以规定。先占是获得物的所有权的一种重要方式和途径。先占是无主物被占有而成为有主物的过程。因此,有学者认为,先占"提供了一个关于私有财产起源的假说"③。通常认为,私有财产有一个从无主到有主的过程。因此,先占是生产、生活需要和社会发展的必然产物。实际上,先占作为将无主物演变为个人财产的手续,在阶级社会开始以前就发生了。也就是说,先占,追溯其历史,应当来自阶级社会建立以前的远古时期,是基于人们生产与生活的一般需求产生的。英国学者梅因指出:"现代法律学接受了这个观点,认为土地及其果实在过去一度是无主物……在组织民事社会前很久就确实实行过无主物的先占。"④

先占作为一种所有权取得的自然途径和方法,某个人对物通过先占获得

---

① 王凌云. 论先占原则 [M] //徐国栋. 罗马法与现代民法:第一卷. 北京:中国法制出版社,2000:146.
② 王凌云. 论先占原则 [M] //徐国栋. 罗马法与现代民法:第一卷. 北京:中国法制出版社,2000:156.
③ 梅因. 古代法 [M]. 沈景一,译. 北京:商务印书馆,1996:142.
④ 梅因. 古代法 [M]. 沈景一,译. 北京:商务印书馆,1996:142.

的所有权常常是短暂，而非永恒的。先占，常常需要以持续占有某物为基础。如果放弃占有，那么该物同样会再次成为无主物，就为他人实施的占有提供了现实的可能性。正如梅因引用布拉克斯顿的观点指出："根据自然法律和理性，凡是第一个开始使用它的人即在其中取得一种暂时所有权，只要他使用着它，这种所有权就继续存在，但是不能比使用期更长。"①

先占在罗马法上的规定，从理论角度分析，还来自古罗马的自然法思想。罗马自然法思想强调对人的权利的保护。正如梅因所言：罗马"自然法"和"市民法"主要不同之处，是在于它对"个人"的重视。② 洛克认为，从自然理论的角度言，人们按照自然界的规律，自然理论的需要，先天地享有某些物的所有权。他指出："谁把橡树下拾得的橡实或树上摘下的苹果果腹时，谁就确已把它们拨归己用。"③

3. 起源于法律规定

盖尤斯在《论日常或珍贵的事物》第 2 卷中指出："有一些物的所有权我们是根据万民法，即依照自然理性在所有人中同样适用的法，而取得的；有些物的所有权我们是根据市民法，即我们城邦特有的法，而取得的。因为更为久远的万民法与人类自身一同流传了下来，我们的论述必须首先从它开始。"④ 按照盖尤斯的说法，我们在获得物的所有权时，基本上是依据了万民法和市民法的规定，依据了法律规定获得物的所有权。

二、先占的条件

（一）标的物必须为可有物中的无主物

罗马法时代，先占是万民法上的所有权取得的方式之一，动产或者不动产均可因先占取得物的所有权。盖尤斯在《论日常或珍贵的事物》第 2 卷中

---

① 梅因．古代法［M］．沈景一，译．北京：商务印书馆，1996：143．
② 梅因．古代法［M］．沈景一，译．北京：商务印书馆，1996：146．
③ 洛克．政府论：下册［M］．瞿菊农，叶启芳，译．北京：商务印书馆，1982：19．
④ 学说汇纂第 41 卷：所有权、占有与时效取得［M］．贾婉婷，译．纪蔚民，校．北京：中国政法大学出版社，2011：3．

指出："不属于任何人之物，根据自然理性归先占者所有。"① 从盖尤斯的观点可以看出，先占标的物应该是无主物，也就是说在物上没有所有权的物。一般来讲，罗马法学家认为对于无主物，可以通过原始取得的方式实施先占。

1. 动产

首先，包括有生命物。

罗马法学家肯定了猎获物的所有权。这种猎获物包括在陆地上、在海洋里和天空中捕获的动物。也就是说在陆地上、海洋里、天空中猎获的一切动物，都归狩猎者所有。罗马时代的法学家在确定狩猎范围时把它定义为陆地、海洋和天空。因此在确定的范围上是全面的，以至后世民法在发展过程中无法从根本上修改罗马时代法学家关于这一范围的划分。盖尤斯在《论日常或珍贵的事物》第2卷中指出："因此所有在陆地上、海洋里、天空中被捕获的动物，即野兽、鸟、鱼归属于捕获他们的人。"② 盖尤斯认为，在地上、海上及天空被获取的所有动物，即野兽、鸟、和鱼为猎获者所有。驯服的动物或被饲养的动物不是先占的对象。

罗马法上，物权法律概念术语的精确性来自罗马社会哲学特别是逻辑学的发展水平。罗马时代的哲学家十分重视概念的辨析，这种传统来自希腊社会。希腊时代的哲学家十分重视概念的精确性、逻辑的严密性，这一点从柏拉图所著的《智者》中可以看出。柏拉图在《智者》中谈到，当时有几位哲学家对可以狩猎的动物进行辩论。有学者将可狩猎的动物划分为两种：陆上的动物和水下的动物。其中一个涉及陆上行走的种类即"陆上捕猎术"，可分为许多类型和名称，另一个涉及会游泳的动物的整体，即"水中捕猎术"。③并且进一步将涉水动物划分为水面上的动物和水中的动物。"会游泳的动物，我们看到其中一个是有羽翼的族类，另一个是居于水中的族类。"④ 那么水中

---

① 学说汇纂第41卷：所有权、占有与时效取得［M］.贾婉婷，译.纪蔚民，校.北京：中国政法大学出版社，2011：3.
② 学说汇纂第41卷：所有权、占有与时效取得［M］.贾婉婷，译.纪蔚民，校.北京：中国政法大学出版社，2011：3.
③ 柏拉图.智者［M］.詹文杰，译.北京：商务印书馆，2012：8.
④ 柏拉图.智者［M］.詹文杰，译.北京：商务印书馆，2012：9.

的动物如何分类呢？古希腊时代的哲学家将水中的动物分为两类："一个通过罗网来进行捕猎，另一个通过击打。"① 罗马时代法学家在希腊时代哲学家关于动物种类划分的基础上，进一步将动物划分为三类：空中的飞鸟、陆地上的走兽以及水中的游鱼。

其次，包括无生命物。

佛罗伦汀在《法学阶梯》第6卷中指出："同样，在海滨发现的宝石、石头及所有别的物，根据自然法立即为我们所有。"② 按照罗马时代法学家佛罗伦汀的观点，在海滨发现的宝石、石头和其他的物，推定为无主物，为先占者所有。而宝石和石头皆属于动产的范畴。

2. 不动产

罗马法上可以先占的不动产，主要是指海上产生的岛屿。

日耳曼法上采取先占权主义。不动产，只有国家有权先占，大陆法系国家也采用了这样的做法。英国著名法学家梅因指出："先占"是蓄意占有在当时为无主的财产，目的（这是在专门定义中加上去的）在取得财产作为己有。罗马法律学成为无主物的物件——现在没有或过去从来没有过一个所有人的物件。③ 从这个意义上讲，占有不动产也就成了理所当然的事情。法国学者埃蒂耶纳·卡贝认为：先占是自然状态下的财产权利，是无可争议的自然而然的权利。在先占状态下，不仅能够占有动产，而且能够占有不动产。他说："野兽是通过艰难的追捕和生死的搏斗才获得的，野果是经过艰苦的寻觅和摘集才得来的，住房和耕地是辛辛苦苦地修盖和开垦出来的。所以，每一个人成为自己猎获的野兽、自己采集的果实、自己修建的房屋和自己开垦的田地的所有者和主人，难道不是绝顶公平的事情吗？"④

---

① 柏拉图. 智者 [M]. 詹文杰, 译. 北京：商务印书馆，2012：9.
② 斯奇巴尼. 物与物权 [M]. 范怀俊, 译. 北京：中国政法大学出版社，1999：11.
③ 梅因. 古代法 [M]. 沈景一, 译. 北京：商务印书馆，1959：139.
④ 卡贝. 伊加利亚旅行记：第二、三卷 [M]. 李雄飞, 译. 北京：商务印书馆，1978：99.

（二）先占者须对标的物有事实上的占有

1. 在占有人管领之下

罗马法学家认为，所谓事实上的占有，一般指处于我们的管控之下。盖尤斯在《论日常或珍贵的事物》第2卷中指出："我们捕获的任何动物，只要还处于我们的看管之下，就被认为是属于我们的。然而，一旦它脱离了我们的看管并恢复其自身的自然自由，它就不再属于我们，而是再一次归属于获得它的人。"[①]

罗马时代的法学家认为，猎物必须处于我们的实际控制之中，我们才能够对它拥有所有权。如果说我们捕获了猎物，而猎物再一次脱离了我们的看管，那么我们将丧失对它的先占所有权。盖尤斯在《论日常或珍贵的事物》第2卷中指出：

> 人们提出以下这一问题：如果一只野兽因受伤而可以被我们捕获，是否它就被认为立即归我们所有？特里巴斯乌斯认为它即属于我们，并且从我们追赶它时它就属于我们了，如果我们放弃追赶，它就不再属于我们，而是再一次归属于捕获它的人。这样当我们追赶它时，如果其他人以获利为意图获取了他，他的行为就被认为是对我们的盗窃。很多人认为，只要我们还没有把野兽捕获，它们就不能被认为是属于我们的，因为在很多情况下我们并不能最终捕获它们，这一观点是正确的。[②]

从盖尤斯的论述可以看出，罗马时代法学家对于猎物在追捕过程中，是否归追捕者所有曾经有过争论。一些学者认为，应当归追捕者所有，而另外一些学者认为必须处于追捕者的实际控制之下。当然综合两种观点，罗马法律认为，猎获物只有处于狩猎者实际支配之下时，狩猎者才能够对猎获物获得先占所有权。

[①] 学说汇纂第41卷：所有权、占有与时效取得 [M]. 贾婉婷，译. 纪蔚民，校. 北京：中国政法大学出版社，2011：5.

[②] 学说汇纂第41卷：所有权、占有与时效取得 [M]. 贾婉婷，译. 纪蔚民，校. 北京：中国政法大学出版社，2011：5.

2. 占有人与占有物可以有一定的空间距离

罗马时代法学家认为，占有人与占有物可以有一定的空间距离。盖尤斯指出：

> 母鸡和鹅不是野生的：当然，野鸡、野鹅是显然存在的。这样，不论在任何情况下，即使我的母鸡和鹅由于受到惊吓或其他原因飞到了很远的地方，以至于我们不知道它们在哪里，它们也仍然处于我们的所有权之下。因此，如果有人以获利为目的获取了它们，他就应该对我们承担盗窃责任。①

罗马时代的法学家认为，没有野性的家养动物，比如说，鸡和鹅即便外出以后丧失了回到我们身边的能力，我们不知道它们在哪里，也许它们去了很远的地方，它们仍然处于我们的所有权之下。在这种情况下，如果有人占有了它们，就会被认为是构成了盗窃犯罪。

3. 先占适用于占有物的孳息

罗马时代法学家认为，处于我们管控之下的占有物的孳息，归我们所有。佛罗伦汀在《法学阶梯》第6卷中指出："这对于那些根据万民法处于我们所有权之下的动物所产生的物，也是一样的。"② 罗马法学家认为，某个物只要是处于我们所有权之下的物产生的，比如说，我的马生出了小马驹，那么，小马驹也处于我的控制之下，其所有权归我所有。

4. 恢复了自由的物不再为我们占有

在罗马法学家看来，对猎获物的先占是有前提条件的，就是说必须处于我们的实际控制之下，如果猎获物被猎获以后逃跑，脱离了我们的实际控制，那么它可以被其他的人再一次地实施先占。盖尤斯在《论日常或珍贵的事物》第2卷中指出："如果动物脱离了我们的视线，或者虽然在我们的视线之内，

---

① 学说汇纂第41卷：所有权、占有与时效取得［M］．贾婉婷，译．纪蔚民，校．北京：中国政法大学出版社，2011：9．

② 学说汇纂第41卷：所有权、占有与时效取得［M］．贾婉婷，译．纪蔚民，校．北京：中国政法大学出版社，2011：9．

但追赶它们已非常困难,则它们就被认为已经恢复了其自然自由。"①

罗马时代法学家认为,奴隶逃跑恢复了自由,不再为我们占有。盖尤斯在《论日常或珍贵的事物》第 2 卷中指出:"同理,自由人也可沦为奴隶状态,但是如果他们能逃离敌人的控制,那他们就能重获原先的自由。"② 罗马时代的法学家认为,如果一个自由人丧失了自己的自由权利沦为奴隶,那么他就可能被他人作为物占有。如果他逃离了自己的敌人的控制,重新获得了自由权利,那么他也就摆脱了他人对自己实施的先占。从这一规定可以看出,罗马时代的法学家认为,当一个自由人沦为奴隶时,是可以作为物来实施先占的。

(三)先占者须有将无主物归其所有的意思

罗马时代法学家认为,物的占有人必须要有将无主物归己所有的意思,才能够对无主物实施先占。从这个角度讲,只要有将无主物归己所有的意思,就可以对无主物实施先占,无须考虑获得无主物的地点。盖尤斯在《论日常或珍贵的事物》第 2 卷中指出:"关于野兽和鸟,是在自己的土地上还是在他人的土地上捕获并不重要。当然,对于那些为了猎兽和捕鸟而进入他人土地的人,考虑到这一点的土地所有权人可以合法地阻止其进入。"③ 从罗马法学家的这一个观点可以看出,在实施先占时,也就是猎获动物时,不能专门进入他人的土地实施狩猎活动。如果为了实施狩猎活动而进入他人的土地,那么土地的所有权人可以阻止他进入。在什么情况下能够猎取动物呢?罗马时代的法学家认为,本人已经在他人土地上,就可以猎获土地上的动物。也就是说在他人土地上猎获动物是偶然的,非故意的。这一观点既体现了对土地所有权的保护,也给予了在他人土地上猎获动物的权利。

---

① 学说汇纂第 41 卷:所有权、占有与时效取得 [M]. 贾婉婷,译. 纪蔚民,校. 北京:中国政法大学出版社,2011:5.
② 学说汇纂第 41 卷:所有权、占有与时效取得 [M]. 贾婉婷,译. 纪蔚民,校. 北京:中国政法大学出版社,2011:9.
③ 学说汇纂第 41 卷:所有权、占有与时效取得 [M]. 贾婉婷,译. 纪蔚民,校. 北京:中国政法大学出版社,2011:5.

三、罗马法上的先占制度对后世法律的影响

现代国家一般规定无主不动产不得实施先占。在美国内战期间，林肯政府规定个人在西部拓荒中，只要缴纳很少的钱便可以成为所有者。这一自由主义政策推进了美国的领域扩展和开发。现代民族国家，疆界早已精准划分。土地，几乎全部设定了所有权。先占，会带来败坏淳朴民风的后果。

大陆法系国家采用二元主义政策，无主动产适用先占自由主义，个人依先占行为取得所有权。无主不动产，依国家先占主义，个人不能够取得无主不动产的所有权。

（一）大陆法系国家法律关于先占构成要件的规定

1. 须为无主物

所谓无主物，指现在不属于任何人所有之物，至于以前曾否为人所有，则非所问，故经原主抛弃之物也可成为先占之标的物。《德国民法典》第958条第1款明确规定：自主占有无主动产的人，取得此物的所有权。

2. 须为动产

大陆法系国家普遍规定先占之标的物必须为动产，《瑞士民法典》第718条明确规定：以成为某动产的所有人为目的，先占有无主动产的人，取得其所有权。《日本民法典》第239条明确规定：以所有的意思占有无主动产者，因占有取得其所有权。

无主动产中的动物，可分为人工饲养的动物和野生动物，前者已被设定了所有权，后者则为无主物。此外，尚有一种所谓半野生动物，包括鸽舍里的鸽子、兔园中的兔、蜂巢中的蜂群、池塘里的鱼，一般认为他们已经被设定了所有权。

3. 禁止先占之动产

大陆法系国家法律一般规定，下列动产不能成为先占之标的物：

其一，尸体。

其二，珍贵文物，珍稀动植物资源。

其三，国家法定的不融通物，如枪支、毒品、伪币等不得适用先占。

其四，无人继承的遗产由国家继承，不能先占。

（二）我国法律关于先占的规定

中国古代，已经有关于先占的法律规定。《唐律·杂律》明确规定："议曰：山泽陂湖，物产所值，所有利润，与众共之。其有占固者杖六十，已施取者不追。"[1] 明清律也有此种规定，即对山野之物，已加功力，便取得已加功力之物的所有权。《大清会典》明确规定："若山野柴草、木石之类，他人已用功力斫伐积聚而擅取者，罪亦如之。"[2]

1929年到1931年间《中华民国民法典》第802条明确规定：以所有之意思占有无主之动产者，取得其所有权。

中国现代法律没有明文规定先占制度，但是事实上的先占始终作为社会生活的习惯规则而广泛存续。砍柴伐薪，采集野生植物、果实、药材，并取得猎获物、采集物的所有权，国家并不禁止。现实生活中也存在捡拾抛弃物取得所有权的情况。

四、关于拾得遗失物

关于拾得遗失物是否能够作为无主物实施先占的问题，罗马法和后世大陆法系国家法律规定不同。罗马时代法学家认为，在一定条件下，也就是当饲养的动物丧失了回到主人身边能力的，可以作为无主物实施先占。

（一）概念

遗失物是指有主而无人占有之动产，失散的动物。

遗失物之拾得，指发现他人遗失物而予以占有之的一种法律事实。

罗马时代法学家认为，人们饲养的动物要根据具体情况来判断它是不是能够被先占，有一些动物属于有野性的情况，比如说蜜蜂，还有鸽子、孔雀和鹿。它们在我们饲养的过程中会经常地离开家出去觅食，然后返回家中。罗马时代的法学家认为，这一类动物如果离开家以后仍然有返回的意识，那

---

[1] 刘俊文.唐律疏议笺解［M］.北京：中华书局，1996：1824.
[2] 伊桑阿，等.大清会典［M］.南京：凤凰出版社．2016：1580.

么就不能被他人占有。假如说离开家以后不能返回，或者说丧失了返回的意识，那么就能被他人先占。盖尤斯在《论日常或珍贵的事物》第2卷中指出：

> 孔雀和鸽子的本性也是野生的，它们出于习惯经常离开又回来这一点并不重要，因为被普遍认为本性是野生的蜜蜂也是这样的。有人在家里饲养一些鹿，它们会经常跑到树林里去，然后又返回，没有人否认它们的本性是野生的。对于那些出于习惯经常离开又返回的动物，以下这一规则是适用的：只要它们还有返回的意识，它们就被认为是属于我们的；如果它们失去了返回的意识就不再属于我们，而属于占有它们的人。当它们丧失了返回的习性时，人们就认为它们失去了返回的意识。①

从罗马法的规定可以看出，一般情况下，不能通过拾得遗失物获得物的所有权。

（二）拾得遗失物取得所有权的条件

1. 须为遗失物

各国立法大多没有明确规定。拾得遗失物这一条件依照学者的见解，遗失物必须是动产。关于失散的饲养动物是否为遗失物，德国民法采取肯定立场，日本民法通常认为家畜为准遗失物，台湾民法认为家畜为非遗失物。

2. 须为他人之物

3. 遗失人占有之丧失非出于己意

4. 须为非隐藏物

（三）遗失物拾得的法律效果

1. 有人认领

《德国民法典》第970条明确规定：拾得人出于保管或者保存拾得物的目的……支出的费用的，可以向受领权利人要求偿还该费用。《德国民法典》第971条明确规定：拾得人可以要求受领权利人支付拾得人报酬。拾得物的价值在一千德国马克以下者，其报酬为该价值的百分之五；超过此数的，超过部

---

① 学说汇纂第41卷：所有权、占有与时效取得 [M]. 贾婉婷，译. 纪蔚民，校. 北京：中国政法大学出版社，2011：7.

分按百分之三计算。动物,为其价值的百分之三。该法典第978条规定,公务员不得请求偿还。《瑞士民法典》第722条明确规定:拾得物交与失主的,拾得人有请求赔偿全部费用及适当的拾得报酬的权利。《瑞士民法典》第722条第3款明确规定:住户人、承租人或公共场所管理机关……无拾得报酬的请求权。我国台湾地区民法典第805条明确规定:拾得人对于所有人,得请求其物价值十分之三之报酬。日本《遗失物法》第4条明确规定:于物件价格百分之二十以内的酬劳金给付于拾得人。

2. 无人认领的情况

《日本民法典》第240条明确规定:关于遗失物,依特别法规定进行公告后六个月内,其所有人不明时,拾得人取得其所有权。《德国民法典》第973(1)条明确规定:拾得人向主管机关报告拾得后六个月期满,即取得对拾得物的所有权。《瑞士民法典》第722条第1款明确规定:已履行拾得义务的人,在公告或者报告后逾五年仍不能确定所有人时,取得该物的所有权。《意大利民法典》第930条明确规定,拾得遗失物的公告期为一年。我国台湾地区"民法典"第805条,明确规定拾得遗失物的公告期为六个月。按照《日本民法典》的规定和我国台湾地区"民法典"的规定,在一年之内或者在六个月之内无法找到物之所有人时,拾得人可以获得拾得物的所有权。

(四)中国古代法律关于拾得遗失物的规定

在我国古代法律中有关于拾得遗失物的明确规定。从西周时期开始,法律对拾得遗失物的权利人的权利进行保护。

《周礼·秋官·朝士》明确规定:"凡得获货贿,人民,六畜者,委于朝,告于士,旬而举之,大者公之,小者庶民私之。"[①] 从《周礼·秋官·朝士》这个规定可以看出,西周时期,凡是拾到了货币或者物品,或者奴隶以及家畜的,都要亲自前往官府,向官员说明遗失财物的情况。官府要发布公告,在十天之内寻找失主。如果在十天之内没有找到失主,按照《周礼·秋官·朝士》的规定,珍贵的物品归国家所有,一般的物品归庶民个人所有。汉代

---

① 阮元校刻. 十三经注疏 [M]. 清嘉庆刊本. 北京:中华书局,2009:1896.

著名经学家郑玄在对《周礼》注释时对这句话进行了解读。郑玄注云:"若今(汉)时得遗物及放失六畜,持诣乡亭、县廷,大者公之,大物没入公家也。小者私之,小物自畀也。"① 从郑玄对《周礼·秋官·朝士》的注释可以看出,郑玄认为《周礼·秋官·朝士》中的这句话所规定的遗失物,就相当于今天,也就是汉朝的拾得遗失物和走失的动物。当拾得人拾得遗失物或者走失的动物时,要主动带着拾得的遗失物品,到官府登记。按照当时的法律规定,在规定的时间里没有找到失主,珍贵的物品要由国家来获得所有权。一般的物品可以归庶民个人所有,也就是说可以由个人获得拾得物的所有权。

《唐律·杂律》明确规定:"诸得阑遗之物,满五日不送官者,各以亡失罪论,据《疏议》其物各还官主。"② 按照《唐律·杂律》的规定,凡是拾得遗失物的必须在五天之内,送交官府,并且在官府登记。如果五天之内不向官府登记的,要以亡失论罪,承担刑事责任。按照《疏议》的规定,拾得物要归国家和个人所有。从《周礼·秋官·朝士》和《唐律·杂律》的规定可以看出,西周时期和唐代关于拾得遗失物的归属规定是不一样的。西周时期法律规定,遗失物的拾得人可以获得遗失物的所有权,当然只限于一般价值的物品。但是按照唐代法律的规定,不论拾得遗失物价值高低,拾得人都不能够就遗失物获得所有权,按照唐代法律的规定,遗失物应当归国家所有。可以看出,在拾得遗失物的归属上,西周时期的法律规定和唐代的法律规定不同。从根本上讲,两者规定不同的原因在于,唐代在儒家"大化教行,路不拾遗"精神指导下,国家法律强调遗失物拾得人应当发扬拾金不昧的精神,将拾得的遗失物交还官府,官府在寻找失主不得的情况下,要将遗失物归国家所有。《大清会典》规定:"凡得遗失之物,限五日内送官,官物还官,私物召人识认。于内一半给予得物人充赏,一半给还失物人。如三十日内,无人识认者,全给。"③ 从《大清会典》的规定可以看出,凡是拾得遗失物的人,要将遗失物在五日内送交官府,按照当时的法律规定,官物要归还官府,

---

① 阮元校刻. 十三经注疏 [M]. 清嘉庆刊本. 北京:中华书局,2009:1896.
② 刘俊文. 唐律疏议笺解 [M]. 北京:中华书局,1996:1219.
③ 伊桑阿,等. 大清会典 [M]. 南京:凤凰出版社. 2016:1529.

私物要寻找失主来认领。即便是找到了失主，也应当拿出遗失物一半价值的物品来作为拾得人的奖励。如果三十日之内，没有人来认领，也就是说三十天之内没有找到失主，那么遗失物全部归拾得人所有。

（五）中国现代法律关于拾得遗失物的规定

我国《民法通则》第 79 条第 2 款明确规定：拾得遗失物、漂流物或者失散的饲养动物，应当归还失主，因此而支出的费用由失主偿还。《最高人民法院关于适用（民法通则）若干意见》第 94 条明确规定：拾得物丢失、毁损，拾得人没有故意的，不承担民事责任。铁道部 2022 年颁布《铁路旅客运输规程》，专门规定了对于旅客遗失物品的处理。该法律第 55 条明确规定对旅客的遗失物品应设法归还原主。该法律第 56 条明确规定物品在 5 千克以内的免费转送，超过 5 千克时，到站按品类补收运费。《中华人民共和国民法典》第 314 条明确规定：拾得遗失物，应当返还权利人。拾得人应当及时通知权利人领取，或者送交公安等有关部门。《中华人民共和国民法典》第 317 条明确规定：权利人领取遗失物时，应当向拾得人或者有关部门支付保管遗失物等支出的必要费用。权利人悬赏寻找遗失物的，领取遗失物时应当按照承诺履行义务。《中华人民共和国民法典》第 318 条明确规定：遗失物自发布招领公告之日起一年内无人认领的，归国家所有。

《法国民法典》第 713 条明确规定无主财产属于国家。对于无主财产，《中华人民共和国民事诉讼法》第 203 条明确规定：人民法院受理申请后，经审查核实，应当发出财产认定公告。公告满一年无人认领的，判决认定财产无主，收归国家或者集体所有。

第二节 埋藏物的发现

一、概念

罗马时代，埋藏物是指埋在地下，时代久远，任何人都不能对其主张权利的无主物。英国学者巴里·尼古拉斯指出："埋藏物（thesaurus）是指被长时间隐藏，以至再不能够发现其所有主的有价值物品。"①

台湾学者王泽鉴指出："所谓埋藏，指包藏（隐藏或埋没）于他物之中，不易由外部窥视或目睹。他物（包藏物）得为不动产或动产，公有地或私有地均所不问。埋藏的原因，究出于人为或天然，亦所不问，埋藏时间通常为久经年月，但不以此为限。"② 可见台湾现行民法沿用了罗马法上有关埋藏物的基本规定，并在此基础上，将埋藏物的范围扩大到包藏物。埋藏物不限定于地下，可以埋藏在其他物品中。

二、埋藏物发现之要件

（一）必须为埋藏物

在罗马时代，埋藏物主要指埋藏于地下时代久远，无法判断其所有权归属的物。作为埋藏物需具备两个条件。第一，埋藏物必须为动产，通常指金银财宝。埋藏物不以商品价格为限。第二，必须为埋藏之物。所谓埋藏指包藏（隐藏或者埋藏），埋于他物之中，不易由外部窥视或目睹之状态。

现代民法基本沿用了罗马法上的相关规定。《法国民法典》第716条第2款明确规定：所谓埋藏物，是指掩藏或发掘的，其发现纯属偶然，任何人又不能证明享有所有权之物。

德国和瑞士的民法，未对埋藏物之概念明文规定。可以从立法理由书中推知，埋藏物必须为长期埋藏之物，非长期埋藏不得成为埋藏物，这是继受罗马法有关埋藏物必须为时隔多年之物规定的结果。

日本民法与我国台湾地区民法从其学说推断，其所谓埋藏物，主要是指包藏物，即包藏于他物之中，不易由外部目睹，而其所有人不明之物即为埋藏物。埋藏于土地与他人之物中。

这种情况有两种，首先必须为所有权归属不明之物，也系所有权人不明之物。

---

① 尼古拉斯. 罗马法概论 [M]. 黄风, 译. 北京：法律出版社, 2000：147-148.
② 王泽鉴. 民法物权 [M]. 2版. 北京：北京大学出版社, 2010：196.

（二）必须发现埋藏物

所谓发现是指认识埋藏物之所在，《法国民法典》规定，必须以发现人出于偶然为必要，《日本民法典》《德国民法典》《瑞士民法典》和我国台湾地区民法典无此限制。

发现之构成，《法国民法典》《瑞士民法典》《日本民法典》，仅把发现埋藏物行为本身作为发现之构成要件，不以占有为必要。《德国民法典》规定占有是发现之条件。

（三）埋藏物必须为他人之物

罗马时代法律以及近现代民法，大陆法系国家民法中都明确规定埋藏物必须是他人之物，不能对自己的埋藏物取得发现权。埋藏物与遗失物不同。埋藏物是埋藏于地下，所有权人不明的无主动产。而遗失物则是所有权人明确的地上有主动产。

三、发现埋藏物的法律后果

（一）发现人取得所有权主义

罗马帝国时代，查士丁尼在《法学阶梯》中对埋藏物的归属做了规定，沿用了哈德良皇帝时代的法律规定。《法学阶梯》明确规定：

> 根据自然公平道理，把某人在他自己土地上发现的财物，归发现者所有，他又对于在神圣地或宗教地偶然发现的财物，做出同样的规定。但若某人在他人土地上，未致力搜寻而偶然发现财物，他规定把一半归土地所有人，一半归发现者所有。根据相同原则，他又规定在皇帝土地上所发现的财物，一半归皇帝，一半归发现者所有。又根据相同原则，在属于公家或国库的地方所发现的财物，一半归发现者，一半归国库或城市所有。①

从《法学阶梯》的规定可以看出，凡是在自己土地上或者在神圣地或宗

---

① 查士丁尼. 法学总论——法学阶梯 [M]. 张企泰, 译. 北京：商务印书馆, 1989: 57.

教地上发现的埋藏物,归发现人所有。在他人土地包括皇帝土地上发现的埋藏物,发现人与土地所有权人一人一半。在公家和国库这样的公共土地上发现埋藏物,公家和国库取得埋藏物的一半,另一半给发现人。

罗马法及其现代民法都坚持该规定。依照《法国民法典》《德国民法典》《日本民法典》及我国台湾地区"民法典"之规定,发现埋藏物者可以取得其所有权,主要指国家土地、公共土地上的埋藏物。埋藏物系于他人所有的动产或者不动产中发现者,所有人与发现人各取二分之一。珍贵文物、历史资料归国家所有。

中国古代法律关于埋藏物的发现的规定,贯彻了发现人取得主义原则。《唐律·杂律》规定:"诸于他人地得宿藏物隐而不送者,计合还主之分,坐赃论减三等。"① 《大清会典》明确规定:"若于官私地内,掘得埋藏之物者,并听收用,若有古器钟鼎、符印异常之物者,限三十日内送官,违者杖八十,其物入官。"②《唐律·杂律》疏议中明确规定:"各有本主……合与本主分。"③ 同时规定:"其借得官田宅者,以见住、见佃人为主,若作人及耕犁人得者,合与佃住之主中分。"④ 按照《唐律·杂律》的规定,如果埋藏物是在他人土地上发现的,发现者与埋藏物所有权人,各得二分之一。凡是租借他人田宅,以田宅的所有权人为主人。

(二) 报酬主义原则

有些大陆法系国家采用报酬主义原则。

《瑞士民法典》第 723 条第 3 款明确规定:埋藏物的发现人,有请求相应报酬的权利,但报酬不得超过埋藏物本身价值的半数。

(三) 国家获得所有权主义

这种制度早期为日耳曼法采用,《中华人民共和国民法通则》第 79 条明确规定:所有人不明的埋藏物、隐藏物归国家所有,接受单位应当对上缴的

---

① 刘俊文. 唐律疏议笺解 [M]. 北京:中华书局,1996:1937.
② 伊桑阿,等. 大清会典 [M]. 南京:凤凰出版社. 2016:1529.
③ 刘俊文. 唐律疏议笺解 [M]. 北京:中华书局,1996:1928.
④ 刘俊文. 唐律疏议笺解 [M]. 北京:中华书局,1996:1938.

单位和个人给予表扬或者物质奖励。

1964年《苏俄民法典》第148条明确规定：埋藏在地下或以其他方式隐藏起来的，其所有人无法确定或所有人依法已经丧失了所有权的货币或贵重物品，归国家所有，发现埋藏物的人应当将它交给财政机关。

从《中华人民共和国民法通则》以及《苏俄民法典》的规定可以看出，在我国民法典和在《苏俄民法典》中，主张埋藏物归国家所有，发现者个人不能获得埋藏物的所有权。

台湾地区"民法典"第808条明确规定：发现埋藏物而占有者，取得其所有权。但埋藏物系在他人所有之动产或不动产中发见者，该动产或不动产之所有人与发见人，各取得埋藏物之半。从台湾地区"民法典"的规定可以看出，发现人对自己土地上发现的埋藏物可享有所有权，对他人土地上发现的埋藏物，发现人与土地所有权人一人一半。

第五章

所有权取得方式之传来取得

罗马时代的法学家认为,取得所有权最重要的方式是传来取得,也就是后世民法中讲到的继受取得。这种传来取得或者继受取得所有权的方式,在罗马法学家看来,就是在物上已经有所有权人的情况下,取得所有权的方式。在罗马时代,法律中对传来取得或者继受取得主要规定有要式买卖、拟诉弃权、取得时效等制度。正如英国学者巴里·尼古拉斯所言:"把取得的方式分为原始取得方式和传来取得方式。"① 巴里·尼古拉斯将传来取得解读为"一个人可以通过证明前所有主的权利来对自己的权利加以证明。"②

第一节 时效取得

时效取得是指无权利人以一定状态占有他人财产或行使他人财产权利,在一定时间届满后取得物之所有权的制度。

一、概念

罗马时代法律规定了时效取得制度是指持续占有使用他人之物,经过法定期间而取得该物所有权的制度。莫特斯丁在《潘德克吞》第5卷中指出:

---

① 尼古拉斯. 罗马法概论 [M]. 黄风,译. 北京:法律出版社,2000:120.
② 尼古拉斯. 罗马法概论 [M]. 黄风,译. 北京:法律出版社,2000:120.

"时效取得是指通过在法律规定的期间内持续占有而获得所有权。"① 按照罗马时代著名法学家莫特斯丁的观点，时效取得，就是指非所有权人在法律规定的期间内持续占有某物，当期限届满时，他就能够获得某物的所有权。江平、米健指出："时效取得的法律后果是一种不以交易人意思为转移的法律行为方式。"②

二、时效取得制度创建的原因

罗马时代法律之所以规定时效取得制度，最重要的原因在于，避免物的闲置浪费，充分发挥物的使用价值，调动所有权人行使所有权的积极性。当所有权人不能及时行使自己物的所有权时，其他的以所有权人的方式，占有该人财产并且行使使用、收益权的人，就有可能成为物的所有权人。正如英国著名法学家梅因指出的："占有也很可能变成所有权。"③ 罗马时代时效取得制度的创立，最根本的目的在于督促所有权人及时行使自己的权利，避免所有权人在不能够及时行使自己权利时导致的物的闲置浪费和物的价值的减损。古代罗马国家关于所有权的理念与古代的中国不同。在罗马法学家看来，如果所有权人不能够积极地行使自己的权利，从而导致物的闲置、浪费，那么所有权人将有可能丧失自己对物的所有权，而该物的所有权则有可能被他人获得。

罗马时代的法律向我们传递了一个非常重要的理念，就是所有权是不确定的权利。当所有权人及时行使自己的权利时，所有权人的所有权处于稳定状态。英国著名法学家梅因指出：法学专家制定的这个"时效取得"提供了一个自动的机械，通过这个自动机械，权力的缺陷就不断得到矫正，而暂时脱离的所有权又可以在可能极短的阻碍之后重新迅速地结合起来。④ 罗马法上

---

① 学说汇纂第 41 卷：所有权、占有与时效取得 [M]. 贾婉婷, 译. 纪蔚民, 校. 北京：中国政法大学出版社, 2011: 143.
② 江平, 米健. 罗马法基础 [M]. 3版. 北京：中国政法大学出版社, 2004: 193.
③ 梅因. 古代法 [M]. 沈景一, 译. 北京：商务印书馆, 1959: 161.
④ 梅因. 古代法 [M]. 沈景一, 译. 北京：商务印书馆, 1959: 163.

的时效取得制度，使物的所有权暂时处于稳定状态，目的只是督促所有权人及时履行自己的权利。当所有权人在一个时间段内及时履行自己的权利时，他的所有权还可以恢复。而当所有权人不能及时行使自己的所有权时，那么对物的所有权则处于不稳定状态。这种不稳定状态就是所有权可能会发生变更。所有权人有可能丧失自己对物的所有权，而对物行使权利的某人则有可能通过自己积极地行使对物的使用、收益等权利获得物的所有权。罗马时代的法学家认为，闲置和浪费自己的所有物，实际上是对社会财富的浪费，为了避免社会财富即国家财产的浪费，必须限制和打击物之所有权人不积极行使所有权的行为。

罗马法上的时效取得制度，实际上是使所有权人以外的其他人，通过积极行使自己对物的权利，从而由非所有权人变成物之所有权人的制度。该项制度在罗马时代，通过打击所有权人不积极履行自己权利、浪费社会财富的思想，对后世民法做出了积极贡献，体现了罗马社会防止浪费、节约资源的理念。时效取得制度的确立，一方面有利于督促所有权人积极行使权利，另一方面有利于节约社会财富，保护有限的社会资源。罗马共和国时期的著名法学家西塞罗指出："无论对于私人家庭，还是对于国家，最好的收入来源是节俭。"①

从古罗马学者加图在《农业志》中的记载可以看出古罗马社会人们对土地资源的看重和节约。加图说：

"种田时什么东西种在什么地方，应遵守如下：田地肥美、膏腴、没有树木的地方，应作麦田，如该田云雾笼罩，应当种油菜、萝卜、玉黍，特别是黍稷。在肥沃温暖的土地上，要种植制果饯用的橄榄……朝西和朝太阳的田地适于种橄榄，别的田地都不适宜。较寒冷和较硗瘠的田地，应种植利锡尼橄榄，别的田地都不适宜……围绕土堤，围绕道路，要种榆树，并部分种杨树，为牛羊提供树叶，需要时还为主人提供木材。如

---

① 西塞罗. 论共和国 论法律 [M]. 王焕生, 译. 北京：中国政法大学出版社，1997：137.

果在这些地方有河岸或卑湿的去处,要在那里插杨柳枝,种芦苇丛。"①

古罗马学者加图认为,各种各样的土地不论是肥沃的还是贫瘠的,都要用来种植植物。在道路两边或者是在贫瘠的土地上可以种植树木;在肥沃的土地上可以种植橄榄,或者麦子。总而言之,土地资源。在可能种植植物的地方都不要浪费,要种上植物,体现了罗马时代,人们节约土地、节约资源的理念。

罗马时代法学家认为,时效取得的主要目的是保证所有权,解决所有权处于长期不稳定状态的情况。盖尤斯在《论行省告示》第 21 卷中指出:"时效取得的引入是为了公共利益,即不使某些物的所有权长期处于不确定的状态,同时所确定的期限又足够所有权人寻找其物。"② 盖尤斯认为,要让所有权尽量地处于稳定状态,而所确定的期限又要考虑到所有权人的利益,要能够让所有权人有足够的时间行使自己对物的所有权利。

三、时效取得的条件

(一) 占有人必须为善意

按照罗马时代法学家的观点,占有人要想取得占有物的所有权,必须是出于善意。所谓善意,就是不知道该物有所有权人的存在,如果是出于恶意,那么他将不能够通过时效取得的方式取得对占有物的所有权。保罗在《论告示》第 54 卷中指出:"如果你将我从我恶意占有的土地上赶走并将土地出卖,该土地也不能够被时效取得。因为该土地是通过暴力被占有的,即使占有人并非所有权人。"③

善意的另外一个表现是占有需无瑕疵,不是通过暴力强占,也不是通过隐匿占有的方式获得。

---

① 加图. 农业志 [M]. 王家绶, 译. 北京: 商务印书馆, 1997: 8-9.
② 学说汇纂第 41 卷: 所有权、占有与时效取得 [M]. 贾婉婷, 译. 纪蔚民, 校. 北京: 中国政法大学出版社, 2011: 143.
③ 学说汇纂第 41 卷: 所有权、占有与时效取得 [M]. 贾婉婷, 译. 纪蔚民, 校. 北京: 中国政法大学出版社, 2011: 151.

《十二表法》第八表第 17 条明确规定："禁止依时效获得窃盗的物品。"[1]从《十二表法》的规定可以看出，对盗窃物不能够因时效取得所有权。因为盗窃物不是善意取得，而是恶意取得。英国著名学者梅因指出："他主占有在开始时必须是善意的，换言之，即占有人必须认为他是合法地取得财产。"[2]

（二）占有必须在法定期间内持续进行

1. 有事实上的占有

罗马时代法学家认为，当某个人只有事实上占有某物时，才能够通过时效取得的方式获得物的所有权。保罗在《论告示》第 54 卷中指出："如果你用暴力将我从被我占有的土地上赶走，但并未获得该占有，而是由提丘得到了这一空虚的占有，那么他可通过长期占有而获得该物，因为虽然有《制止暴力剥夺令状》的适用，但我对土地的占有虽然被暴力剥夺，而该土地却并未被他人通过暴力占有。"[3]按照罗马时代法学家的观点，如果某人用暴力将一个人从他占有的土地上赶走，而暴力施加人并未对土地实施占有，该土地由另外一个叫提丘的人实施了占有，那么按照罗马时代占有必须是事实上占有的这一条件规定，提丘就可以根据法律的规定，对这块土地实施占有，并且通过长期占有获得该块土地的所有权。

2. 持续占有未中断

为了让占有人充分发挥占有物的效用，罗马法律规定，占有人对物必须持续占有未中断。《十二表法》第六表第四条明确规定："不愿意确定事实上已长期和她同居的丈夫对自己有支配权的妇女，每年应离开自己的家三夜，因而中断占有她的一年时效。"[4]按照《十二表法》的规定，丈夫对妻子可以像对动产一样占有，占有一年时间即可拥有对妻子的夫权，如果妻子不愿意让丈夫对自己拥有夫权，可以在一年时间里离开家三天，如果离开家三天，

---

[1] 周一良，吴于廑. 世界通史资料选辑：上古部分 [M]. 北京：商务印书馆，1962：342.
[2] 梅因. 古代法 [M]. 沈景一，译. 北京：商务印书馆，1959：162.
[3] 学说汇纂第 41 卷：所有权、占有与时效取得 [M]. 贾婉婷，译. 纪蔚民，校. 北京：中国政法大学出版社，2011：151.
[4] 周一良，吴于廑. 世界通史资料选辑：上古部分 [M]. 北京：商务印书馆，1962：337-338.

时效中断,重新计算。

英国著名学者梅因指出,古罗马法上有一条明定的规则,比"十二铜表法"更古老,它规定:凡是曾被不间断地持有一定时期的商品即成为占有人的财产。[1] 英国著名学者梅因认为,罗马法上的时效取得制度必须以不间断地持有一定时期的商品为条件,占有人只有无间断的一定时期内持有商品,才能够成为物的所有权人。

(三) 时效取得之标的物只能是财产物

可以作为财产的有体物,都可以通过时效取得获得物之所有权。

关于盗窃物能不能够通过占有获得所有权的问题,罗马时代的法学家给予了解答。对于盗窃物,一般不能通过占有的方式获得其所有权。保罗在《论告示》第54卷中指出:"有人问,如果我的奴隶为了获得自由而将一个他偷来的女奴交给了我,如果她在我这里怀孕,我是否可对其子女进行时效取得?萨宾和卡西持否定观点,奴隶得到的有瑕疵的占有会损害所有权人。这一观点是正确的。"[2] 如果我的奴隶盗窃了另外一名奴隶,而这名奴隶在我这里怀孕,那么奴隶主能否对怀孕奴隶将来的子女实施占有的问题,罗马时代的法学家认为,因为奴隶主获得该名女奴隶的途径是有瑕疵的,也就是说是通过盗窃获得对该名奴隶的占有。因此按照罗马时代法学家的观点,这是种有瑕疵的占有行为,奴隶主是不能够通过这种占有获得该名女奴的所有权的。

罗马法学家对盗窃物及其孳息的问题进行了解读。保罗在《论告示》第54卷中指出:"被盗之羊的羊毛,如果在窃贼那里被剪下,不能被时效取得。但如果是在善意买受人处,则情形相反。因为对于孳息,不需时效取得,而是立即归买受人所有。对于已被消费掉的羊羔也是一样的。这一观点是正确的。"[3] 罗马时代法学家认为,被盗羊的羊毛也属于被盗物,不能够被窃贼获

---

[1] 梅因. 古代法 [M]. 沈景一,译. 北京:商务印书馆,1959:161.
[2] 学说汇纂第41卷:所有权、占有与时效取得 [M]. 贾婉婷,译. 纪蔚民,校. 北京:中国政法大学出版社,2011:149.
[3] 学说汇纂第41卷:所有权、占有与时效取得 [M]. 贾婉婷,译. 纪蔚民,校. 北京:中国政法大学出版社,2011:151.

得所有权。但是，因为善意买受人不知道羊毛是窃贼剪下的，所以善意买受人可以通过占有行为对羊毛获得所有权，而且，罗马时代法学家认为，羊毛作为羊的孳息，自然而然归买受人所有，不需要通过占有的方式来获得所有权。

按照罗马时代法学家的观点，用被盗的羊毛做成了衣服，那么这件衣服就是盗窃物。对于盗窃物不能通过占有的方式获得所有权。保罗在《论告示》第54卷中指出："如果你用被盗的羊毛做了一件衣服，更正确的观点应该是考虑到材料的原因，这件衣服也被视为被盗之物。"[1]

罗马时代的法学家对于一种特殊的情况，也就是已经出质的债务人将自己的出质物盗窃回来的这种情况进行了解说。保罗在《论告示》第54卷中指出，如果债务人偷回了已出质之物并将其出卖，卡西写道："该物可以被时效取得，因为已出质之物似乎又回到了将其出质的所有权人的控制之下，但债权人可对其提起盗窃之诉。我认为这一观点是更为正确的。"[2] 保罗认为，已经出质的债务人将盗回的出质物处于自己的控制之下。因此，可以通过时效取得的方式获得该物的所有权，也就是说出质人即债务人可以通过时效取得的方式对自己已盗回的出质物获得所有权。但是债权人有提起诉讼的权利，如果债权人提起了诉讼，那么占有行为中断。债权人可以要回出质物，对出质物重新拥有占有权利。但是如果债权人没有提起诉讼，那么出质人将通过时效占有的方式获得对自己已盗回出质物的所有权。

罗马时代法律规定，可通过时效占有方式取得所有权的必须是有体物，而不能是无体物。对于无体物，不能通过时效取得所有权的方式获得物的所有权。作为无体物的权利，不能通过时效取得方式获得所有权，大法学家保罗认为，地役权作为权利，无法通过时效取得方式获得其所有权。保罗在《论萨宾》第15卷中指出："乡村地役权，即使附着于有体物，但属于无体

---

[1] 学说汇纂第41卷：所有权、占有与时效取得 [M]. 贾婉婷，译. 纪蔚民，校. 北京：中国政法大学出版社，2011：151.

[2] 学说汇纂第41卷：所有权、占有与时效取得 [M]. 贾婉婷，译. 纪蔚民，校. 北京：中国政法大学出版社，2011：151.

物，因此不能被时效取得，这也是因为其具有不可能被确定地、持续地占有的性质，城市地役权也是如此。"①。

四、时效取得的时间

罗马时代，法律规定了时效取得，在早期时间较短。共和国时期规定对动产占有满一年，对不动产占有满两年，非所有权人即可成为物之所有权人。英国著名学者梅因指出："罗马的古代惯例对于在某种情况下丧失占有达一二年的任何人，就直接剥夺其所有权。"② 罗马共和国时期的著名法学家西塞罗指出："按《十二铜表法》规定，一个人需拥有和使用土地满两年以上，才能享有对该土地的所有权。"③

到了罗马帝国时代，对动产和不动产的占有时效时间延长。查士丁尼统治的时代，对动产占有满三年；对不动产占有，占有人与所有权人同为一省的，占有时效为十年，异省的占有时效为二十年，最长时效为四十年。

五、时效取得制度对后世民法的影响

英国著名的法学家洛克，把时效原则归结为上帝创造自然物是为了让人享用，而不是让人浪费的意图。英国著名法学家梅因指出：而"时效取得"在相当地延长了时期后，就成为"时效"，它最后几乎为所有现代法律制度所采用。④

（一）大陆法系国家的时效取得制度

大陆法系国家借鉴罗马法传统，规定了自己的时效取得制度，同时规定了时效取得的条件。

---

① 学说汇纂第8卷：地役权 [M].陈汉，译．纪蔚民，校．北京：中国政法大学出版社，2009：13.
② 梅因．古代法 [M]．沈景一，译．北京：商务印书馆，1959：162.
③ 西塞罗．论共和国 论法律 [M]．王焕生，译．北京：中国政法大学出版社，1997：208.
④ 梅因．古代法 [M]．沈景一，译．北京：商务印书馆，1959：163.

1. 占有须为自主占有、和平占有及公然占有

（1）自主占有指占有人以自己所有的意思占有标的物，自主占有是时效取得所有权的核心。他主占有不发生时效取得所有权问题，例如承租人、保管人、借用人、基地使用人、质权人及留置权人等对物进行的占有。

（2）和平占有指非以暴力或胁迫手段取得或维持的占有。

（3）公然占有指将对标的物予以占有的事实向社会公开。

2. 占有开始时是否为善意

（1）善意说

德国、瑞士及法国法律采用肯定立场。《德国民法典》第937条第2款明确规定：取得人在取得自主占有时非出于善意或者在以后知悉所有权不属于自己的，因时效而取得的所有权消灭。《瑞士民法典》第728条第1款明确规定：作为所有权人占有他人的动产，且无争议、不间断地占有满五年之久时，因时效而取得所有权。《法国民法典》也有类似规定。

（2）无需善意说

《日本民法典》与我国"台湾地区民法"规定，占有之始，无论善意与否均可发生时效取得所有权的情况。在《日本民法典》和我国"台湾地区民法"中，规定善意取得不动产时间短暂，而非善意取得不动产时间较长。《日本民法典》第162条第1款明确规定：以所有的意思，二十年间平稳而公然占有他人物者，取得该物所有权。《日本民法典》第162条第2款明确规定：以所有的意思，十年间平稳而公然占有他人不动产者，如果其占有之始系善意且无过失，则取得该不动产的所有权。

3. 占有之标的物须为他人之物

时效取得所有权的标的物，须为他人的动产或者不动产，自己的动产或者不动产不发生时效取得所有权的问题。

4. 时效取得需经过一定的时间

时效取得制度的设立在于保护持续永久占有动产或不动产的事实，因此占有人虽对标的物为自主占有、和平占有及公然占有，但如果占有未经过法律规定的特定期间，仍不能依时效取得财产所有权。

《德国民法典》第937条明确规定：自主占有动产，经过十年者取得其所有权。关于登记取得时效的期间，在《德国民法典》第900条第1款中明确规定：未取得土地所有权而作为土地所有权人登记入土地登记簿的人，如果登记已经过三十年，并且此人在此期间自主占有该土地时，即取得该土地所有权。《日本民法典》第162条明确规定，以所有的意思平稳、公然占有他人之物，满二十年者，取得该物所有权。在《日本民法典》中规定善意占有取得时效，不动产为十年，动产为两年。我国台湾地区"民法典"第768条、769条规定，时效取得动产所有权经过五年，不动产经过二十年。占有不动产若为善意，十年届满即可取得所有权。《法国民法典》第2265条明确规定：以正当名义善意取得不动产的人，如真正的所有人居住该不动产所在的王国法院（上诉法院）在管辖区内，经过10年，取得该不动产所有权，在管辖区外居住经过20年……取得不动产所有权。《法国民法典》第2279条明确规定，动产一经占有即取得所有权。《瑞士民法典》第661条明确规定：在不动产登记簿上登记为所有人者，只要其为善意，并没有争议地连续取得十年，取得所有权。《瑞士民法典》第662条第1款明确规定：作为所有物，没有争议地连续三十年占有尚未在不动产登记簿上登记的土地时，得请求所有权登记。《瑞士民法典》第934条第1款明确规定：因动产被窃、丢失或因其他违反本意而丧失占用的，得在丧失的五年内向取得人请求返还。从《瑞士民法典》第934条的规定可以看出，动产占有满五年即取得所有权。

（二）我国法律的规定情况

《中华人民共和国民法通则》以及《中华人民共和国物权法》没有明确规定时效取得所有权制度。在我国《民法通则》和《物权法》中对第三人善意取得赃物的处理，既是司法实践中十分棘手的问题又是人们生活中普遍关心的问题。我国法律严格禁止销售和购买赃物，即使是买受人购买赃物时出于善意也不能取得所有权。《中华人民共和国民法典》第312条明确规定：受让人通过拍卖或者向具有经营资格的经营者购得该遗失物的……权利人向受让人支付所付费用后，有权向无处分权人追偿。

第二节　要式买卖

一、要式买卖概述

（一）产生

要式买卖的出现，与罗马社会的经济发展状况和社会发展水平息息相关。早期社会，以农业为核心，商品经济不够发达，农业劳动和生活都相对封闭。在买卖进行的过程中，人们需要证明买卖的有效性，这种买卖的有效性通常通过买卖的仪式感或者程式性加以体现。既需要有庄严的程序加以保障，又需要有更多的人参与其中，以便让更多的人见证整个买卖环节。

早期社会，各种法律行为进行过程中，都有浓重的形式化的色彩。比如东方社会的中国。法律中规定了缔结婚姻的程序要件：六礼。缔结婚姻不需要领取书面的证书，只要具备六个程序性要件：纳采、问名、纳吉、纳征、请期、迎亲，婚姻即可宣告成立。古代中国，缔结婚姻的六礼程序，体现了浓厚的形式主义色彩。早期的要式买卖，与古代中国的六礼程序是一致的，重在体现买卖的程序性和仪式感，形式主义色彩浓厚。

当然，罗马时代的要式买卖或者古代中国缔结婚姻的六礼程序能够得以推行，与早期农业社会的生活环境息息相关。早期社会，生产力发展水平低下，生活节奏缓慢，人们有较多的闲暇时间。同时，早期社会，特别是早期农业社会，很多的农业生产劳动一人难以完成，需要他人协助。人们有着强烈的社会交往愿望，重要物品的买卖所需要具备的程序性要件，实际上是早期社会人们交往愿望的实现，也是某一种交往愿望得到人们认可的心理需求的实现。

另外，要式买卖也是罗马社会早期交易习俗的法律实现。"罗马人顽强地坚持着一种保守精神。习俗（mos）的概念既包含人类因其良心要求而遵守的道德命令（伦理、道德），也包含不具有拘束力的习惯（习俗）……属于这种情况的包括……要式买卖。"① 正如德国学者马克斯·卡泽尔所言,罗马法上要式买卖的法律规定,实际上是罗马社会早期交易习俗的法律实现。

(二)概念

何为要式买卖? 不同的学者对罗马法上要式买卖有不同的定义。许晓英指出:"要式买卖"拉丁文为"mancipatio",这是一种强调刻板程式的要式物转让方式,亦是最古老和最典型的市民法所有权取得方式。② 著名罗马法研究专家周枏先生对罗马法上的要式买卖有一个定义。他认为:"mancipatio 一词是合 manu(手)和 capere(攫取)二词而成,意谓以手取之或以手攫取,反映了原始社会末期渔猎民族确定所有权的方式,即谁最先用手拿到渔猎物,其所有权便属于谁。"③ 正如周枏先生所言,要式买卖实际上是罗马氏族时代古老习俗的保留。要式买卖,手持物品的固定动作,实际上反映了罗马在原始社会形成的习俗,即谁先拿到物品,该物品即归谁所有。

二、要式买卖的适用对象

要式买卖作为罗马早期的一种买卖方式,首先与要式物的买卖紧密关联。罗马时代的要式物,例如,意大利的土地、意大利土地的地役权、驮物的牲畜、奴隶等重要物品均需通过要式买卖的方式转移物的所有权。在盖尤斯生活的帝国时代,公元 2 世纪的法律中,除了以上物品使用要式买卖的环节,要式买卖还适用于以下情形。

(一)适用于要式买卖婚姻环节下夫权的获得

罗马时代,有三种婚姻方式:宗教婚、祭祀婚、买卖婚。其中买卖婚姻,属于将妇女卖给男方家,男方对女子取得夫权的情况。

罗马时代,买卖婚姻从含义上讲,就是通过买卖物品的方式,使婚姻宣告成立。买卖婚姻作为早期市民法时代缔结婚姻的三种方式之一,也是女子归顺夫权的方式之一。买卖婚姻体现了物的交易的买卖本质。法律要求需通

---

① 卡泽尔,克努特尔. 罗马私法[M]. 田士永,泽. 北京:法律出版社,2018:58-59.
② 律璞,蒙振祥,陈涛. 罗马法[M]. 2版. 北京:中国政法大学出版社,2011:117.
③ 周枏. 罗马法原论[M]. 北京:商务印书馆,1994:314.

过要式方式进行。盖尤斯《法学阶梯》明确规定："买卖婚是通过要式买卖，即通过一种虚拟的买卖，使妇女归顺夫权。它需要至少五名以上的成年罗马市民作为证人，并且有一位司秤参加，买妇女者对其获得夫权。"① 从盖尤斯《法学阶梯》的规定可以看出，早期市民法时代，对女子获得夫权的买卖婚需通过要式方式进行。买卖活动的进行，须具备一定的程序要件，具体而言，就是要有五名证人的参加，要有司秤的存在，买卖婚姻才能宣告缔结完成。

（二）要式买卖还适用于妇女摆脱监护的情况

罗马市民法时代，女性受到终身监护体制的影响。在一些特定的情况下，女子可以和其现有监护人商议，摆脱其监护权的制约，从而更换监护人。在这种情况下，现有监护人可以通过要式买卖的程序，将女子卖出，交给另一名监护人，使女子置于另一名监护人的权力支配之下。实际上，监护权变更通过要式买卖的程序加以实现，主要是为了体现监护权变更的合法性、有效性。盖尤斯《法学阶梯》明确规定："她通过诉请解放的方式由后者解放，并把她的解放人作为监护人。"② 从盖尤斯《法学阶梯》可知，女子可以将买得自己的人，作为新的监护人。当然，这种监护权的变更，还需买得者将女子解放为自权人，才能够成为其新的监护人。

（三）适用于对子女的买卖

罗马时代，要式买卖用于自由人买卖的情况，除了对妇女的买卖外，还适用于家长对子女的买卖。家长将子女卖出后，使其受到买主权的支配。

关于家长将子女卖出，使子女受到买主权支配的情况，过去在学术界一直有争议。有些学者认为家长将子女卖出后，子女即丧失自由人身份，转而变为奴隶，也可理解为家长将子女卖为奴隶，这种观点是不正确的。在罗马的市民家庭中，不论家长还是家子都是罗马市民。有学者认为家长是自权人就是罗马市民，家子是他权人就是奴隶，这种认知是错误的。在罗马家庭中，不论自权人还是他权人都是罗马市民。因此，作为罗马市民的家长是不能将

---

① 盖尤斯. 法学阶梯 [M]. 黄风，译. 北京：中国政法大学出版社，1996：42.
② 盖尤斯. 法学阶梯 [M]. 黄风，译. 北京：中国政法大学出版社，1996：42.

同样作为罗马市民的家子卖为奴隶的。有学者之所以认为家长能够将家子卖为奴隶，源自盖尤斯在《法学阶梯》中的规定："所有的子女，无论是男性还是女性，当他们处于尊亲属的支配权下时，就可以被后者按照买卖奴隶的方式加以买卖。"①

表面上看，盖尤斯《法学阶梯》中似乎规定家长可将家子卖为奴隶，但是盖尤斯《法学阶梯》接着规定："但是，尊亲属和那些买者一般只是在下列情况中才实行上述买卖，即当他们想使子女摆脱自己的权力时。"② 很多学者没有看到这一条法律规定。实际上，罗马时代，家长作为自权人，将作为他权人的家子卖出，主要的目的是通过这种方式，使家子摆脱自己的家长权。家子摆脱家长权后，置于买主权力之下。买主将置于自己权利之下的家子解放，家子便可因此成为自权人，从而摆脱家长权的支配。正如刘家安所言："买主权"也是罗马法上一种对人的支配权，处于受役状态的人虽然不是奴隶，仍保有自由身份，但他们也被称为"准奴隶"。③ 刘家安的观点是正确的。在罗马法上，家子一旦被家长卖出，处于买主权支配之下，其自由权利会受到一定的限制，但是按照盖尤斯《法学阶梯》的规定，家子即便处于买主权利的支配之下，仍然是自权人，仍然拥有罗马市民权。即便处于受奴役的状态，仍然不是奴隶。了解这一点是十分重要的。罗马时代，家长将家子卖出时，可以采用要式买卖的程序，使家长卖出家子的行为得到法律上的认可。

三、要式买卖的程序

罗马早期市民法时代，交易的进行通常需要特定的程序，也就是所谓的"要式"。交易的程序化、形式化也是早期法律的共同特征。具体而言，要式买卖须具备以下程序：

---

① 盖尤斯. 法学阶梯 [M]. 黄风，译. 北京：中国政法大学出版社，1996：44.
② 盖尤斯. 法学阶梯 [M]. 黄风，译. 北京：中国政法大学出版社，1996：44.
③ 费安玲. 罗马私法学 [M]. 北京：中国政法大学出版社，2009：51.

（一）要有五个证人参加

盖尤斯《法学阶梯》规定："使用不少于五人的成年罗马市民作证人。"① 根据罗马法律的规定，要式买卖进行过程中，必须要有五个成年的罗马市民作为证人。主要是因为罗马在王政时代，第六个王塞尔维乌斯·图利乌斯改革时，根据财产状况将全体社会成员划分为五个等级，因此要求五个证人参加是要象征性地代表罗马社会的五个阶层。在罗马法上，由于女性受到终身监护制的影响，一般不能从事做证这样的工作。因此，罗马法上，只有男性能够从事证人的工作。罗马法上，男子成年的年龄为二十五周岁。因此，五个证人应当都是二十五周岁以上的男子，代表罗马的五个社会阶层参与要式买卖活动，反映了要式买卖的程式化。

（二）要有一个司秤参加

盖尤斯《法学阶梯》规定："另外有一名具有同样身份的人手持一把铜秤，他被称为司秤。"② 司秤手持一把秤，用来鉴定铜块的成色，也是罗马法上规定的要式买卖的程序。

（三）铜块和秤式

罗马法律规定，要式买卖进行时，需要有买方用铜块敲击秤，司秤鉴定铜块成色和真假的程序要件。盖尤斯《法学阶梯》规定：买主"用铜敲秤，并将铜块交给卖主，好似支付价金。"③

在罗马时代，法律中规定必须要有铜块敲击秤的动作和程序。原因在于，罗马早期，市民法时代，使用的货币不是黄金和白银，而是铜块。当时铜块作为货币单位使用时，其价值的衡量与今天货币计量以数量为标准的方式不同。罗马市民法时代的货币计量不以数量，而以重量为计量标准。当时以铜块为计量标准的货币分为阿斯、杜布丁两种类型。盖尤斯在《法学阶梯》中指出："这些铜币的价值和能量不在于它们的数量，而在于它们

---

① 盖尤斯. 法学阶梯 [M]. 黄风，译. 北京：中国政法大学出版社，1996：44.
② 盖尤斯. 法学阶梯 [M]. 黄风，译. 北京：中国政法大学出版社，1996：44.
③ 盖尤斯. 法学阶梯 [M]. 黄风，译. 北京：中国政法大学出版社，1996：44.

的重量……阿斯是一镑，杜布丁是两镑……因而杜布丁（DUPONDIUS）也被叫作两个重量（DUO PONDO），这个名词一直使用至今。二分之一阿斯和三分之一阿斯也是按照重量确定的。"① 由于罗马的货币在参与交易时，不是以数量而是以重量作为衡量标准的。因此，用铜块敲击秤，一方面，是让司秤判断铜块的成色；另一方面，秤的存在，主要是为了称重，看看买方交付给卖方的铜块是不是足够的。因此，就有了司秤手持秤，买方用铜块敲击秤的动作。

铜块和秤式的另外一个要求是，买卖双方要说固定的语言，做固定的动作。盖尤斯《法学阶梯》明确规定，买方手持铜块说："我根据罗马法说此人（应为物）是我的，我用这块铜和这把铜秤将他买下。"②

一般而言，买方要手持铜块说固定的语言，而卖方则保持沉默，或者说："根据罗马法律，该物归买方所有。"双方说了固定的语言，做了固定的动作。买方将铜块交与司秤过秤，然后司秤将铜块交给卖方。

（四）需要到长官面前进行

罗马早期，要式买卖范围广阔，包括土地、驮物的牲畜、奴隶等。为了增强要式买卖的有效性和仪式感，要式买卖除了要求买卖双方到达现场，有五个证人和一个司秤参与，买卖双方说固定的语言，做固定的动作，要式买卖还有一个十分重要的程序要件：到长官面前进行。

罗马时代，由于要式买卖的范围广阔、交易次数多、交易频繁进行的特点，要式买卖不仅要求在长官面前进行，且长官的种类也较为繁多。盖尤斯《法学阶梯》指出："我们通常，甚至总是采用要式买卖，实际上，我们可以当着朋友的面做自己的事情，不必更为费力地在裁判官面前或者在行省总督面前进行。"③ 从盖尤斯《法学阶梯》的规定可以看出，要式买卖，通常需要在长官面前进行。这个长官具体包含了裁判官、行省总督等。

罗马早期，市民法时代，由于要式买卖的交易活动十分频繁。因此，法

---

① 盖尤斯．法学阶梯［M］．黄风，译．北京：中国政法大学出版社，1996：46.
② 盖尤斯．法学阶梯［M］．黄风，译．北京：中国政法大学出版社，1996：44.
③ 盖尤斯．法学阶梯［M］．黄风，译．北京：中国政法大学出版社，1996：86.

律规定，要式买卖可以在长官闲暇时进行，可以在长官散步时进行，也可以在长官就餐时进行，甚至可以在长官沐浴时进行。

四、几点补充

要式买卖，从主体上讲，要求交易双方必须是罗马市民。公元212年，卡拉卡拉皇帝颁布《安托尼亚那》敕令。规定外国人可以获得罗马市民资格，从此，凡是获得罗马市民资格的外国人便成为要式买卖的主体。

从要式买卖的交易物或者标的物来看，要式买卖的交易物应当是位于罗马国家的重要物品，也即要式物。

从要式买卖的法律效果上看，要式买卖，最重要的特点在于，通过法律规定的程序最终实现物的所有权的转移。这种转移具有较高的法律效力。要式买卖在完成物的所有权转移之后，买方如果发现交易物有瑕疵，特别是土地面积有缩水的情况，可以提起土地面积之诉。

要式买卖在罗马社会出现得比较早，是罗马早期市民法时代，法律行为重程序化的重要产物。随着社会的发展，生活、工作节奏加快，人们没有太多时间从事烦琐的交易行为。共和国末期，人们开始采用书面合同的方式，实现原来需通过要式买卖完成的交易行为。要式买卖的程序化、形式化色彩开始减退。随着社会发展，到了帝国时代，交易物的书面转移日益频繁，要式买卖逐渐失去其存在的平台与价值。帝国后期，铜块和秤式不再为人们采用。物件的交付程序简单化。"优帝一世时，更以明令废止之。"[1]

---

[1] 周枏. 罗马法原论[M]. 北京：商务印书馆，1994：317.

第三节 拟诉弃权

一、概述

（一）概念

拟诉弃权，又称为法庭让与，是买卖双方通过模拟诉讼的方式，在司法官员面前转让物的所有权的方式。拟诉弃权从转让所有权的形式看，比要式买卖简单，但是和一手交钱一手交货的交易方式相比，则较为复杂。

（二）产生

拟诉弃权作为法庭让与的一种所有权转让方式，其产生具有深刻的经济和社会发展的原因。伴随着罗马帝国的扩张和社会经济的发展，商品贸易十分活跃，人们的生活、生产节奏加快，在这种情况下，用于交易的时间就显得相对紧迫。一种交易方式的产生，通常与当时的社会生产力发展水平、经济发展水平息息相关。到了共和国晚期和帝国早期，由于经济发展，人们用于交易的闲暇时间变少。在这种情况下，迫切需要改革程序烦琐、耗时巨大的要式买卖交易方式。拟诉弃权，正是在这样的社会发展大环境下应运而生的。

二、拟诉弃权与要式买卖之比较

从盖尤斯《法学阶梯》关于拟诉弃权的法律规定可以看出，作为模拟诉讼的法庭让与方式，拟诉弃权和要式买卖相比较，具有形式简单、交易快捷的特点。

拟诉弃权和要式买卖有相同之处，相同之处表现在：拟诉弃权和要式买卖相同，都需要在长官面前进行。不同的是，拟诉弃权所规定的长官的范围进一步缩小，而要式买卖所规定的长官的范围则相对较大。要式买卖可以在各种类型的长官面前进行,这个长官可以是执政官,也可以是市政官。但是拟诉弃权所规定的长官范围则是有限的,通常只能是司法官员、裁判官或者其他类型的法官。拟诉弃权,具有法庭让与的色彩,必须在法庭上进行。从这个角度讲,法律关于交易的见证者,拟诉弃权的规定要比要式买卖更为严格。

拟诉弃权的交易程序简单。伴随着经济的发展,社会节奏的加快,交易程序大大简单化。主要表现在以下几个方面:

首先,缺少了五个证人的环节。要式买卖在进行过程中,需要寻找五个证人,以代表社会的五个阶层。拟诉弃权则不需要五个证人做证,程序简单。

其次,拟诉弃权不需要铜块和秤式。

铜块和秤式也就是用铜块敲击秤的仪式,是要式买卖的核心,或者说是要式买卖的象征。而拟诉弃权则少了这个环节。伴随着铜块和秤式的减省,判断铜块成色和真假的司秤,也就缺席了拟诉弃权活动,从而使拟诉弃权在程序上大大简单化。

拟诉弃权的方式相对简单,和要式买卖相比较,减少了五个证人的环节,也减省了铜块和秤式的环节。但是,拟诉弃权作为早期的交易方式,依然有一定的程序要求,需要说固定的语言,做固定的动作。从做固定的动作角度看,通常要有手持物品的动作,这个动作通常由接受物品转让的人完成。如果是奴隶交易,则要由买卖双方用棍棒触及奴隶的身体。说固定的语言,做固定的动作,双方还需要在长官,通常是指裁判官或者大法官的见证下,完成物品的交易、转让行为。盖尤斯在《法学阶梯》中指出,拟诉弃权,以这样的方式进行:在罗马国家的执政官比如裁判官面前,接收物品转让的人手持该物说:"我认为这个人(应为物)根据罗马法是我的。"在他提出要求后,裁判官询问转让物品的人是否提出反要求,如果他说不或者保持沉默,裁判官则将物品判给主张其所有权的人,这叫作法律诉讼。①

拟诉弃权虽然仍需要履行一定的法律程序,说固定的语言,做固定的动

---

① 盖尤斯. 法学阶梯 [M]. 黄风, 译. 北京: 中国政法大学出版社, 1996: 86.

作，也需要有长官的见证，但是和要式买卖相比较，拟诉弃权的程序色彩大大淡化，是社会环境变化、经济快速发展、生活节奏加快、竞争加剧带来的必然产物。

拟诉弃权作为要式买卖的补充，是社会经济快速发展的必然要求。一般而言，拟诉弃权的产生要晚于要式买卖。伴随着共和国晚期，帝国时代经济的快速发展，人们用于交易的时间逐渐减少。这个时候，原有的许多要式转移物，例如奴隶、牲畜等就从原有的物的划分中分离出来，不再采用要式买卖，转而采用拟诉弃权的交易方式。这样做，一方面，仍然保留了重要物品在交易过程中的程序色彩，另一方面，适应社会经济快速发展的需要，使程序要求大大减少。这样做的结果一方面节约了交易时间，另一方面又保留了基本的程序要求，可以认为，拟诉弃权是物的交易从要式买卖向略式买卖过渡过程中的环节。

三、拟诉弃权标的物

（一）有形物

罗马时代法学家认为，有形物中的要式物可以通过拟诉弃权转移。盖尤斯《法学阶梯》明确规定：要式物中的意大利土地，"可以通过要式买卖和拟诉弃权转让"①。英国学者巴里·尼古拉斯认为："拟诉弃权（in iure cessio）仅仅适用于无形物的转让。"② 该说法是不正确的。

有形物中的略式物不能通过拟诉弃权转移。

罗马法上，略式物不能通过要式买卖或者拟诉弃权的方式转让。罗马时代，行省土地由于属于租税地或者贡赋地，不能参与市场流转，不能参与买卖活动。这类土地属于略式物。"这些土地不能适用要式买卖和拟诉弃权"③。因此，行省土地不能通过要式买卖转移或者拟诉弃权转让。

---

① 盖尤斯. 法学阶梯 [M]. 黄风, 译. 北京：中国政法大学出版社, 1996：88.
② 尼古拉斯. 罗马法概论 [M]. 黄风, 译. 北京：法律出版社, 2000：122.
③ 盖尤斯. 法学阶梯 [M]. 黄风, 译. 北京：中国政法大学出版社, 1996：88.

(二) 无形物

罗马时代法律规定无形物一般不能通过拟诉弃权方式转让。

盖尤斯《法学阶梯》明确规定:"至于行省土地,如果某人想针对它设立用益权、各种通行权、引水权、建筑物加高权、防止遮挡邻居采光的限制加高权或者其他的类似权利,他可能通过简约和要式口约的方式设立。"① 罗马时代法学家认为,设立在行省土地上的各种权利属于无形物,一般情况下,不能通过要式买卖或者拟诉弃权的方式转移。按照盖尤斯《法学阶梯》的规定,无形物不能通过要式买卖和拟诉弃权的方式转移所有权。因此,在行省土地上设立的各项权利,包括通行权、引水权、建筑物加高权、限制加高权等权利,作为无形物可以通过简约和要式口约的方式转移。

罗马时代法学家认为,有些重要的无形物可以通过拟诉弃权方式转让。

盖尤斯《法学阶梯》明确规定:"由于用益权可以针对人和其他动物而设立,我们应当认为在行省也可以通过拟诉弃权设立这种用益权。"② 盖尤斯《法学阶梯》对无形物中的用益权做了例外规定。罗马时代,由于用益权是一项十分重要的权利,因此,用益权可通过拟诉弃权的方式转移。

同时,盖尤斯《法学阶梯》还明确规定:"遗产继承也只能通过拟诉弃权的方式加以转让。"③ 罗马时代,特别是盖尤斯生活的帝国时代——公元2世纪,继承权作为一项无形物中重要的权利,可以通过拟诉弃权的方式转让。

可见,罗马时代,用益权及遗产继承权这些重要的无形物可以通过拟诉弃权方式转让。

---

① 盖尤斯. 法学阶梯 [M]. 黄风,译. 北京:中国政法大学出版社,1996:88.
② 盖尤斯. 法学阶梯 [M]. 黄风,译. 北京:中国政法大学出版社,1996:88.
③ 盖尤斯. 法学阶梯 [M]. 黄风,译. 北京:中国政法大学出版社,1996:88.

第四节 让渡

一、让渡的含义

罗马法上，让渡也称为交付，是指卖方实际转移物的所有权给买方的行为。交付，以实现物的实际转让作为成立要件。盖尤斯认为，作为略式物转让方式的让渡是一种自然法上的交易方式。盖尤斯《法学阶梯》指出："对某些物的转让是根据自然法，比如那些以让渡的方式转让的物品。"[①] 周枏先生对交付的定义是"交付是指当事人以转移所有权的意思，由一方移交物件于他方的行为。它不须办理任何仪式，是转移万民法所有权最通常最主要的方法。"[②] 意大利学者彭梵得对让渡下了定义，他认为：让渡（tradizione）是自愿转让所有权的一般方式。它的定义是"以放弃对物的所有权并行使他人接受这一所有权为目的，根据法律认为足以构成所有权转移之依据的关系而实行的交付或者给付"[③]。

二、让渡的产生

罗马社会早期，要式物通常通过要式买卖和拟诉弃权的方式转让。但是，以一手交钱一手交货为表见的略式物在转移的过程中，就遇到了棘手的问题。略式买卖，由于缺乏特定的法律程序的保护，容易使买方的权利因为卖方违约落空。在这种情况下，为了保护买方的合法权益，法律明确规定，在让渡也即一手交钱一手交货的情况下，以物品的实际转移为交付的目的。只有实现了物的所有权的实际转让，让渡，常常才是有效的。

让渡的产生与罗马社会的生产力发展状况和经济发展水平息息相关。交

---

① 盖尤斯. 法学阶梯 [M]. 黄风，译. 北京：中国政法大学出版社，1996：100.
② 周枏. 罗马法原论 [M]. 北京：商务印书馆，1994：336.
③ 彭梵得. 罗马法教科书 [M]. 黄风，译. 北京：中国政法大学出版社，1992：209.

付在罗马社会早期，主要适用于略式交易物的转让。罗马社会早期，市民法时代，略式交易物的转让，通常通过简约或者要式口约的方式进行，是以简约或者要式口约为表见的略式买卖。从契约缔结起生效，对于买卖双方具有法律上的约束力。尽管只是简约或者要式口约，双方当事人也不能随便毁约。交付应当是罗马早期市民法时代，在简约和要式口约之外，略式物转移的第三种方式，也是一种相对简单且有效的物的所有权的转让方式。

让渡，作为所有权转让的一种方式，在很早的时候已经产生。在早期市民法时代，让渡主要是用来转让略式物。盖尤斯在《法学阶梯》中指出："实际上，略式物可以通过让渡完全归他人所有，只要它们是有形的并且因此而可实行让渡。"[1] 由于让渡行为不需要举行任何仪式，交易行为十分简单。在罗马社会早期，市民法时代，让渡主要适用于略式转移物。通过略式物的快捷转让，也即一手交钱一手交货的方式实现略实物所有权的转移。让渡，在罗马市民法时代，作为一手交钱一手交货为表见的略式物的转移方式使用。到了共和国晚期，帝国时代，由于要式买卖的书面合同化，要式买卖与略式买卖区分模糊，两者逐渐发生了融合。交付，成为帝国时代转移物的所有权的一般方式。正如李中原所言："在古典罗马法理论中，自然法与人定法的二元结构在相当程度上被置换为两种人定法——万民法与市民法——的对立。"[2]

三、让渡的条件

（一）让与人必须是物件的所有权人

罗马法上，让渡（交付）是物的所有权转让的方式之一。就所有权的权能而言，在罗马法上，所有权人对自己的物拥有使用、收益及处分的权利。处分权是所有权最重要的权能，也是所有权与他物权的区别所在。如果让与人不是物件的所有权人，而只是物件的持有人或者占有人，这样的他物权人

---

[1] 盖尤斯. 法学阶梯 [M]. 黄风, 译. 北京: 中国政法大学出版社, 1996: 84.
[2] 李中原. 欧陆民法传统的历史解读——以罗马法与自然法演进为主线 [M]. 北京: 法律出版社, 2009: 71.

则无法转让该物的所有权。因为他物权人,只能对物行使使用、收益的权利,而不能对物行使处分权。处分权不是他物权的权能。按照罗马时代法律规定,后手的权利不能优于前手,所谓前手就是指物的所有权人,所谓后手,就是指物的非所有权人。按照此原则,只有所有权人能够实施物的让渡行为,也即有权利转让物的所有权。非所有权人对自己占有或者持有的物不享有处分权,因此,不能通过让渡行为转让物的所有权。盖尤斯《法学阶梯》明确规定:"因此,如果我把一件衣服、一块金子或者一块银子以买卖、赠与或者任何其他名义让渡给你,该物就立即变为你的,只要我是物的所有主。"① 从盖尤斯《法学阶梯》的规定可以看出,只有物的所有权人,才有权利通过让渡行为转让物的所有权。

(二) 让与人须有转让所有权的能力

罗马法上,在物的所有权转让,也即让渡行为发生时,对让渡的主体也有明确的规定,法律规定让与人必须要有让与的能力。一是,规定当事人必须达到适婚年龄,具有完全的民事行为能力。处于监护权保护下的被监护人不具有让与能力。二是,要求物的所有权人具有正常的认知能力,不能是精神病患者。精神病患者因为认知能力丧失,从而丧失了转让物的所有权的能力。在以上两种情况下,未成年人及女性的监护人有权转让属于他们的财产。精神病人的保佐人有权转让精神病人的财产。

罗马时代法律规定,精神病人、浪费人、幼儿和未经监护人准可的受监护人,即便是财产的所有权人,也均不享有转让所有物的权利。

精神病人,虽然可能已经达到完全民事行为能力的年龄,但是因为对事物缺乏正常的判断和认知能力,在罗马法上属于限制民事行为能力人。精神病人不能单独转让物的所有权,需由其保佐人帮助其完成物的所有权的转让行为。

浪费人,从年龄和精神状态来看,均可具备完全民事行为能力。但是由于浪费人有浪费祖传家产,从而可能使财产继承人权利受损的情况。在罗马

---

① 盖尤斯.法学阶梯 [M].黄风,译.北京:中国政法大学出版社,1996:84.

法上，浪费人被规定为限制民事行为能力人。因此，浪费人不得随意转让物之所有权，必须由其保佐人代为进行。

幼儿在罗马法上是指不满七岁的未成年人，属于完全无民事行为能力人。完全无民事行为能力人，不能转让物的所有权。幼儿的财产所有权转让，具体划分为两种情况。如果幼儿属于他权人，则由家长决定其物之所有权的转让。如果属于自权人，则由其监护人代为履行物之转让行为。

在罗马时代，被监护人包含了各个年龄阶段的女性（查士丁尼统治时代除外，查士丁尼统治时代，法律上明确规定25周岁以上的女子可视为完全民事行为能力人）。查士丁尼皇帝以外的其他时代，各个年龄阶段的女性属于自权人，均受到终身监护制的制约。女性丧失了完全民事行为能力，也就丧失了处分自有物所有权的能力，需由其监护人代为履行。其次包含7周岁以上，25岁以下的男性自权人。这个年龄阶段的男性自权人，有一部分物的转让能力。但是大多数情况下在转让物的所有权的过程中，需要征得其监护人的同意。只有在监护人同意的情况下，这个年龄阶段的自权人，才有权利转让自己物的所有权。

在罗马法上，一般来讲，让渡物件的人，须是物的所有权人。但是也有一些例外的情况。例如，抵押权人、精神病人的财产保佐人，虽然不是所有权人，但是可以在特定情况下转让物的所有权。例如，抵押权人，能够在债务人不履行债务时，变卖抵押物优先受偿。精神病人的财产保佐人，可以因精神病人的侵权行为，处分其财产，以便对受害者承担侵权损害赔偿责任。在一些特定情况下，虽然是物的所有权人，依然无权处分其物。例如，处于监护权下的妇女，处于监护权下的未成年人等。

（三）买卖双方需要有转让物的所有权的主观意愿

罗马时代的法律明确规定：物的让渡需要当事人双方的合意。罗马帝国时代，由于交易的快速完成，为充分体现双方当事人的意愿，实现以合意为基础的物的转让原则，防止强买强卖、乘人之危等违背当事人意愿的交易行为的发生。罗马法明确规定，让渡需有双方当事人的合意。也即一方愿买，一方愿卖。查士丁尼《法学阶梯》明确规定："所有人既然愿意把他的不动产转移于他人，这种意愿应予承认，这是最符合自然公平的道理的。"①

让渡活动，要体现买卖双方当事人的意愿。转让人有转让物的所有权与他方的意思，买受人，有接受他人转让的物的所有权的意愿。在让渡过程中特别注重考察让与人的主观意愿。在一些特别的场合，例如出租和出借的情形，让与人只要有让与的意愿，出租物或者出借物的所有权即实现转移。查士丁尼《法学阶梯》明确规定："有时只要凭所有人的意愿不通过转让，即足以转移物的所有权。例如某人把物出借或出租给你，或寄存你处，后来把它出卖或赠送给你。"② 从查士丁尼《法学阶梯》的规定可以看出，在一些特定的情况下，特别是在一些出租、出借、寄存的情况下。由于物已处于租赁人、借得人、保管人的实际支配之下，因此，在这种情况下，转让人只要有转让物的意愿，不履行实际交付物件给对方的行为，即可实现物的所有权的转移。

罗马时代法律，侧重于考察物的所有权人的意志，只要物的所有权人有转让物的所有权的意思，物的所有权即可实现转移。在这种情况下，不要求对方是特定的人，即便为不特定的人，物的所有权也可实现转移，这种情形主要发生在赠与的环节。查士丁尼《法学阶梯》明确规定："有时即使所有人的意思只指向不确定的人，但仍发生所有权转移的效力。例如大法官或执政官把施舍的钱，向众人投掷，他们不知道众人中每个人会得到多少，可是就因为他们愿意将每个人所能获得的归于他所有，所以他立即成为所有人。"③ 按照查士丁尼《法学阶梯》的规定，只要物的所有权人愿意转让自己的所有物，哪怕其转让所有权的意思指向不确定的人，也可实现物的所有权的转让。这种情况主要适用于大法官或者执政官将他们施舍的钱向众人投掷。他们并不知道有谁会得到自己已经投掷的钱，也并不知道每个人能够得到多少。即便如此，只要他们的投掷行为完成，即表明他们有转让金钱的所有权给大众的意愿。在这种情况下，凡是捡到钱的人便成为钱的所有权人。

有些时候，物的所有权人实施了放弃物的所有权的行为，但其本人并没

---

① 查士丁尼. 法学总论——法学阶梯 [M]. 张企泰，译. 北京：商务印书馆，1989：57.
② 查士丁尼. 法学总论——法学阶梯 [M]. 张企泰，译. 北京：商务印书馆，1989：58.
③ 查士丁尼. 法学总论——法学阶梯 [M]. 张企泰，译. 北京：商务印书馆，1989：58.

有转让物的所有权的意愿。在这种情况下，物的所有权不发生转移。查士丁尼《法学阶梯》明确规定："为了减轻船舶载重而在风暴中抛入海中的物，又当别论。这些物依然属于所有人。"① 按照查士丁尼《法学阶梯》的规定，即便有些时候，人们实施了放弃物的所有权的行为，但是他们并没有放弃物的所有权的主观意愿。在这种情况下，物的所有权不发生转移。查士丁尼《法学阶梯》规定在特定危险发生时，比如为了减轻船舶载重，避免船舶在海中沉没，而将船舶上的物抛入海中，这个时候所有权人将船舶上的物抛入海中，主要的意愿是减轻船舶的重量，避免船舶沉没，并无转让物的所有权的真实意愿。在这种情况下，物的所有权不发生转移。

四、让渡的方式

罗马时代，由于让渡方式适用于略式转让物，而略式转让物在交易过程中缺乏烦琐的程序要件，从而影响了其缔约的效力。以一手交钱一手交货为表见的略式买卖，容易因为物的交付问题，使买方的权益受损。因此，在略式物转移过程中，为保护买方的权益，一般要求有物的实际交付。物的实际交付也是保护买方权益的重要措施。所谓物的交付也即物的授受，即让与人须将物的占有移交给受让人。罗马时代，就动产而言，物的实际交付，也即转移物的占有给买方是能够做到的。但对于不动产而言，却有相当的难度，就物件的授受而言，罗马法上规定了几种方式。

（一）短手交付

短手交付，在罗马法上主要是物的占有的实际转移，是针对动产而言的。罗马时代特别是帝国时代，通常只要是动产，都需要实现物的占有的实际转移。因为这种交易，实际上是买方与卖方之间面对面的交易，双方之间的距离很短，因此这种面对面的交易又称为短手交付。

（二）在手交付

罗马时代还有一种情况，就是所有权人将出租物或者出借物，卖给承租

---

① 查士丁尼. 法学总论——法学阶梯 [M]. 张企泰，译. 北京：商务印书馆，1989：59.

人、借得人。在这种情况下，不需要进行物品的移交，即可实现所有权的转让。周枏先生将其称为"在手交付"（brevi manu traditio）或"易位交付"。①承租人买得承租物，借用人买得借用物，均不需要实现物的实际转移，这个时候，转移的仅仅是对物的支配的权利。

（三）长手交付

长手交付，又称为象征性交付。主要用于不动产所有权的转移。由于不动产难以移动、无法当面交付的特征，罗马法律规定，凡是不动产，可以实行长手交付，也即象征性交付。当事人只要带上不动产的象征物，即可实现交付，法律效力等同于短手交付、在手交付。

就象征物而言，土地的象征物可以是一块泥土，房屋的象征物可以是一块瓦片。当事人将泥土和瓦片交给对方时，意味着房屋和土地的实际交付完成。

在一些特定的情况下，即便是动产，只要是难以实际交付的，也可以采用象征性交付的方式。对于难以搬动的聚集性的动产，比如很多的木头或者一堆木头，很多的葡萄酒罐集中在一起，这个时候，采用的象征性交付可以是一种象征性的行为，这种象征性的行为主要表现为买方对其实施的管理行为。罗马法律认为，对于难以搬动的动产，可以通过买方的管理行为实现交付。只要物品处于买方的实际管理之下，该动产便被认为已经通过象征性的交付行为实现了转让。罗马法学家雅沃伦在《论拉贝奥遗著》第5卷中指出："我买了一堆木头，出卖人要我将它运走，一旦我看管它，它便被认为已交付给我。当很多葡萄酒罐集中在一起时，这一规则同样适用于葡萄酒的出卖……那堆木头或者那些酒罐本身并未被运走，而他们却被视为已交付。"②雅沃伦认为，只要是难以搬动的木头或者酒罐，处于买方的看管状态或者管理状态下，就被认为已经实际交付。哪怕这些物品本身并未运走，也不再过问。

---

① 周枏. 罗马法原论 [M]. 北京：商务印书馆，1994：339.
② 斯奇巴尼. 物与物权 [M]. 范怀俊，译. 北京：中国政法大学出版社，1999：45.

有些时候，难以移动的动产在交付过程中，也可以采用象征物交付的方式，这个时候实施交付的方式不是行为，而是物。帕比尼安在《论定义》第1卷中指出："只要钥匙在仓库附近被交出，在钥匙被交出时仓库中的货物的占有即被视为已交付，买受人立刻取得所有权和占有，尽管他尚未打开仓库。"① 帕比尼安认为，只要所有权人将仓库的钥匙，在仓库附近交给买受人，即意味着仓库中的货物实现了实际交付。

在象征性交付的过程中，可以通过象征物的交付，实现物的实际转移。这种象征物很多，可以是房屋的钥匙，可以是泥块，可以是瓦片。

有些时候，在不动产所有权转让的过程中，也可以通过象征性的行为来实现物的交付。杰尔苏在《学说汇纂》第23卷中指出："如果我购买了一块邻地（vicinusfundus），出卖人在我的塔楼上将它指给我看，并说将单纯占有（vacua possessio）转让给我，那么我便像已经进入地界（finis）一样，马上可以占有它。"②

第五节 添附

一、概念

添附，指数个由不同所有人之物结合而成一物的法律事实。添附的价值和意义在于，不同所有权人的物结合成一物后，该物所有权的归属问题。陈朝璧认为："属于不同之所有人之多数物件，结合而成一物，致主物之所有人取得其他从物之所有权者，谓之添附（accessio）。"③ 著名法学家陈朝璧先生认为，当不同所有权人的物，因为各种原因发生结合时，也就是合并时，主物的所有权人可以获得从物的所有权。从这个意义上讲，如果植物和土地实

---

① 斯奇巴尼. 物与物权 [M]. 范怀俊, 译. 北京：中国政法大学出版社, 1999：45-46.
② 斯奇巴尼. 物与物权 [M]. 范怀俊, 译. 北京：中国政法大学出版社, 1999：46.
③ 陈朝璧. 罗马法原理 [M]. 北京：法律出版社, 2006：266.

现了结合，那么植物就归土地的所有权人所有，如果文字实现了和纸张的结合，那么文字就归纸张的所有权人所有。

二、动产与动产的添附

罗马时代法律认为，动产与动产的添附有以下几种情况。

（一）附合

附合，在罗马法上，通常是指一般意义上的动产与动产的结合。比如，你的钥匙与我的锁的结合，你的宝石与我的戒指的结合等。著名法学家陈朝璧先生认为："附合"云者，因一般多数动产之结合而另成一物之谓。① 罗马时代法律规定，在附合的情况下，主物的所有权人获得从物的所有权。

（二）混合

混合，是指两种或者两种以上液态物的结合。

罗马时代的法学家认为，混合是指液态物的合并。而液态物的合并会产生新物，新物所有权归物的双方所有权人共同所有。罗马时代的法学家认为液态物的合并有两种情况，第一种情况就是同质的物的合并。例如你的酒和我的酒合并，或者你的银与我的银熔合。还有一种情况就是不同质的液态物的合并，比如说你的蜜和我的金的合并，你的酒和我的银的合并。罗马时代的法学家认为，不论是同质的物合并还是不同质的物合并，新产生的物的所有权都归双方当事人共同所有。正如盖尤斯所言："当不同的物质发生混合时，材料所有权人的意志使新形成的物归双方共有。这些材料或者属于同一种类，例如酒的混合，银的熔合；或者属于不同种类，例如一方出酒，另一方出蜜；或者一方出金，另一方出银，这样新物的形态就是蜜酒和金银合金。"②

罗马时代的法学家认为，两种物质的混合，并不一定出于所有权人的意愿。即便如此，不论是同质的物合并还是不同质的物合并，新物的所有权归

---

① 陈朝璧. 罗马法原理 [M]. 北京：法律出版社，2006：267.
② 学说汇纂第 41 卷：所有权、占有与时效取得 [M]. 贾婉婷，译. 纪蔚民，校. 北京：中国政法大学出版社，2011：15.

双方当事人共同所有。正如盖尤斯所言:"然而,即使两种物质的混合不是出于所有人的意志,不论这些物质属于同一种类,还是不同种类,该规则也同样适用。"①

罗马时代的法学家认为,两个人的不同物发生混合,新的结合物,也就是混合物归双方共同所有。但是如果从物与主物混合,依照罗马时代从物随主物一同转移的基本原则,该物归主物的所有权人所有。正如彭波尼在《论萨宾》第30卷中所言:"如果他人的白银和你的白银熔合在了一起,应当认为并不是全部的白银都归你所有。相反,如果在你的杯子上焊上了他人的铅或白银,无疑杯子仍然是你的,你有理由向他人提起返还所有物之诉。"②

(三) 混杂

混杂指不同所有权人的固态物的结合。比如,你的小麦与我的小麦长到了一起,你的绿豆与我的红豆混在一起,你的苹果与我的梨混在一起,等等。查士丁尼《法学阶梯》规定:"如果铁提和你的小麦,出于你们自愿而混杂时,混杂的小麦属于你们共同所有……如果由于偶然事故发生混杂,或铁提不得你的同意而予以混杂,混杂物不视为共同所有……如果你们任何一人占有全部小麦,另一人即可提起对物的诉讼。"③ 从《法学阶梯》的规定可以看出,不同所有权人的物发生混杂时,如果出于双方自愿,则混杂物属于双方共同所有。如果非双方自愿,则混杂物可归其中一人所有,另一人可获得相应补偿。

三、动产与不动产的添附

罗马法上,动产与不动产的添附,主要有种植和建筑两种情况。

(一) 种植

将自己的植物种植在他人土地上,或者将他人的植物种植在自己土地上,

---

① 学说汇纂第41卷:所有权、占有与时效取得[M].贾婉婷,译.纪蔚民,校.北京:中国政法大学出版社,2011:15.
② 学说汇纂第41卷:所有权、占有与时效取得[M].贾婉婷,译.纪蔚民,校.北京:中国政法大学出版社,2011:39.
③ 查士丁尼.法学总论——法学阶梯[M].张企泰,译.北京:商务印书馆,1989:54.

如何判断植物归属的问题。

罗马时代，从节约资源、防止浪费的角度出发，法律规定，植物一旦种植后生根发芽，就属于土地所有权人。查士丁尼《法学阶梯》明确规定："根据生根的植物从属于土地的原理，播种的麦子亦应认为从属于土地。"① 盖尤斯指出：

> 如果我在自己的土地上栽种了他人的植物，那么它就归我所有；相反，如果我把自己的植物栽种到了他人的土地上，那么它就归该人所有，以上两个结论的前提是植物已经扎根。在植物扎根之前，它仍归原所有人所有。这与以下这一情形也是相一致的：如果邻地的树将根扎在了我的土地中，那么这些树就归我所有，因为理性不能允许扎根于某人土地的树被认为归他人所有。根据这一理由，生长在土地边界的树，如果将根同时也扎在了毗邻的土地上，那么就归这些土地的所有权人共有。②

罗马时代的法学家认为，如果将他人的植物栽种在了自己的土地上，从维护植物的稳定性、维护资源的价值出发，该植物归自己所有，也即该植物归土地所有权人所有。假如将自己的植物种植到了他人的土地上，为了维护土地的稳定性、植物的稳定性，节约社会资源，该植物就归他人所有，也即土地的所有权人所有。但是罗马时代的法学家认为，植物归属土地的所有权人所有，有一个前提条件，就是植物必须在土地上生根发芽。如果植物在土地上还没有生根发芽，那么植物的所有权人就可以伸张对植物的权利。罗马时代的法学家之所以规定植物必须在土地上生根发芽，是因为在土地上生根发芽的植物不能够移动，如果移动就会导致植物死亡。另外，罗马时代法学家认为，如果植物所有权人将自己的植物种植在了我的土地上，那么这些植物就归我所有。当然前提条件也是植物必须在我的土地上生根发芽。罗马时代的法学家还规定了另外一种情况，即如果一棵树种植在土地的边界，也就

---

① 查士丁尼. 法学总论——法学阶梯[M]. 张企泰, 译. 北京：商务印书馆, 1989：55.
② 学说汇纂第41卷：所有权、占有与时效取得[M]. 贾婉婷, 译. 纪蔚民, 校. 北京：中国政法大学出版社, 2011：17.

是说将根扎在了不同的所有权人的土地上，那么，这棵树就归这些土地的所有权人共同所有。这样规定的目的，也是为了维护植物的价值，防止移除植物导致的植物死亡现象。

　　罗马时代法学家认为，扎根于土地的植物添附土地，同样，扎根于土地的谷物也添附土地，也就是说，如果将自己的谷物种植在他人的土地上，如果付出了播种的艰辛并且是出于善意，那么谷物的种植人可以向土地所有权人索要植物的价金。但是植物只要是在他人的土地上生根发芽，就归土地所有权人所有。正如盖尤斯所言："扎根于土地的植物添附于土地，同样的原理也适用于谷物，谷物被播种以后就被认为添附于土地。然而，就如同在他人的土地上建造建筑物，如果土地所有权人对建筑物提出主张，建造人可以恶意欺诈抗辩来进行防卫一样，所有在他人土地上以自己的费用播种的人都可同样地通过这一抗辩获得保护。"①

　　罗马时代法学家认为，如果一棵树连根拔起，栽种到了另外一块土地上，在植物和土地结合之前，也就是树在发芽之前，仍归原所有权人所有。但是一旦实现了和土地的添附，就归土地所有权人所有。即便第二次被连根拔起，它也不归原所有权人所有。这个规定也是从树的稳定性考虑，从节约资源、保障树存活的角度出发考虑的。正如保罗所言："如果一棵树被连根拔起并被栽种到另一块土地上，在它扎根之前仍归原所有人所有。但一旦它扎下了根，就添附于土地。但如果它再次被连根拔起，它也并不归其原来的所有权人所有。因为人们认为，吸收了其他土地的养分的树已经成了一棵与原先不同的树。"②

（二）建筑

1. 建筑材料与土地的结合

　　罗马时代，从节约资源的角度出发，法律规定，建筑材料一旦实现了与

---

① 学说汇纂第41卷：所有权、占有与时效取得［M］. 贾婉婷，译. 纪蔚民，校. 北京：中国政法大学出版社，2011：19.
② 学说汇纂第41卷：所有权、占有与时效取得［M］. 贾婉婷，译. 纪蔚民，校. 北京：中国政法大学出版社，2011：39.

土地的结合，就属于土地所有权人所有。因为建筑物一旦拆除，将成为一堆瓦砾，丧失其使用价值。查士丁尼《法学阶梯》规定："在他人土地上营造的人，遇土地所有权人请求以建筑物归属于他时，得提出欺诈抗辩为自己辩护。"①

罗马时代法学家认为，如果用自己的材料在他人的土地上建造建筑物，从维护建筑物的稳定情况来看，建筑物应该归属于土地所有权人。这一规定主要的目的是维护建筑物的稳定性，同时也避免了拆除建筑物造成的材料损害。这是从节约社会资源角度做出的规定。正如盖尤斯所言：

> 相反，如果有人用自己的材料在他人的土地上建造建筑物，建筑物就归土地所有人所有。如果他知道那是别人的土地，人们就认为他出于自己的意愿丧失了对材料的所有权。这样，无疑，当建筑物倒塌后，他也不能要求返还材料。当然，如果土地所有权人对建筑物提出主张，但既不支付材料的价格，也不支付工人的报酬，那么就可对其提出恶意欺诈抗辩，特别是如果建造建筑的人不知道土地是他人的，而出于善意如同在自己的土地上那样建造建筑物。因为如果他知道，就可对其主张过错，因为他轻率地在明知是他人的土地上建造建筑物。②

罗马法学家对这一情况做了几种分析。主要看建造建筑物的人在主观上是善意还是恶意。如果在他人土地上建造建筑物的人在主观上属于恶意，也就是说他明明知道这块土地是他人的，却在上面建造建筑物，他将丧失对自己建筑材料的所有权，而且这种丧失是永久的，即便建筑物倒塌后，他也不能够要求土地所有权人返还自己的材料。如果用自己的材料在他人土地上建造建筑物的人，在主观上是善意的，也就是说他在主观上不知道这个土地有所有权人存在。在这种情况下，土地所有权人应当支付材料所有权人材料的价金。罗马时代的法学家认为，如果土地所有权人既不支付材料的价金，也

---

① 查士丁尼. 法学总论——法学阶梯 [M]. 张企泰，译. 北京：商务印书馆，1989：55.
② 学说汇纂第41卷：所有权、占有与时效取得 [M]. 贾婉婷，译. 纪蔚民，校. 北京：中国政法大学出版社，2011：17.

不支付工人的报酬，那么材料的所有权人可以对他提起恶意欺诈抗辩之诉。

2. 建筑物与建筑物的添附

罗马时代，萨宾学派和普罗库路斯学派对于在建筑物上建造某物，该物归属于建筑者所有还是房屋的所有权人所有发生争议。萨宾认为，该建筑归建造它的人所有，而普罗库路斯则认为，该建筑归房屋的所有权人所有。彭波尼认为普罗库路斯的观点是正确的，因为这种情况就相当于他人在自己的土地上建筑房屋。正如彭波尼在《论萨宾》第33卷中所言："如果你的邻居在你的墙上建造了某物，拉比奥和萨宾认为，该物属于建造它的人所有；但普罗库路斯认为它归你所有，就如同他人在你的土地上建造的物归你所有一样，这一观点是正确的。"①

四、不动产与不动产的添附

（一）淤涨

淤涨是指因为河流冲击，导致上游土地与下游土地的结合。

根据罗马法律的规定，因为河流的冲击导致河流上游的土地和河流下游的土地实现了添附，那么下游逐渐增长的土地，原则上归土地所有权人所有。但是罗马时代法学家同时指出，因为添附行为是天长日久形成的，不是在一个时间发生的，因此，添附的土地数量和发生的时间是难以掌握的。但是不论如何，添附的土地归所添附的土地所有权人所有，这是罗马法的基本原则。正如盖尤斯所言："除此以外，如果河流因为冲击而添附了我们的土地，根据万民法，添附的部分就归我们所有。但因为河水冲击而形成的添附被认为是逐渐形成的，以至我们无法了解它的总量和发生的时间。"②

（二）冲断

冲断，在罗马法上是指由于泥石流等突发自然灾害，导致河流上游的大

---

① 学说汇纂第41卷：所有权、占有与时效取得[M].贾婉婷，译.纪蔚民，校.北京：中国政法大学出版社，2011：41.

② 学说汇纂第41卷：所有权、占有与时效取得[M].贾婉婷，译.纪蔚民，校.北京：中国政法大学出版社，2011：9.

块土壤实现了与下游土地的结合。

罗马时代的法学家非常注重土地资源的保护,认为河流上游的土地所有权人可以取回自己的土壤,但必须是在自己的土地和下游的土地相结合并且长出植物之前。如果植物已经生根,则上游河流土地所有权人丧失取回自己土地的权利。正如盖尤斯所言:"如果河水的力量带走了你的土地的一部分,并且使其附着到我的土地上,很明显它仍然是属于你的。但是,如果它附着在我的土地上很长时间,树木也把根延伸到我的土地上,那么从那时起它就被认为成为我的土地的一部分。"[1] 罗马时代法学家认为,因为河流冲击的原因将上游的土地冲击到下游,和下游的土地实现了结合,原则上讲,上游的土地所有权人可以拿走自己附着于下游的土地。但是有一个时间上的限制,也就是说上游土地所有权人取回自己土地的时间,应当是在自己的土地和下游的土地实现结合并且长出植物以前。在长出植物以前,上游的土地所有权人可以取走自己的土地。如果下游的土地长出了植物,那就意味着植物的根系附着在了土上。这个时候,罗马时代的法学家认为,上游的土地所有权人将丧失取回自己土地的权利。原因在于,如果在这种情况下,上游的土地所有权人取回自己的土地,将会对下游的土地造成损伤,因为植物只要是将根系扎于土地,就意味着土地和土地实现了永久性的结合,不能够进行破坏性的挖掘,以此来破坏土地的性质。

(三) 河流改道

罗马时代,如果河流改变了自己的自然流向。那么,为了节约资源,防止浪费,裸露的河床要无偿分配给河流两岸的土地所有权人。查士丁尼《法学阶梯》规定:"如果河流完全摈弃它的自然河床,开始流向他方,旧河床归占有沿岸土地的人以各自沿岸土地的长度为比例所有……如果过了一个时期,河流回到原来河床,新河床重新成为占有沿岸土地的人所有。"[2] 裸露的河床具体的分配方法是,从河床的中间划一条中心线,然后从河流两岸土地所有

---

[1] 学说汇纂第41卷:所有权、占有与时效取得 [M]. 贾婉婷, 译. 纪蔚民, 校. 北京: 中国政法大学出版社, 2011: 9-10.

[2] 查士丁尼. 法学总论——法学阶梯 [M]. 张企泰, 译. 北京: 商务印书馆, 1989: 52.

权人的土地向中心线划垂直线。河流两岸的土地所有权人按比例获得相应的河床土地。如果河流又流了回来,那么,河流沿岸的土地所有权人无偿丧失已获得的土地。

中国古代,有关自然扩张的规定,相当于罗马法上的添附。自然扩张是指由于江河湖泊之水自然退落,或者泥沙淤积而成的新土地。

《宋刑统》引《田令》规定:"诸田为水侵射不依旧流,新出之地,先给被侵之家。若别县界,新出依收授法,其两岸异管,从正流为断。"[①] 从《宋刑统》引《田令》的规定可以看出,凡是河流断流,原来河流的流向发生了变化,河床裸露,产生了土地,那么新产生的土地应该先给被河水侵占的原有的土地所有权人,剩下的就分给两岸的土地所有权人所有。如果河流两岸属于不同的县管辖,那么就要从河流中间划一条中心线,然后将新出的土地分给两岸的土地所有权人所有。

(四) 河洲

罗马时代,经常会出现河中长出岛屿的情况。罗马时代法学家认为,从节约资源、防止浪费的角度出发,应当将河中产生的岛屿无偿分配给河流两岸的土地所有权人。

保罗在《论萨宾》第16卷中指出:"对于拥有河流同一侧沿岸土地的人们来说,如果在河流中产生了一个岛屿,那么它并不是不分份额地归他们共同所有,而是分成若干块。每一块都与其中一人所拥有的沿岸土地相对应,就如同在岛上划出了笔直的界限,其中每一个人都拥有特定的地块。"[②] 在保罗看来,如果河流中产生了岛屿,那么它应该分成若干块,而不是平均地划归河流沿岸的土地所有权人所有。简单讲,就是在河流的中间划一条中心线,然后从土地所有权人的土地向中心线划垂直线,那么这个岛屿分到的部分就归他所有。从这个角度讲,每个人分到的地块是不同的,跟他自己本人的原有土地面积的大小是有关系的。如果原有土地面积大,那么他可能分到的岛

[①] 窦仪,等. 宋刑统 [M]. 北京:中华书局,1984:205.
[②] 学说汇纂第41卷:所有权、占有与时效取得 [M]. 贾婉婷,译. 纪蔚民,校. 北京:中国政法大学出版社,2011:41.

屿的土地面积就大；如果原有的土地面积小，那么他可能分到的岛屿的土地面积就小。因此，在罗马时代著名法学家保罗看来，河流中产生的岛屿不是平均分配的，也就是说不是由土地沿岸的所有权人共同所有的。

五、大陆法系国家有关添附的法律规定

英国著名的哲学家、法学家休谟指出：添附，从某种意义上说是一种对占有空间的划分。"当某些对象和已经成为我们财产的对象密切联系着，而同时又比后者较为微小的时候，于是我们就借着添附（accession）关系而对前者获得财产权。"[①]

（一）动产与动产的附合

大陆法系国家民法普遍规定，主物的所有权人取得从物的所有权。

《瑞士民法典》第727条第2款明确规定：一动产与他人的另一同类动产混合或者附合，并为他人动产的附属部分时，该全物归属于主要部分的所有人。《日本民法典》第243条明确规定：分属于数个所有人的数个动产，因附合致非毁损不能分离时，其合成物的所有权，属于主动产的所有人。《日本民法典》第245条明确规定：前二条的规定，准用于属于数个所有人的物混合至不能识别情形。《德国民法典》第947（1）条（附合于动产）明确规定：数动产因相互附合而成为一个合成物的重要组成部分的，各原所有权人成为该合成物的共同所有人；其应有份额按各物在附合时的价值比例加以确定。《德国民法典》第947（2）条规定：其中一物应视为主物的，该物的所有权人取得单独所有权。

《德国民法典》第948（1）条规定了混合的情况，该条明确规定：数动产因相互混合或者融合而不可分割的，准用947条的规定。同时规定分割混合物或者融合物的费用过巨的，视为与不能分割相同。《法国民法典》第565条明确规定：分别属于两个不同所有人的两件动产物品的添附权，应完全按自然平衡的原则处理。《德国民法典》第946条明确规定：动产因附合于土地

---

① 休谟. 人性论 [M]. 关文运. 译. 北京：商务印书馆，1980：549.

而成为土地的重要组成部分的，土地的所有权扩及该动产。

（二）动产与不动产的添附

大陆法系国家普遍规定，种植物或建筑物归土地所有权人所有。

《法国民法典》规定了建筑物与土地的添附，《法国民法典》第554条（1960年5月17日第60—464号法律）规定：土地所有权人用原不属于其本人所有的材料进行建筑、栽种或工程者，应当偿还按支付日计算的材料的价款，如有必要，得被判处损害赔偿；但是，材料所有权人没有拆取此种材料的权利。《法国民法典》第555条（1960年5月17日第60—464号法律）规定：第三人使用属于其自己的材料在他人土地上进行的建筑、栽种或者工程，土地所有权人有权或者保留此建筑、栽种或工程的所有权，或者强制第三人拆除之。

（三）不动产与不动产的添附

大陆法系国家普遍规定，河流沿岸自然增长的土地归沿岸的土地所有权人所有。

《法国民法典》第556条（淤涨）明确规定：江河岸边因冲击而逐步形成的自然增加土地，称为"冲击地"。同时规定：不论是可航行的江河，还是可漂流的江河，冲击地均为岸边的土地所有人带来利益。《法国民法典》第559（冲断）条明确规定：被卷走的土地的所有权人应当在当年内提出诉讼请求。《法国民法典》第563条（河流改道）明确规定：河床成为土地，河岸土地的所有权人可以取得原河床该段一侧的所有权。《法国民法典》第560条明确规定：沙洲、小岛或滩涂……属于国家。

第六节　加工

一、概念

加工是指所有人以外的人将原物加工成新的物的法律事实。在罗马社会，特别是罗马的农业时代，加工行为是非常常见且重要的行为。没有加工行为的存在，人们的生产、生活将无法顺利进行。

江平、米健在对罗马法上的加工行为进行定义时指出："以他人的材料对某物以一定的方法和技巧进行有目的、有价值完善加工，制造出一种新物（nova species）并取得其所有权，均属罗马法上的加工（specificatio）。"[1]

二、罗马法上加工物的归属

（一）归原材料所有权人所有

按照罗马时代法学家的观点，除非所有权人有将加工物归加工者所有的意思，一般，在加工物的形态只是发生了外形上的变化而性质本身没有变化的情况下，加工物归原材料所有人所有。正如加利斯特拉图斯在《法学阶梯》第2卷中指出的："除非是出于所有权人的意愿以他人的名义作出上述行为，因为如果得到了所有权人的同意，那么该物就归以其名义作出该行为之人所有。"[2] 盖尤斯指出："萨宾和卡西则认为，根据自然理性，材料的主人也同样是由这些材料做成的物的主人，因为没有材料就不可能做成新的物。正如有人用金、银或铜做成一个盆；或者用你的木板做成衣柜、船或椅子；或者用你的羊毛做成衣服；或者用你的酒和蜂蜜酿成蜜酒；或者用你的药物做成药膏或眼药水；或者用你的葡萄、橄榄、麦穗制成酒、油或小麦。"[3] 可以看出，萨宾学派认为，加工物归原材料所有权人所有。

（二）归加工者所有

按照罗马时代普罗库路斯学派的基本观点，只要是用我的材料让你给我加工成了物，那么加工物就应该归加工人所有，不管这个原材料能不能回到原来的状态。"如果有人以自己的名义，用他人的材料制成了新的物，内尔瓦

---

[1] 江平，米健. 罗马法基础[M]. 3版. 北京：中国政法大学出版社，2004：201.
[2] 学说汇纂第41卷：所有权、占有与时效取得[M]. 贾婉婷，译. 纪蔚民，校. 北京：中国政法大学出版社，2011：37.
[3] 学说汇纂第41卷：所有权、占有与时效取得[M]. 贾婉婷，译. 纪蔚民，校. 北京：中国政法大学出版社，2011：13.

和普罗库路斯认为新物应当归加工人所有，因为物是他做出来的，在他之前该物并不存在。"①

在罗马时代法学家看来，如果某个物由不同的所有权人共同拥有所有权，那么在判断该物归属时，不能够将它归所有人共同所有，而应该只归以其名义进行加工的人所有。正如彭波尼所言："如果数个人同时提供了不同的材料，并且有人用这些材料制成了一种药物，或者用煮熟的香料做成药膏，此时原料的所有权人并不能主张新物归其所有。在这种情况下，多数人认为该物应归以其名义进行加工的人所有。"② 罗马法上，这样规定主要的目的是避免某物归所有权人共同所有可能发生的纠纷。

（三）区别对待

罗马法上普罗库路斯学派注重加工人的劳动，主张新物品归加工人所有；萨比努斯学派则注意保护原材料所有权人的利益，主张加工物归原材料所有权人所有。查士丁尼统治的时代明确规定，加工物可恢复原状的，归原材料所有权人所有，加工物不能够恢复原状的归加工者所有。

盖尤斯就已指出：

> 然而，还存在着一种有道理的折中观点：如果做成的新物可以还原成原材料，则萨宾和卡西的观点更为正确；如果不能，则内尔瓦和普罗库勒的观点更为正确。例如，做好的盆已还原成金块、银块或铜块，而制成的酒、油、小麦则无法还原成葡萄、橄榄或麦穗。无疑蜜酒、药膏、眼药水也无法还原成酒、蜂蜜或药材。然而在我看来以下这一说法是正确的：从他人的麦穗中收获的小麦仍归麦穗所有人所有。因为包含在麦穗中的小麦已经有了自己的性状，收割麦穗的人并没有创造新的物，而是事实已存在的物显露出来。③

---

① 学说汇纂第41卷：所有权、占有与时效取得［M］.贾婉婷，译.纪蔚民，校.北京：中国政法大学出版社，2011：13.
② 学说汇纂第41卷：所有权、占有与时效取得［M］.贾婉婷，译.纪蔚民，校.北京：中国政法大学出版社，2011：39.
③ 学说汇纂第41卷：所有权、占有与时效取得［M］.贾婉婷，译.纪蔚民，校.北京：中国政法大学出版社，2011：13.

罗马时代，对于加工而成的新物归谁所有，萨比努斯学派和普罗库路斯学派的主张各不相同，普罗库路斯学派认为，加工物应当归加工者所有，而萨比努斯学派则认为加工物应当归原材料所有权人所有。

到了帝国时代，查士丁尼皇帝在《学说汇纂》编纂的过程中，综合了普罗库路斯学派和萨比努斯学派的基本观点，做出了新的规定：如果制成的新物能够回到原材料状态的，那么加工物归原材料所有权人所有。如果制成的新物没有办法回到原材料状态的，则制成的新物归加工者所有。罗马时代的法学家认为，可以回到原材料状态的物，比如做好的盘，可以还原成金块、银块或者铜块。而制成的酒，油和小麦则无法回到葡萄、橄榄或者麦穗的原材料状态。按照罗马时代法学家的观点，蜜酒、药膏和眼药水也无法还原成酒、蜂蜜或者药材。但是罗马时代的法学家对其中一种特殊情况进行了解说，就是从他人麦穗中收获的小麦，属于可以回到原材料状态的物，还是不能够回到原材料状态的物？罗马时代法学家认为，从他人麦穗中收获的小麦，尽管从表面上来看，这个小麦有了自己的属性，但是收割麦穗的人并没有创造新的物，而小麦和麦穗事实上已存在，并且显露出来，所以罗马时代的法学家认为，从他人的麦穗中收获的小麦仍归麦穗所有人所有，也就是原材料所有权人所有。

在罗马法学家保罗看来，有一些物虽然没有办法回到原来的形态，比如，铜做成的雕像不再是铜块，或者用银做成的茶杯不再是银块，但是银或者铜能够回到原材料状态，用铜做成的雕像在属性上仍然属于铜，用银做成的茶杯，在属性上仍然属于银。那么，在这种情况下，加工成的新物，归原材料所有权人所有。正如保罗在《论萨宾》第14卷中所言："对于一切无法还原成原有形态的物来说，应该认为，如果材质不变而只是外形发生了变化，例如，你用我的铜做成了一尊雕像，或者用银做成了茶杯，那么新做成的物仍归我所有。"[①]

[①] 学说汇纂第41卷：所有权、占有与时效取得 [M]．贾婉婷，译．纪蔚民，校．北京：中国政法大学出版社，2011：37.

（四）共同所有

罗马时代法学家还发现，有一种情况，就是将不同的两个所有权人的材料经过加工以后焊接在一起，当加工物所有权发生纠纷时，该加工物如何判断其归属的问题。按照普罗库路斯学派的观点，加工成的新物应按照两个不同所有权人的物所占的比重和物的价值来判断。新物的归属，如果没有办法判断谁的材料价值更高时，加工物归原材料所有权人共同所有。正如彭波尼所言：

> 如果将分别归两人所有的物焊接在一起，当人们探讨新物应归谁所有时，卡西认为，应当根据估算出的物的比例或不同的物的价值来确定【新物的归属】。但是如果无法区分出哪部分更为重要，那么是否应当认为新物归双方共有，就如同物发生混合的情形一样？还是应当认为它归以其名义做成该物的人所有？普罗库路斯和贝加苏斯认为，它仍归原物的所有人所有。①

罗马时代法学家认为，如果羊毛被染成红色，仍然归原材料所有权人所有。因为染成红色以后，这个红色是可以褪色的。原材料的本质没有改变，因此被染成红色的羊毛，仍然归原材料所有权人所有。正如保罗所言："如果你将我的羊毛染成红色，拉贝奥认为它仍归我所有，因为我的羊毛被染成红色和由于它们掉进泥水或污水中从而失去原来的颜色之间并没有实质的差别。"②

三、大陆法系国家法律关于加工物归属的规定

大陆法系国家法律普遍规定，加工物归原材料所有权人所有。但是，加工费用明显高于原材料费用的，归加工者所有。

---

① 学说汇纂第41卷：所有权、占有与时效取得［M］.贾婉婷，译.纪蔚民，校.北京：中国政法大学出版社，2011：39.
② 学说汇纂第41卷：所有权、占有与时效取得［M］.贾婉婷，译.纪蔚民，校.北京：中国政法大学出版社，2011：39.

《法国民法典》第570条（1960年5月17日第60—464号法律）明确规定：无论被使用的材料是否能恢复原来的形态，此种材料的所有权人均有权请求已作成的物品，并偿还加工的手工费用。《法国民法典》第571条（1960年5月17日第60—464号法律）明确规定：手工费用极高……加工人有权留置其加工的物品，并向材料所有人偿还材料的价金。

《日本民法典》第246条第1款明确规定：为他人动产加工时，加工物的所有权属于材料所有人，但是，因加工致其价格显著超过材料价格时，加工人取得该物所有权。《日本民法典》第246条第2款明确规定：加工人曾提供部分材料时，以其价格加上因加工而产生的价格超过他人材料价格时为限，加工人取得该物所有权。《瑞士民法典》第726条第1款明确规定：加工或改造他人的物，加工费高于原料本身的价值时，加工人取得物的所有权。反之，所有权归属于原料的所有人。《德国民法典》第950条第1款明确规定，加工人取得对新物的所有权，但以加工或者改造的价值不明显少于材料的价值为限。

第六章

他物权之地役权

第一节 地役权概述

一、地役权的概念

地役权是为自己土地的便利而利用他人土地的权利。

罗马法学家把地役权划分为城市地役和乡村地役。

从字面意思来理解，地役权是为了个人土地利用的便利，而利用他人土地的权利。正如英国学者巴里·尼古拉斯所言："这是针对某一特定的土地或者建筑物行使的并且与另一土地或者建筑物相联系的物权。"[1] 意大利学者彭梵得指出："地役权是为一块被称作需役地的土地而设立的，它几乎被视为该需役地的附属品和它的一种品格。"[2]

从根本上讲，地役权是为了一个不动产的利益，而在另一个不动产上设定的使用权。地役权的设定通常涉及两块土地，提供便利的土地称为供役地，需要利用他人提供便利的土地称为需役地。

---

[1] 尼古拉斯. 罗马法概论 [M]. 黄风, 译. 北京：法律出版社, 2000：150.
[2] 彭梵得. 罗马法教科书 [M]. 黄风, 译. 北京：中国政法大学出版社, 1992：253.

二、地役权概况

罗马时代，地役权作为他物权，地位显赫，是罗马社会，特别是罗马农业社会一项十分重要的役权。一般而言，罗马时代法学家将他物权根据现实的需要分为两类：地役权与人役权。法学家认为，人们对他人之物的利用基于两种情况，一种是土地利用的需要，因此，将这种需要设定的役权称为地役权。另外一种是为了满足人的基本生产、生活需要设定的他物权，称为人役权。罗马时代，土地的利用需求是一种广泛而重要的需求，由此设定的地役权就成为一种十分重要的他物权，从而与人役权平起平坐，并行不悖。罗马时代，作为与人役权并行的另外一种他物权，地役权在现实生活中是一种十分重要的他物权。

地役权之所以重要，有两个方面的原因，一方面，罗马时代土地高度私有化。从罗马早期《十二表法》的规定可以看出，由于土地的高度私有化，每一块土地的所有权人都必须为公共通行需要做出让步。由于土地高度私有化，两块土地的所有权人，也即供役地和需役地的土地所有权人，只能就各种土地利用关系进行协商。另一方面，地役权的高度发达，与罗马农业社会的社会发展状况息息相关。早期社会，生产力发展水平较低，尽管帝国时期罗马的商品经济有了长足发展，但农业与农村经济依然是罗马的支柱产业。在农业经济占据主导地位的社会环境下，土地的利用需求不仅显得广泛多元，而且显得十分迫切。由于土地高度私有化和土地利用需求多元化，如果不在他人土地上设定权利，不能够充分利用他人土地，需役地所有权人的各种土地利用需求将难以实现。甚至可以说，离开了供役地的支持，需役地人将寸步难行。这也是地役权作为罗马法律中一项重要的他物权，能够与人役权平分秋色的重要原因。

罗马农业社会，人们的需求多种多样。例如，自己没有牧场，但是有一群羊，就需要给这群羊寻找牧场。而邻居的土地上恰好有一座山，那么我就可以和他签订一个协议，我在他的山上放牧一群羊，一年给他一些钱。我要去单位上班，如果经过公共土地，公共道路需要半小时，通过邻居的土地，只要五分钟就可以到达单位，这个时候，我就可以和邻居协商确立一个通行役权，就通行时长和价金进行协商。我有一些建筑材料无处堆放，而邻居家的院子很大，我就可以和他协商确立一个堆放地役。

罗马时代法律规定，地役权的设定必须有两块土地的存在。乌尔比安在《法学阶梯》第 2 卷中指出："没有土地就无法被设立：因为自己没有土地的人不能获得城市或乡村土地上的役权；没有自己的土地也不能设立役权负担。"① 从乌尔比安的观点可以看出，地役权首先是以土地为依托设立的。其次，地役权是由于自己土地的需要，也即为自己土地提供便利的需要而设立。就此而言，城市地役是就建筑物的利用需要设立的。因为，只要看到建筑物，人们就会联想到城市。城市和建筑物之间似乎有着不可分割的联系。因为这个缘故，罗马法学家以建筑物利用为目的设定给了地役权一个好听的名字：城市地役。正如意大利学者彭梵得所言："如果需役地是一座建筑物，役权则为城市地役权，如果需役地不是这种情况但供役地是建筑物，仍为城市地役权，其他情形则属于乡村地役权。"② 在罗马法上，城市地役权在设定时，是以建筑物为依托的。只要供役地或需役地一方为建筑物，即可设定城市地役权。

三、地役权的特点

（一）地役权必须在他人土地上设立

关于在土地上设置地役权的问题，罗马时代法律认为，必须在两块不同所有权人的土地上设立地役权。现在的问题是，甲有两块土地，甲将其中一块土地卖给了乙。那么，甲是否能在卖给乙的那块土地上设定地役权呢？罗马时代法律认为是可以的，盖尤斯在《论行省告示》第 7 卷中指出："如果所有权人将两块土地中的其中一块以下列条款将所有权转让给你：给你的土地将对他自己保留的那块土地负担一项役权，或者相反。那么人们认为役权是

---

① 学说汇纂第 8 卷：地役权 [M]．陈汉，译．纪蔚民，校．北京：中国政法大学出版社，2009：109.

② 彭梵得．罗马法教科书 [M]．黄风，译．北京：中国政法大学出版社，1992：253.

依法设立的。"① 盖尤斯认为，将自己两块土地中的一块卖予他人，可以在卖予他人的土地上设定地役权。两块土地中的一块，既可以是供役地，也可以是需役地。如果一块土地是自己的，另外一块土地是共有土地。将共有土地出售后，自己能否在共有土地上设立地役权呢？罗马时代法律认为是不行的。凡是需要在共有土地上设定地役权的，都需要经过全体共有人的同意，不能以个人意志单独设立。盖尤斯在《书信集》第2卷中指出："如果我一个人出售了一块共有地，我不能让土地向我和我的共有人负担一项役权，因为共有人之一不能为整个共有土地取得一项役权。"②

罗马时代法律规定，地役权不能在神法物或者人法物这些不属于自己的土地上设立。罗马时代法律认为，禁止建筑物加高地役这条不能在神法物——坟墓上设定。雅沃伦在《评卡西》第10卷中指出："不能担保坟墓不超过某一高度，因为不能对已经不再属于人法范畴的物设立役权。"③

（二）应当以需役地所有权人的需要为限

罗马时代法学家认为，需役地所有权人的权利，须以需役地的需要为限，不能够给供役地增加太多负担。乌尔比安在《论告示》第21卷中指出：

> 某人是用轿子或者担架通行的话，称之为通行，而不是运输通行。此外，个人通行权的权利人，不能驱赶驮兽经过；运输通行权的权利人则既可以驾驶车辆通行，也可以驱赶驮兽通行。但是，此两者都无权拖着石块或者木梁【通行】。部分法学家认为甚至不能带着一个直的木杆，因为这样做既不是为了自己通行，也不是运输通行，并且这样做地里的果实将可能受损。道路通行权的权利人，则可以自己通行，也可以运输通行；并且大部分法学家都认为同时有权带着直的木杆通行，只要不损

---

① 学说汇纂第8卷：地役权 [M]. 陈汉，译. 纪蔚民，校. 北京：中国政法大学出版社，2009：111.
② 学说汇纂第8卷：地役权 [M]. 陈汉，译. 纪蔚民，校. 北京：中国政法大学出版社，2009：111.
③ 学说汇纂第8卷：地役权 [M]. 陈汉，译. 纪蔚民，校. 北京：中国政法大学出版社，2009：111.

害地里的果实。①

乌尔比安认为，如果某个人用轿子或者担架通行，只能设定通行权，不能设定运输通行权。设定了个人通行权的人不能驱赶驮兽经过供役地的土地。而设立了运输通行权的，则可以驾驶车辆或者驱赶驮兽通过。但是运输通行权设定的过程中，需役地所有权人没有权利拖着石块或者木梁通行。这样规定，主要的目的就是减少对供役地造成的损伤。至于供役地所有权人能不能够带着一个直的木杆通行，法学家的观点不同。有些法学家认为不行，而绝大部分的法学家认为，可以带着直的木杆通行，但是要不损害地里的果实。如果损害了地里的果实就不能够带着直的木杆通行。从罗马时代的法律规定可以看出，需役地所有权人权利的行使应以需役地所有权人的需要为限，不能够增加供役地的负担。这也是罗马时代法学家认为应当节约资源，减少资源浪费，减少对他人特别是对供役地造成损害的具体体现。

罗马时代法学家认为，一块土地的所有权人遇有紧迫的生产、生活需求，才能在他人土地上设立役权。原因在于地役权的设定，实际上多多少少会给供役地造成损伤或增加供役地的负担，给供役地造成破坏。因此，罗马法律规定非必要不得设立地役权。如果某一块土地的所有权人因为有狩猎或者娱乐的需要，想要在他人土地上设定地役权的，都不为法律允许。保罗在《论普拉蒂》第15卷中明确指出："不能为了获准在他人土地上采摘果实，散步或者野餐而设立一项役权。"② 保罗认为，在他人土地上采摘果实、散步或者野餐，都是一种娱乐需要，不是生产、生活方面的迫切需要。考虑到保护供役地所有权人的合法权益，防止给供役地造成不必要的损伤，罗马法律规定，不能就采摘果实、散步、野餐等娱乐性质的需要设定地役权。

（三）在共有土地上设定地役权，应征得全体共有人同意

罗马时代，有可能在一块共有土地上设定役权。为了保证地役权的顺利

---

① 学说汇纂第8卷：地役权 [M]. 陈汉，译. 纪蔚民，校. 北京：中国政法大学出版社，2009：77.

② 学说汇纂第8卷：地役权 [M]. 陈汉，译. 纪蔚民，校. 北京：中国政法大学出版社，2009：7.

设立，罗马时代法学家认为，在共有土地上设定地役权，应当征得所有土地共有人的同意，如果其中有人不同意，那么地役权无法设定。按照罗马时代一物一权的观念，尽管一块土地可以有多人共同所有，但是他们的所有权只有一个。因此当在这块土地上设定地役权时，应当征得所有土地共有人的同意，如果有人不同意，则地役权不能够设定。

杰尔苏在《学说汇纂》第27卷中指出："当一块土地属于若干人之时，我在其上通行和运输的权利可分别由每个共有人授予我。因此从狭义上讲，除非全体人授予了这种权利，否则我就不能取得它，并且只有最后一人的授权才能使先前各个人的授权生效。然而从广义上讲，在最后一个人授权之前，先做出授权的那些人不能禁止我行使已授予我的权利。"① 按照罗马时代著名法学家杰尔苏的观点，当一块土地归若干人共同所有时，在上面设定的通行或者运输权应当得到全体共同所有人的同意，因为它是一个完整的所有权，所以当其中有人不同意时，这个授权不能够发挥作用，即不能够生效。

（四）在一块土地上只能设定一个地役权

罗马时代的法学家认为，在一块土地上只能设定一项地役权，如果已经设定了通行权就不能再设定引水权。如果已经设定了引水权，就不能够再设定通行权，主要目的是减少对供役地造成的损伤。正如彭波尼在《论昆图斯·穆奇乌斯》第32卷中所言："对于我要为某人设立道路通行权之地，我不得再为另一人设立引水权；同样我要授予某人引水权，我也不能通过出售或者其他方式在同一地点给其他人设立一项个人通行役权。"②

（五）地役权应当完整地设置或者丧失

罗马时代法学家认为，地役权是一项完整的权利，设定在一块土地上，要么整体获得，要么整体丧失。乌尔比安在《论萨宾》第14卷中指出：

> 通过多块土地的一条道路，道路通行权视为是一项。因此提出一个问题，如果在将导致役权丧失的时间内，我只通过一块土地而不通过其

---

① 学说汇纂第8卷：地役权 [M]. 陈汉，译. 纪蔚民，校. 北京：中国政法大学出版社，2009：81.
② 学说汇纂第8卷：地役权 [M]. 陈汉，译. 纪蔚民，校. 北京：中国政法大学出版社，2009：85.

他土地通行的方式,能否保持我的役权?更可接受的观点是要么丧失整个役权,要么整个役权得到保留。因此,如果不在任何土地上通行,则丧失整个役权;但即使只在一块土地上【通行】,那么整个役权将得到保留。①

罗马时代的法学家乌尔比安认为,通行役权设定以后是一项完整的权利。不考虑设置的具体的方位。作为完整的地役权,要么整体获得,要么整体丧失。通行役权设定的时候是设定在了几块土地上,但是如果只在一块土地上通行,那么整个役权也会得以保留。不会因为需役地所有权人只在一块土地上通行,而丧失其他土地的通行役权。

(六)当需役地所有权人和供役地所有权人身份合一时,地役权丧失

罗马时代法学家认为,地役权的存在以两块土地,也即以需役地和供役地的同时存在为前提,如果需地人和供役地人身份合一,两块土地变成了一个人的土地,那么地役权丧失。尤里安在《评米尼奇》第2卷中指出:

> 三块相互邻接的土地分别属于三个人,最下面那块土地的所有权人为其土地获得了从最上面那块土地引水的役权,他经中间那块土地的所有权人同意而经其土地将水引向他自己的土地,后来他购买了最上面的那块土地,随后又卖掉了导入水的最下面的那块土地。提出了问题:两个土地变成为同一个所有权人所有,在这两块土地之间不可能存在役权,因而最下面那块土地是否丧失了引水权?【法学家】认为那一役权并未丧失,因为引水经过的那块土地是另一个人的。就像只有将水引入中间那块土地,最上面那块土地才能负担水被引至最下面那块土地的役权一样,只有水不流经中间那块土地或者三块土地都变成了同一个所有权人的土地之时,最下面那块土地的该役权才能消失。②

在罗马法学家尤里安看来,如果三块土地属于三个人,但是其中一个人

---

① 学说汇纂第8卷:地役权 [M].陈汉,译.纪蔚民,校.北京:中国政法大学出版社,2009:87.
② 学说汇纂第8卷:地役权 [M].陈汉,译.纪蔚民,校.北京:中国政法大学出版社,2009:99.

将最上面一块土地上的水经过中间土地引入自己的土地上。他购买了最上面的土地，又将自己最下面的土地卖出。那么在这种情况下，设定在土地上的地役权是否存在的问题？罗马时代法学家尤里安认为，只要三块土地的所有权人身份没有合一，那么土地上的役权就存在。在这种情况下，原来属于三个人的土地现在变成属于两个人所有，最上面的土地和中间的土地仍然属于不同的所有权人所有。所以原来设定的地役权仍然存在，不会因为最下面的土地卖出而丧失。

（七）不能在无价值的土地上设定地役权

罗马时代法律认为，地役权不能在自己的土地上设立。原因在于作为土地的利用关系，必须以另外一块土地为基础，比如道路的远程通行行为无法在自己土地上完成。罗马时代法学家认为，无法发挥地役权价值的土地不能设立地役权。彭波尼在《论萨宾》第33卷中指出："如果役权既不利于人，也不利于土地，那么【役权的设立】无效。"①

（八）地役权随土地而始终

罗马时代，由于地役权的相对独立性，因此地役权的行使，不受土地所有权转让的影响，与土地所有权相始终。比如甲与乙协商在甲的土地上设立通行地役，随后甲将土地出卖给了丙，甲与乙协商确立的通行地役时间尚未届满，这个通行役权是否会随着土地的流转而失效呢？罗马法学家认为，不会出现这种情况，原有的通行地役继续生效，不因为土地流转而受影响。正如美国学者艾伦·沃森所言，罗马时代，"地役权（praedial serevitudes）完全被当作是与土地所有权相独立的一类权利。"②

地役权相对独立，罗马时代法学家认为："如果一块供役地或需役地被没收，役权仍然存在。因为土地在被没收后，其所处的法律地位不变。"③

---

① 学说汇纂第8卷：地役权[M].陈汉，译.纪蔚民，校.北京：中国政法大学出版社，2009：15.
② 沃森.民法法系的演变及形成[M].李静冰，姚新华，译.北京：中国政法大学出版社，1992：25.
③ 学说汇纂第8卷：地役权[M].陈汉，译.纪蔚民，校.北京：中国政法大学出版社，2009：93.

地役权随土地而始终。保罗在《解答集》第 2 卷中指出："在出售人两块土地中那块他本人保留下来的土地之上负担了一项引水的役权，如果出售了的土地再次转让，役权一直附随于其上。"[①]

第二节 乡村地役

一、概念

乡村地役又称为田野地役，是基于土地的利用需要而设定的地役权。乌尔比安在《法学阶梯》第 2 卷中指出，乡村地役权包括个人通行权、运输通行权、道路通行权和引水权。

个人通行权是某人享有通过或步行通过【他人土地】的权利，而非驱赶驮兽经过他人土地的权利；运输通行权是驾驭驮兽、车辆经过【他人土地】的权利。因此享有个人通行权的人无运输通行权，享有运输通行权的人却享有个人通行权。道路通行权是行走、运输及散步经过【他人土地】的权利，因为道路通行权包含个人通行权和运输通行权。引水权是经过他人土地引水的权利。[②]

罗马时代著名法学家乌尔比安将乡村地役权分为通行权和引水权。通行权中包含了个人通行权、运输通行权和道路通行权。

二、通行地役

通行地役包括了步行地役、兽畜通行地役、货车通行地役、水上通行地役等。

[①] 学说汇纂第 8 卷：地役权 [M]. 陈汉, 译. 纪蔚民, 校. 北京：中国政法大学出版社，2009：105.
[②] 学说汇纂第 8 卷：地役权 [M]. 陈汉, 译. 纪蔚民, 校. 北京：中国政法大学出版社，2009：67.

（一）步行地役

在罗马法上，步行地役是徒步通过他人土地行驶的权利。杰尔苏在《学说汇纂》第5卷中指出：

> 如果转让或者给予某人一条他人土地上的道路通行权，但是没有明确的路线，那么将被允许不受限制地个人通行及运输通行，也就是说，只要是以一种常规的方式可以在该土地的任何地方通行：因为在口头表述中，有些内容是默认地被排除的。事实上，如果在同样便利的条件下能够另做通行或者能够更少地损害供役地的话，人们不允许穿过农庄或者葡萄园中间让个人通行或者运输通行。实际上，个人和运输通行都应当沿着最初形成的通道通行，而没有改变它的权利；萨宾似乎也这么认为，他举例说在最初可以随意通行，但一旦形成了通道，则不能改变路线；上述规则也应适用于道路通行权。[①]

罗马时代的法学家杰尔苏认为，如果在设定通行权时，没有指定明确的路线，那么需役地所有权人可以在供役地上随意通行。当然在可能的情况下，应尽量减少对供役地的损害。罗马法律规定，不能够随意穿越农庄或者葡萄园让个人通行或者运输通行。罗马时代的法学家杰尔苏认为，个人通行或者运输通行应沿着最初形成的通道，不能够随意地在农庄或者葡萄园中行走。这样规定的目的，是尽可能减少对供役地的损害，同时又满足需役地人的通行需要。

（二）货车通行地役

在罗马法上，货车通行地役是载货车辆在供役地上通行的地役。彭波尼在《论昆图斯·穆奇乌斯》第14卷中指出："如果授予一项道路通行权，但确定下来的地方是如此的狭窄以至于既不能让车通行也不能让驮兽通行，那么所设立的应当是个人通行权而不是道路通行权或者运输通行权；但是如果

[①] 学说汇纂第8卷：地役权[M].陈汉，译.纪蔚民，校.北京：中国政法大学出版社，2009：9.

能够让驮兽通行而车辆无法通行，那么所设立的则是运输通行权。"① 按照罗马时代著名法学家彭波尼的观点，两个人也就是供役地人和需役地所有权人签订了通行合同，如果在合同中规定了一项道路通行权，但是因为通行地方狭窄不能够让车辆通过，也不能让驮兽通过，那么设定的这个通行权推定为个人通行权。假如能够徒步通过而车辆无法通行，那么设立的就是步行通行权。罗马时代的法学家认为，通行权的确定，要以现实的通行情况为基础做出考虑。

马尔切罗在《学说汇纂》第4卷中指出：

> 高卢斯对马尔切罗说：我有两个房子，一个遗赠与你；继承人加高了另外一个房子以至于挡住了你的采光，你如何起诉他呢？你认为他加高的是他自己的房子还是他继承所得的房子会有区别吗？此外，我还想问个问题：就如经常问到的，如果某人受遗赠得到土地的用益权，但是如果不经过他人的房屋则不能进入该受遗赠的土地，继承人是否有义务要给受遗赠人确保经过他人房屋的一条通道。马尔切罗回答说：如果某人有两座房屋，遗赠了一座，毫无疑问的是他的继承人可以通过加高而挡住被遗赠的那座房屋。如果遗赠给一方一座建筑物，给另一方第二座建筑物的用益权，适用同样的规则。但是对于通行权的问题则不总是同一答案，因为无法通行，那么用益权【的设立在法律上属于】无效；相反，即使采光被挡，还是能在房屋里居住的。在被授予某土地的用益权之时，应当给予通行权；同理，如果被授予了汲水权，那么也应当被确保为汲水而需要的通道，但是允许遮挡采光和遮挡他人受遗赠的房屋，不能够到完全遮挡光线的程度，而是要让房屋的住户在一定程度上能够白天使用。②

罗马时代的法学家马尔切罗认为，如果某人接受遗赠获得土地用益权，

---

① 学说汇纂第8卷：地役权[M].陈汉,译.纪蔚民,校.北京：中国政法大学出版社,2009：11.
② 学说汇纂第8卷：地役权[M].陈汉,译.纪蔚民,校.北京：中国政法大学出版社,2009：29.

那么，应该给予其土地通行权，也就是说通行权是附加存在的，因为如果没有通行权，用益权将无法发挥作用。

罗马时代法学家认为，通行权有运输通行权和个人通行权的区别。莫特斯丁在《区别集》第9卷中指出："在运输通道和个人通道之间的区别并非微小：因为个人通道是指步行或者骑马通行的地方；而运输通道，确切地说，是驱赶牲畜群和驾车通过的地方。"① 按照罗马时代著名法学家莫特斯丁的观点，运输通行权和个人通行权的区分是很显著的，个人通行权只能步行或者骑马通过供役地人的土地。而运输通行权，则可以驾车或者驱赶牲畜通过他人土地。

通行权的通道宽度可以由供役地所有权人和需役地所有权人商量设定。罗马时代法学家认为，运输通道和个人通道的宽度由约定所确定。因此，如果没有任何约定，则应当由一位仲裁者来确定。对于道路通行权是另外一回事。如果没有约定宽度，则应遵从法定的宽度。罗马时代法学家认为，通道的宽度可以由双方来确定，但是如果没有约定宽度则应当遵从法定的宽度。

罗马时代法学家认为，如果双方在通行地点没有确定宽度，而且没有确定方位，那么需役地人可以在指定的土地上随意通行，但是在通行的过程中要遵循法律规定的宽度，以免给供役地所有权人的土地造成更多的损伤。正如雅沃伦所言："如果只是讲明了地点而没有确定其宽度，那么就可以在该地任何方位通行；如果忽略了地点而且同样也没有确定其宽度，则只可以在整块土地上选择一条通道。且不能超过法定的宽度通行。对此如有疑问，应当通过仲裁确定。"②

罗马时代法律认为，个人通行权与道路通行权是有区别的，通常窄于一定尺寸的通行权只能是个人通行权，而非道路通行权。保罗在《论萨宾》第15卷中指出："道路通行权可以设定为宽于或者窄于八尺，只要有足够的宽

---

① 学说汇纂第8卷：地役权 [M]. 陈汉, 译. 纪蔚民, 校. 北京：中国政法大学出版社，2009：81.
② 学说汇纂第8卷：地役权 [M]. 陈汉, 译. 纪蔚民, 校. 北京：中国政法大学出版社，2009：83.

度让一辆车通行；否则的话，是个人通行权而不是道路通行权。"① 从保罗的观点可以看出，个人通行权是窄于八尺的道路，这样的道路可以让个人步行通过，也可以让个人骑马或者坐轿通过。只有宽于八尺的道路才能让载货车辆通过，因而属于道路通行权。罗马时代，为了节约资源，根据不同的尺寸设定不同的通行役权，目的是尽量减少给供役地造成的破坏。

（三）水上通行地役

水上通行权是指需役地权利人通过供役地上的湖泊或者水域航渡的权利。罗马时代，由于土地的高度私有化，湖泊常常为个人所有。这个时候，需役地所有权人如果有航渡需要，可以和供役地权利人协商，设定一个水上通行地役。罗马时代法学家指出："如果在你的土地之上【有】一个永久性的湖泊，也可以设立一项航行过去以到达相邻土地的役权。"②

罗马时代，水上通行役权的设定情况是复杂的。当只需要利用供役地上一块土地实现水上通行时，可在这块土地上设定一项通行役权。如果一条河流流经供役地权利人的几块土地，那么是否能够在几块土地上设定一个通行役权呢？罗马时代法学家认为可以这样做的，水上通行役权可以在供役地权利人的几块土地上设立。保罗在《教科书》第1卷中指出："如果一条河穿过一人所有的几块土地的话，结论也一样。"③

罗马时代，法学家区分了道路通行役权和水上通行役权。保罗在《教科书》第1卷中指出："当中间有一河流之时，如果可以在水浅处通过或者有一桥梁的话，就可以设立道路通行权；如果在浮桥上通行的话，则是另外一回事了。"④ 保罗认为，虽然需要凭借河流完成通行行为，但不是必须设立水上通行役权。在一些特殊情况下，比如从水浅处通过或者从桥梁上通过，都可

---

① 学说汇纂第8卷：地役权［M］.陈汉，译.纪蔚民，校.北京：中国政法大学出版社，2009：91.
② 学说汇纂第8卷：地役权［M］.陈汉，译.纪蔚民，校.北京：中国政法大学出版社，2009：91.
③ 学说汇纂第8卷：地役权［M］.陈汉，译.纪蔚民，校.北京：中国政法大学出版社，2009：107.
④ 学说汇纂第8卷：地役权［M］.陈汉，译.纪蔚民，校.北京：中国政法大学出版社，2009：107.

以设立道路通行役权。如果从临时搭建的浮桥上通过，则不能设立道路通行役权，只能设立水上通行役权，原因在于，浮桥是非永久的，临时使用的，相当于船舶。

　　罗马时代法律认为，可以在不同所有权人的土地上设定不同的通行地役，以便完成统一通行目的。罗马时代，通行需要常常是多元而复杂的。假如甲和乙之间土地相邻，有一条河流从丙的土地流淌到公共道路，甲现在需要完成到达公共道路的通行任务，该怎么办呢？罗马时代法学家认为，甲可以和乙设定道路通行地役，和丙设定水上通行地役。这样甲就能够通过乙的土地、通过丙的河流到达公共道路了，保罗在论《教科书》第1卷中指出："我为了到该路上去希望获得一项通行权，我们确认下面这种做法没有任何障碍：你给我一条通行至河流的通行权；提丘给我一条到达公共道路的通行权。"[①]

三、取水地役

　　取水地役是指需役地所有权人在供役地上取水的地役。取水地役主要包含导水地役和汲水地役。

　　（一）导水地役

　　导水地役就是指需役地权利人，将供役地上的水用管道导入需役地的役权。罗马时代法律规定，供役地权利人与需役地权利人没有明确约定引水土地的方位时，引水地役扩及整个土地。保罗在《论萨宾》第15卷中指出："如果你授权我通过你的土地引水而没有明确在土地的哪一部分让我引水，你的整块土地将负担该项役权。"[②]

　　（二）汲水地役

　　在罗马法上，当无法用管道设施将供役地上的水导入需役地时，可以设立汲水地役。汲水地役，是指在供役地上取水的地役。这种地役权，设立方便，不受地理环境和地势高低的影响，需役地所有权人前往供役地取水即可。

---

① 学说汇纂第8卷：地役权[M]. 陈汉，译. 纪蔚民，校. 北京：中国政法大学出版社，2009：107.
② 学说汇纂第8卷：地役权[M]. 陈汉，译. 纪蔚民，校. 北京：中国政法大学出版社，2009：91.

因此，汲水地役的设定相对宽松，相对灵活。即便需役地和供役地之间有公共土地存在也不受影响。因为汲水地役的实现，不会对公共土地造成损伤。但是，如果在两块土地之间，存在公共土地的情况下，导水地役则无法设立，但是可以设立汲水地役。因为管道不能随意通过公共土地拉建。正如保罗在《论萨宾》第15卷中所言："如果在【两块土地】之间有一块公共土地或者一条公共通道，可以设立汲水役权，但不能设立导水权。"①

罗马时代法学家认为，汲水地役通常表现为有正常的流动水源，但问题是有一些季节性河流或者泉水可能会干枯，干枯一段时间后又恢复了流淌，这种情况应该如何处理呢？罗马时代法律认为，河流或者泉水干枯的时候，汲水地役也即引水地役自动失效，如果河流或者泉水恢复了流淌，那么引水地役自动恢复。保罗在《论普拉蒂》第15卷中指出，如果原来设定的引水地役，因为泉水干枯而中断，"后来泉水又开始流淌。他们请求我恢复其权利……因此我决定，他们在首次不能获得水供应的那一天所享有的引水权应予以恢复。"②

四、其他地役

（一）畜牧地役

畜牧地役，是指需役地权利人在供役地上牧放牲畜的权利。罗马农业时代，如果某人有一群羊，但是没有牧放牲畜的地方该怎么办呢？罗马法学家认为，他可以与邻地所有权人协商设立一项畜牧地役。乌尔比安在《论告示》第17卷中指出："同样，可以设立将耕地之牛放牧于邻地的役权。内拉蒂在《论羊皮纸》第2卷说，可以创设这种役权。"③

（二）堆放地役

罗马农业时代，经常有这种情况，就是某人有一些物品无处堆放，这个

---

① 学说汇纂第8卷：地役权［M］.陈汉，译.纪蔚民，校.北京：中国政法大学出版社，2009：13.
② 学说汇纂第8卷：地役权［M］.陈汉，译.纪蔚民，校.北京：中国政法大学出版社，2009：105.
③ 学说汇纂第8卷：地役权［M］.陈汉，译.纪蔚民，校.北京：中国政法大学出版社，2009：71.

时候他该怎么办呢？罗马法学家认为，他可以和邻地协商设立一项堆放地役。乌尔比安在《论告示》第 17 卷中指出："可以设立一种将农产品集中储存于邻居农场内或可以去邻地取我的葡萄园所需杆子的役权。"① 乌尔比安同时指出："你可以授予其采石场与你土地邻接的邻居将土、碎石、石块抛到你的土地上或让石头滚到你的土地上并将它们留在那里而以后将之运走的役权。"② 罗马时代法学家认为，如果某人有一些物品无处堆放，可与邻居协商设立堆放地役。

除此之外，罗马法上尚有畜牧地役、木材采伐地役、沙土采掘地役等多种地役。在此不再赘述。

第三节 城市地役

城市地役是以建筑物为依托设立的地役权。盖尤斯在《论行省告示》第 7 卷中指出："城市地役权包括：加高役权、挡光役权（servitus lumini bus officiendi）、限制加高役权（servitus alitus non tollendi），同样还有排水役权和不（该字疑衍）反排水役权（servitus stillicidi non avertendi）、搭梁役权，最后还有伸出役权（servitus proici-endi）、遮盖役权以及类似的其他役权。"③

罗马时代法学家认为，城市地役是以建筑物为依托设立的，因此城市地役不仅可以在城市的建筑物上设立，也可以在乡村的建筑物上设立。地役权的设立，不以乡村或者城市为限，只要涉及建筑物都可以设立城市地役。

城市地役以建筑物为依托设立，主要包括：

---

① 学说汇纂第 8 卷：地役权 [M]. 陈汉，译. 纪蔚民，校. 北京：中国政法大学出版社，2009：71.
② 学说汇纂第 8 卷：地役权 [M]. 陈汉，译. 纪蔚民，校. 北京：中国政法大学出版社，2009：71.
③ 学说汇纂第 8 卷：地役权 [M]. 陈汉，译. 纪蔚民，校. 北京：中国政法大学出版社，2009：23.

一、采光权

采光权，通常是指需役地所有权人有使自己建筑物的采光权利不受供役地权利人侵犯的权利。供役地权利人有义务保障需役地权利人建筑物采光权的实现。保罗在《法学阶梯》第2卷中指出："设立了采光役权之后，一般认为获得了邻居对我们采光的容忍。在设立了禁止妨碍采光役权之后，人们认为我们获得了这样的权利：邻居不再有加高房屋而导致部分妨碍我们建筑物的采光的权利，因为我们不愿这样。"① 保罗认为，邻居作为供役地权利人，有义务保证需役地的权利人采光权的实现，这是法律上明确规定的供役地权利人应当承担的义务。采光权具有法定、无偿的特征，无需双方约定。采光权，作为一种以建筑物为依托的役权，其实现途径主要是供役地权利人不加高其建筑物。

二、观望权

采光权与观望权在罗马法律中是有区别的。乌尔比安在《论萨宾》第29卷中对两者做了区分。乌尔比安指出："在观望权中，权利人的利益在于不被人妨碍他拥有一个更良好的、自由的视野；而在不妨碍采光役权中，则是指某人不遮挡以便使他人的采光不变得昏暗。"② 从乌尔比安的叙述可以看出，观望权也即瞭望权主要的价值在于获得一个更自由、更宽广的视野，以此实现对较大视野范围内事物的观景需求，从而使自己获得愉悦的精神体验和心理感受。因此，禁止妨碍观望权，主要是要求供役地权利人在可能妨碍需役地人实现观景需求的视野范围内，禁止建造建筑物或者加高原有建筑物。瞭望地役或者观望地役，在罗马法上也是一种法定地役、无偿地役。采光权或者采光地役在实现过程中，主要是保证自己房屋的应有亮度。如果说观望地役实现的是一种观景需求，那么采光地役实现的则是一种基本的生活需求。

---

① 学说汇纂第8卷：地役权[M].陈汉，译.纪蔚民，校.北京：中国政法大学出版社，2009：23.
② 学说汇纂第8卷：地役权[M].陈汉，译.纪蔚民，校.北京：中国政法大学出版社，2009：33.

观（瞭）望地役和采光地役有着相同之处，都是法定的无偿的地役权，两者对光线的视觉效果都有着相应的要求，这一点是共同的。但是两者也有十分重要的差别，采光权是一种基本的生活需要，而瞭望权则是一种观景需求。保罗在《阿尔芬学说汇纂摘要》第2卷中指出："采光役权是指能看见天空，在采光与观望之间存在着差别：因为从低处也可以观望，而在很低处是采不到光的。"① 保罗从地理位置的高、低区分了采光权与观望权。认为采光权以能够看见天空，也即看到太阳为实现目标。而观望权却不以看见天空，也即看见太阳为实现目标。在低处可以设立观望权，却不能设立采光权。因为在低处无法看见天空，因此，采光权的实现有着更为苛刻的条件。乌尔比安在《论萨宾》第29卷中对采光权有着进一步的描述。乌尔比安认为采光权的设立实际上是倚重阳光的。阳光的照射，或者看得见天空、看得见太阳，对于采光权的成立至关重要。因此，乌尔比安指出："实际上如果树木是正对着一个为采光，为取暖或者为晒太阳而建设的房间的话，那么我们不得不说这样做是有悖于所设立的役权的，因为【它】遮挡了一个需要阳光的地方。"② 从乌尔比安的观点可以看出，采光权的实现不仅要求供役地的权利人不得加高建筑物，而且在栽种树木时也以不妨碍需役地权利人采光权的实现为限。如果栽种的树木正好对着一个建筑物，而且影响了需役地权利人的采光、取暖或者是晒太阳权利的实现，则被认为是对需役地权利人采光权的侵犯。

采光权作为一项法定役权，有时候也可由供役地和需役地双方权利人协商确定，可以协商确定采光保持现状役权，也可以设定不妨碍采光役权。采光保持现状，只考虑目前，不考虑将来。而不得妨碍采光役权，则具有长期性、永久性。彭波尼在《论萨宾》第33卷中指出，如果役权是这么设定的，即"采光保持现状"，那么对于将来的采光并不做担保；相反如果是这样担保的，即"不得妨碍采光"，那么既包括现有的光照，也包括在协议达成之后的

---

① 学说汇纂第8卷：地役权 [M]. 陈汉，译. 纪蔚民，校. 北京：中国政法大学出版社，2009：35.
② 学说汇纂第8卷：地役权 [M]. 陈汉，译. 纪蔚民，校. 北京：中国政法大学出版社，2009：35.

能够得到的光照。①

罗马时代法学家认为，要实现需役地所有权人的观望权，两座房子之间要保持一定的距离。康斯坦丁皇帝在致内事裁判官阿达曼迪乌斯的信中指出："因此我们清楚、明确地规定，在两座房子之间从其上部到底部应留出12步。"② 康斯坦丁皇帝在敕令中指出：两座房子之间，应当留出12步的安全距离。如果有12步的安全距离，那么一方就可以从事建筑、加高房屋，在建筑物墙上开窗的活动。芝诺皇帝指出："根据朕的这一宪令，如果某人从事建筑，将房子加高到他希望的高度，像建造通光的窗子一样建造观景的窗子……只要他保持这一距离，其上述行为是合法的。"③ 芝诺皇帝认为，只要两座房子之间保持相当的距离，就可以实现建造观景窗子的观（瞭）望权，拥有加高建筑物的权利。

三、立墙权

立墙权是指利用供役地墙壁以满足需役地建筑需要的役权，主要包括架梁地役和支撑地役。

（一）架梁地役

架梁地役，是指用栋梁穿架于供役地房屋，以此搭建彼屋的权利。架梁地役作为城市地役，以建筑物为依托，是无偿的、法定的。供役地权利人必须承受此役权。因为需役地权利人只有用栋梁穿架于供役地房屋，才能搭建自己的房屋。彭波尼在《论萨宾》第33卷中指出："关于横梁插入役权所述的，也适用于两座建筑物之间的关系。"④

（二）支撑地役

罗马时代，就支撑地役的立法理由而言，支撑地役是利用邻居，也即供

---

① 学说汇纂第8卷：地役权[M].陈汉,译.纪蔚民,校.北京：中国政法大学出版社,2009：47.
② 斯奇巴尼.物与物权[M].范怀俊,译.北京：中国政法大学出版社,1999：114.
③ 斯奇巴尼.物与物权[M].范怀俊,译.北京：中国政法大学出版社,1999：114.
④ 学说汇纂第8卷：地役权[M].陈汉,译.纪蔚民,校.北京：中国政法大学出版社,2009：49.

役地建筑物的一面墙，搭建彼屋也即自己房屋的权利。做如此规定，是基于资源利用的考虑。需役地权利人利用供役地的墙壁搭建自己的房屋，就可以只建三面墙，这样就省下了一面墙的空间和费用，对于节约需役地的资源乃至节约社会资源都是非常有利的。但是如果两块土地之间存在一定的距离，一块土地在建筑房屋时无法利用另一块土地的墙壁，在这种情况下，两块土地之间就不能存在支撑地役这样的法定役权，一方在建筑房屋时，可以自建墙壁，不利用另一方房屋的墙壁。帕里皮·尤特斯在《论谕令》第1卷中指出："安东尼（Antoninus）和维鲁（Verus）两位皇帝通过批复规定：在不负任何役权的土地上，所有权人或者他允许的其他人可以在留下与相邻建筑物法定距离的情况下建造房屋。"①

罗马时代法学家认为，不能在共有墙壁上开窗，以防止侵犯对方的隐私权。那么，是否可以在共用墙壁上贴大理石或者绘画呢？罗马时代法学家认为是可以的。卡皮托指出："在共有墙上贴大理石是合法的：就如我也被允许在共有墙上画上珍贵的画。"②

罗马时代法学家普罗库路斯认为，由于共有墙属于供役地所有权人和需役地所有权人共同拥有，因此双方都有维护共有墙的义务。因此不能够沿着共有墙安装热水管道，因为沿着共有墙安装热水管道会烧坏共有墙。正如普罗库路斯在《书信集》第2卷中所言：

> 有个叫作赫贝卢斯的人，在我的仓库后边有一座楼房，他靠近共有墙建造了浴室；但是不能沿着共有墙安装热水管道，就如不能挨着共有墙再修建一堵自己的墙一样，对于热水管道，根据法律则更为严厉，因为通过这些管道将烧坏这座墙；因此我希望你应当和赫贝卢斯谈谈，让他不要做被禁止的事情。普罗库勒答复说：我认为赫贝卢斯对于沿着共

---

① 学说汇纂第8卷：地役权 [M]. 陈汉，译. 纪蔚民，校. 北京：中国政法大学出版社，2009：33.
② 学说汇纂第8卷：地役权 [M]. 陈汉，译. 纪蔚民，校. 北京：中国政法大学出版社，2009：33.

有墙安装热水管道这一行为的违法性不会有任何的疑问。①

四、通水权

通水权是指需役地的水流经供役地的权利。

（一）承溜地役

罗马时代法学家认为，低地有承受高地自然流水的义务。乌尔比安在《论告示》第53卷中指出："但是，如果邻地所有人去掉某物，水自然地流入低地是有害的，拉贝奥认为，人们不能提起排放雨水之诉，因为低地负有接受自然流水的役权；当然去掉某物，水会流得更猛或汇集在一起，拉贝奥则承认人们可以提起排放雨水之诉。"② 萨比努斯学派的著名法学家拉贝奥认为，一般而言，如果说高地的所有权人将某一物取掉，让水自然流入低地，低地通常是不能提起排放雨水之诉的。但是如果去掉某物，水会流得更猛烈或者汇集在一起，对低地造成了损害，那么低地的所有权人可以提起排放雨水之诉。

罗马时代法学家认为，低地有承受高地自然流水的义务。因此，如果低地的所有权人通过实施工程的方式阻止高地的自然流水，高地的所有权人有权对低地的所有权人提起诉讼。同样，如果高地的所有权人不让水自然地流到低地，低地的所有权人也可以对高地所有权人提起诉讼。乌尔比安在《论告示》第53卷中指出："同样应知道，高地的所有人有权对低地的所有人提起这一诉讼，以便禁止他通过施工阻止自然流动之水流经其土地；低地的所有人也有权对高地的所有人提起这一诉讼，以便禁止他使水不按其通常的、自然的方式流动。"③ 罗马时代著名法学家乌尔比安认为，低地有承受高地自然流水的义务，高地有将水自然排放至低地，让低地使用的义务。如果低地或者高地不能保持水的自然流向，其中一方当事人即可以将对方起诉至法院，

---

① 学说汇纂第8卷：地役权[M].陈汉，译.纪蔚民，校.北京：中国政法大学出版社，2009：31.
② 斯奇巴尼.物与物权[M].范怀俊，译.北京：中国政法大学出版社，1999：9.
③ 斯奇巴尼.物与物权[M].范怀俊，译.北京：中国政法大学出版社，1999：9.

以维护水的自然流向，同时保证水的利用。

罗马时代，为了保障需役地上自然流水能够顺利通过供役地排放，法律上通常规定，如果有碍于需役地自然流水的排放，供役地权利人不能加高建筑物。如果不影响需役地自然流水的排放，则可以加高建筑物。罗马法律规定："在排水役权供役地上建造建筑物之人可以将建筑物延伸至水滴落之处；但是，即使水滴落于建筑物之上，他也可以将之加高，只要水还能正常地滴落。"① 由于供役地的权利人是自己土地的所有权人，因此，原则上，他是可以自行决定加高自己建筑物的，哪怕供役地上有排水役权的存在也不受影响。他需要做到的是，在加高自己建筑物时，让需役地上的水，能够在自己的土地或建筑物上正常滴落。

（二）排烟地役

罗马时代，由于生产力发展水平的制约，特别是乡村社会，院落与院落之间、建筑物与建筑物之间有一个重要的排烟或者排放生活污水的需求。比如甲院落烟囱冒出的烟雾，需要随风向经过邻居的院落，这个时候，邻居就要允许甲院落烟雾烟囱冒出的烟雾通过自己土地的上空。

（三）阴沟地役

生活污水的排放也是如此。在罗马法上，为了方便生活污水排放，在法律上规定有阴沟地役。作为法定地役、无偿地役，阴沟地役的规定，方便了需役地权利人基本的生活污水排放的需求。

五、禁止加高建筑物地役

罗马时代法学家认为，在涉及个人实际生活需要时，供役地所有权人不得加高自己的建筑物，以妨碍需役地所有权人正常生活的进行。查士丁尼皇帝致大区长官乔万尼的信中指出：

> 然而，法律清楚地规定，晒干的麦子经过在晒场的处理具有特殊用途。某人应禁止其邻居加高建筑物，因为加高了建筑物，风便不能将晒场上的

---

① 学说汇纂第 8 卷：地役权［M］.陈汉，译.纪蔚民，校.北京：中国政法大学出版社，2009：45.

178

麦秸从麦子中吹走。由于在那个地方建造了建筑物,阻拦了该地的风力,而这个地方正好是需要风的晒场,因此我命令任何人从事这样的建筑或以别的方式从事需要挡住晒场上的适当的、足够的风力的活动,使所有人的晒场变得无用并使麦子无法晒干,都是非法的。兰巴蒂和奥雷斯特执政,公元531年10月20日于君士坦丁堡。①

从查士丁尼皇帝写给大区长官乔万尼的信,也就是由皇帝的敕令可以看出,在查士丁尼皇帝看来,禁止加高建筑物,不仅仅是为了需役地所有权人采光权和眺望权的实现,需要实现风力晒干麦子时也要禁止供役地所有权人加高建筑物。如果供役地所有权人无视法律的规定,加高了建筑物,并且妨碍了风力通过,以至妨碍了晒麦场上晒麦活动的顺利进行,也是一种严重的违法行为。因此,在罗马帝国时代,查士丁尼皇帝认为,禁止加高建筑物不仅仅是为了实现人们的眺望权和采光权,也是为了实现一种现实的晒麦的需要。罗马时代法学家认为,采光权的设立应当有一个长远的考虑,而不能只考虑当下。因此,采光权的设立具有长期性、永久性。尤里安在《评米尼奇》第2卷中指出:"建筑物所有权人可以要求邻居负担一项役权,不仅仅用以保证现有的采光,而且也包括将来的采光。"②

在罗马法上明确规定,当影响需役地采光权实现时,禁止供役地加高其建筑物。但是如果不影响需役地采光权,或者双方距离相对较远,在供役地上没有设立这样的役权,那么,供役地的权利人则可以随意加高其建筑物。保罗在《论萨宾》第15卷中明确指出:"如果某人依法拥有一座高于别人的建筑物的话,他就有权在他的建筑物之上无限加高,只要这样做不加重那些向其负担役权的建筑物的负担。"③

罗马时代,法律提倡在供役地已经遮挡了需役地阳光的情况下,鼓励供役地权利人拆除建筑物或者修剪树木,以便使需役地获得更多的阳光。"如果

---

① 斯奇巴尼.物与物权[M].范怀俊,译.北京:中国政法大学出版社,1999:9.
② 学说汇纂第8卷:地役权[M].陈汉,译.纪蔚民,校.北京:中国政法大学出版社,2009:45.
③ 学说汇纂第8卷:地役权[M].陈汉,译.纪蔚民,校.北京:中国政法大学出版社,2009:47.

拆除了一座建筑物或者修剪了树木的枝叶而使得一个原本被遮阴的地方开始充满阳光了，这样做完全没有妨碍役权。"①

第四节 大陆法系国家及我国民法中的地役权制度

一、地役权的性质

（一）地役权是使用他人土地的权利

从地役权的规定可以看出，地役权的设定需要有两块土地。一块土地是为承担地役权上义务之供役地，第二块土地是为享受地役权上便利之需役地。在罗马法上，需役地和供役地必须是相连接的，在罗马法发展的后期，法律规定双方不一定相互毗连，一般要求相互邻近。

地役权是为自己土地的便利而使用他人土地的权利，自己的土地称为需役地，供自己土地便利的土地称为供役地。《瑞士民法典》第733条明确规定：所有人可在自己的土地上，为属于自己的另一块土地的利益，设定地役权。《日本民法典》第280条明确规定：地役权人，依设定行为所定的目的，有以他人土地供自己土地便宜之用的权利。《瑞士民法典》第730条第1款明确规定：甲地所有人，为乙地的利益，可允许乙地所有人进行某种特定方式的侵害。《中华人民共和国民法典》第372条到385条，明确规定地役权人可利用他人不动产，以提高自己的不动产的效益。

（二）以需役地的需要为限

《德国民法典》第1018条明确规定：一块土地为了另外一块土地的现时所有权人的利益，可以此种方式设定负担。《德国民法典》认为，这种对土地的利用以需役地的需要为限。《德国民法典》第1019条明确规定：地役权只能存在于可以为地役权人使用土地带来利益而设定的权利之中，以需役地的

---

① 学说汇纂第8卷：地役权［M］. 陈汉，译. 纪蔚民，校. 北京：中国政法大学出版社，2009：35.

需要为限。《中华人民共和国民法典》第 376 条明确规定：地役权人应当按照合同约定的利用目的和方法利用供役地，尽量减少对供役地权利人物权的限制。

（三）地役权具有从属性和不可分性

地役权不能单独让与。地役权不得供抵押或出租，这是从属于土地所有权人的土地。

《中华人民共和国民法典》第 380 条明确规定：地役权不得单独转让。土地承包经营权、建设用地使用权与转让的，地役权一并转让。《日本民法典》第 281 条明确规定：地役权作为需役地所有权的从权利与之一起转移，或成为新需役地上存在的其他权利的标的。《日本民法典》第 281 条第 2 款明确规定：地役权，不得与需役地分离而让与或作为其他权利的标的。

（四）地役权具有永久性

供役地的转让，不影响在供役地上设立的地役权的存在。

《中华人民共和国民法典》第 382 条明确规定：需役地以及需役地上的土地承包经营权、建设用地使用权部分转让时，转让部分涉及地役权的，受让人同时享有地役权。

（五）地役权一般情况下是有偿的协定关系，地役权的期限由当事人约定

《中华人民共和国民法典》第 377 条明确规定：地役权的期限由当事人约定；但是，不得超过土地承包经营权、建设用地使用权等用益物权的剩余期限。《中华人民共和国民法典》第 372 条明确规定：地役权人有权按照合同约定，利用他人的不动产。《中华人民共和国民法典》第 373 条明确规定：设立地役权，当事人应当采取书面形式订立地役权合同。

二、地役权的种类

（一）法定地役：由现场的自然情况所产生的地役权

《法国民法典》第 640 条明确规定：处于低位置的土地应当接受从高位置土地不假人工疏导的自然排水。《法国民法典》第 641 条明确规定：任何所有人，均有利用与处理落入其土地之雨水的权利。《法国民法典》第 644 条明确

规定，如地产上有水流横穿而过，该地产的所有人也可在此地段使用流经之水。

（二）城市地役：建筑物的利用

1. 立墙权

《中华人民共和国民法典》292条规定：不动产权利人因建造、修缮建筑物以及铺设电线、电缆、水管、暖气和燃气管线等必须利用相邻土地、建筑物的，该土地、建筑物的权利人应当提供必要的便利。该规定主要体现了相邻关系之间有关建筑物利用的法律规定，相当于罗马法上的立墙权。

《法国民法典》第653条明确规定：在城市与乡村，凡在建筑之间起分隔作用的墙……推定为共有分界墙。《法国民法典》第675条明确规定，他方相邻人不得在共同分界墙上穿孔打洞，也不得在墙上或倚墙修建任何工程。《法国民法典》第655条明确规定：共同分界墙的修缮和重建，由所有在其中有权利人，按其各自所占权利的比例负担。《法国民法典》第673条明确规定：相邻人的树木、树丛或小灌木的树枝伸展至他方相邻人的土地之上时，他方相邻人可要求所有人砍去，从这些树枝上自然掉落在他方相邻人土地上的果实，属于他方相邻人。《德国民法典》第1022条明确规定：地役权的内容是在供役地的建筑设施上保持其他建筑设施，如果没有其他规定，在地役权所需范围内供役地所有权人应当维护该设备。

2. 通水权

《法国民法典》第681条明确规定：财产所有权人均应当设置屋檐，以使雨水流向自己的土地或流向公共道路；财产所有人不得使雨水倾注在他人土地上。

3. 眺望权

《法国民法典》第678条明确规定：不得对他方相邻人的不动产进行直线眺望或者开设观望窗孔，不论该不动产是否设有围墙。

（三）协定地役：乡村地役（土地的利用关系）

乡村地役，是由人的行为设定的地役。

《法国民法典》第688条明确规定有通行权、汲水权、放牧权。《瑞士民法典》740条主要规定了乡村地役，诸如便道、轨道、车道、采薪路、冬季道路、木材搬运道路等的通行权，以及牧场权、伐木权、牧畜饮水权、灌溉权等权利，依州法及地方习惯法。

《日本民法典》第285条第1款明确规定了用水地役权：于用水地役权的供役地上，其水不能满足需役地及供役地的需要时，应按各地的需要，先供家用，如有剩余，再供他用。《日本民法典》第285条第2款规定：于同一供役地上设定数个用水地役权时，后地役权人不得妨碍前役权人用水。《德国民法典》未对乡村地役做具体规定，只做了概括式规定。

三、我国民法中地役权与相邻关系的区分

《中华人民共和国民法典》关于物权部分的规定，同时规定了相邻关系和地役权两种制度。《中华人民共和国民法典》中的相邻关系具有法定、无偿的特点，相当于罗马法上的城市地役。而《中华人民共和国民法典》中关于地役权的规定则相当于罗马法中的乡村地役，具有协定、有偿的特点。

一是两者性质不同。在我国《物权法》上相邻关系是法定的无偿的，而地役权关系是协定的有偿关系。

二是处理两者关系的方式不同。《中华人民共和国民法典》对相邻关系的规定，结合我国社会主义公有制的所有制形式，同时维护中国传统文化中的精华，借以体现法律规定的本土特色，强调仁者爱人的基本主张，要求相邻关系所有人之间相互关爱，同时弘扬团结互助的集体主义精神。《中华人民共和国民法典》第288条明确规定：不动产的相邻权利人应当按照有利生产、方便生活、团结互助、公平合理的原则，正确处理相邻关系、有弹性的道德空间。而地役权则按合同约定进行，无弹性的道德空间。

《中华人民共和国民法典》第290条规定：不动产权利人应当为相邻权利人用水、排水提供必要的便利。对自然流水的利用，应当在不动产的相邻权利人之间合理分配。对自然流水的排放，应当尊重自然流向。我国《民法典》关于相邻关系的规定，体现了中国传统文化在处理人、我关系时的和为贵原则，以及传统儒家重义轻利的基本主张。在相邻关系处理的过程中，强调邻里之间和睦相处，强调发扬团结互助、公平合理的社会主义新风尚，反对在处理相邻关系时的各自为政，以自我为中心的功利思想，提倡发扬社会主义

的集体主义精神。《民法典》在规定相邻不动产所有权人的关系时，规定相邻各方要为对方提供相应的便利。同时规定要保持水的自然流向，本着自然、节约的原则，处理相邻不动产所有人之间用水、排水问题。

《中华人民共和国物权法》规定的相邻关系也包括了《法国民法典》上的法定地役，由现场的自然情况所产生的役权和建筑物利用的城市地役，《中华人民共和国物权法》第89条明确规定：建造建筑物，不得违反国家有关工程建设标准，妨碍相邻建筑物的通风、采光和日照。《中华人民共和国民法典》第291条明确规定：不动产权利人对相邻权利人因通行等必须利用其土地的，应当提供必要的便利。

三是权利主体和义务主体情况不同。地役权关系通常只发生在需役地和供役地上。涉及供役地所有权人和需役地所有权人权利义务主体，具有单一性，而相邻关系义务人则是不特定的，大多数人。

第七章

他物权之用益权

第一节 用益权概述

一、概念

用益权,是指为了人的生活便利在他人物上设定的权利。

意大利学者彭梵得在对罗马法上的用益权进行界定时指出:"用益权是指在不毁坏物的实体(salva rerum substantia)的情况下使用他人物品并收获其孳息的权利(ius utendi fruendi)。"[1] 用益权是指在不损坏物的实体的情况下使用他人之物,并取得孳息的权利。查士丁尼《法学阶梯》明确规定:"用益权是指对他人的物使用和收益的权利,但以不损害物的实质为限。"[2] 从查士丁尼《法学阶梯》的规定可以看出,用益权作为他物权中的一种,是设立在他人的物上的。用益权包括两项权利:对他人之物的使用权和收益权。在使用权和收益权行使过程中不能对物造成实质损害,在对物使用的过程中要尽善良家长的注意。保罗在《维特利》第三篇也明确指出:"用益权(ususfructus)

---

[1] 彭梵得. 罗马法教科书 [M]. 黄风,译. 北京:中国政法大学出版社,1992:257.
[2] 查士丁尼. 法学总论——法学阶梯 [M]. 张企泰,译. 北京:商务印书馆,1989:61.

乃在保持物的本质情况下,对他人之物使用和收益的权利。"①

二、产生原因

用益权在罗马法上作为他物权的重要内容,主要目的在于满足人的生活需要。罗马时代的用益权"应早在公元前5到3世纪之间就已存在"②。罗马时代,用益权的产生,具有十分重要的社会基础。早期社会,妇女被剥夺了继承权利,为了保证此种情况下的寡妇和未婚女子能够得到一份供养,某人便将用益权通过遗赠的方式给予需要照顾的女儿。在这种情况下,一个物上实际存在两种权利。继承权属于自己的儿子,而女儿则拥有用益权。用益权人有对物使用和收益的权利。待用益权终了时,将物归还给继承人。在罗马时代,用益权的存在,实际上形成了继承人与用益权人两种特殊关系。在用益权存在期间,继承人对某一财产的继承权利暂缓实施。此时的继承人处于虚位状态,也称为虚位所有权人。其对物拥有的所有权暂时无法行使。物的所有权在用益权行使终了时,回到所有权人手中。罗马法上有关用益权的法律规定,一方面,让被剥夺了继承权利的家庭成员得到一份生活上的救济;另一方面,维护了继承人的合法权益。

罗马法上,继承人通常是自己的晚辈直系血亲,特别是子、女。妻子在法律上通常不享有丈夫财产的继承权利。这一点从罗马早期的法律规定中可以看出。《十二表法》第五表第四条明确规定:"若某人并无隶属于他的人,临死时又未曾指定继承人,则其产业得由【其】最近的父系亲属取得。"③ 从《十二表法》的规定可以看出,某人的财产继承人是来自父系的亲属,且应当是最近亲等的亲属。在《十二表法》制定的时代,公元前5世纪,从罗马成文法的规定可以看出,作为配偶的妻子是不具有财产继承权的。这个时候就面临一个问题,一旦丈夫去世妻子的生活将如何保障。特别是丈夫以土地、

---

① 柯努特尔. 导言 [M] //民法大全学说汇纂第七卷:用益权. 米健,译. 北京:法律出版社,1998:1.
② 柯努特尔. 导言 [M] //民法大全学说汇纂第七卷:用益权. 米健,译. 北京:法律出版社,1998:6.
③ 周一良,吴于廑. 世界通史资料选辑:上古部分 [M]. 北京:商务印书馆,1962:336.

房屋为核心的财产都已由继承人继承，如果严格按照法律执行，妻子将流离失所。特别是罗马时代，女性缺乏独立生活来源，从而容易丧失生存能力。在这种情况下，尤其需要对妻子日后的生活提供救济和保障。在这种情况下，用益权法律制度便应运而生。用益权制度设立的初衷主要是实现所有权与物的使用、收益权的分离。将所有权留给自己的继承人，在自己的妻子也即遗孀还存活的情况下，由妻子继续居住原有房屋，继续获得土地和各种孳息产生的收益。这样，妻子便不会因为丈夫的离世陷于生活困境。等到妻子去世时，用益物重新回到所有权人手中。在妻子享有财产用益权的时候，财产继承人，主要是卑亲属，成为虚位所有权人。查士丁尼《法学阶梯》明确规定："如果某人未留遗嘱而死亡，首先应由其子女继承，他们又称为必然继承人，因为不问他们是否愿意，也不问根据法定继承或者根据遗嘱，在任何情形下，他们均成为继承人。"[1] 罗马法上，某人死亡时，其法定继承人为直系晚辈卑亲属。查士丁尼《法学阶梯》规定："自权而必然的继承人指子女，儿子所生的孙子女，以及其他卑亲属。"[2] 妇女在罗马时代对丈夫的遗产不拥有法定继承的权利。

罗马时代为了充分发挥物的效用，节约社会资源，罗马法律规定，用益权可以与所有权实现分离，所有权归一人所有，用益权归一人所有，避免所有物的闲置浪费。

用益权制度是罗马古时人役权中最重要的制度，用于处分遗产的需要，以遗嘱转移某种遗产的使用权、收益权，而保留其本质归其继承人所有。

意大利、日本及我国"台湾地区民法"未规定用益权，但他们规定的永佃权与法国、德国、瑞士民法用益权的规定有某些类似之处。

---

[1] 查士丁尼. 法学总论——法学阶梯 [M]. 张企泰，译. 北京：商务印书馆，1989：90-100.

[2] 查士丁尼. 法学总论——法学阶梯 [M]. 张企泰，译. 北京：商务印书馆，1989：99.

第二节 用益权的设定

罗马时代,由于用益权派生于所有权,加上用益权人与所有权人关系密切,用益权人常常和所有权人之间有亲属关系、血缘关系。用益权人常常是所有权人的妻子。由于用益权人与所有权人之间特定的亲缘关系,用益权的设定更加灵活,范围也更加广阔,设定方式也是多元化的。就设定标的物的范围看,用益权不仅能够在土地及建筑物这样的不动产上设定,还能够在奴隶及牲畜等这样的动产上设定,设定的方式更加灵活。

一、用益权标的物

盖尤斯在《论日常事务与金律格言》第二编中指出:"用益权不仅可以在土地和房产上设定,而且还可以在奴隶、牲畜及其他物上设定。"[①]

（一）不动产

罗马时代法律规定,可以在土地及房屋上设定用益权。罗马时代,土地和房屋是重要的财产,也是不动产最重要的体现。在土地和房屋上设定用益权,目的是实现用益权人居住及生产、生活的需要,对于保障除继承人以外的其他家庭成员的生产、生活具有十分重要的价值。

（二）动产

1. 奴隶

罗马法律规定,用益权可针对奴隶设定。奴隶作为罗马时代十分重要的动产,作为罗马时代重要的物质生活资源的创造者,对于生产和生活至关重要。法律规定,可以针对某一个奴隶通过遗赠的方式设定一项用益权。对奴隶享有用益权的人,可以获得奴隶创造的劳动成果。罗马时代,奴隶的种类繁多,有从事家务劳动的奴隶,有从事农业生产的奴隶。用益权人可以根据

[①] 柯努特尔. 导言[M]//民法大全学说汇纂第七卷:用益权. 米健,译. 北京:法律出版社,1998:2.

其工作性质获得其劳动成果。如果被继承人在遗赠某个奴隶的用益权时，未指定将其用于特定的劳动，那么用益权人可以自行决定奴隶的劳动和工作性质。乌尔比安在《论萨宾》第十八编中明确指出："若是用益权人教会了该奴隶特定的知识和技艺，则该用益权人即可将此奴隶用于这种知识和技艺的工作。"[①] 在奴隶工作性质不明且没有知识和技艺的情况下，用益权人有权决定将奴隶用于何种性质的工作和劳动，并且可以向奴隶传授特定的知识和技艺。

2. 钱币

罗马时代法学家认为，人们可以在钱币上设定用益权。乌尔比安在《论萨宾》第五编中指出："对人们想要用作饰物的一枚古金币或银币，亦可以遗赠用益权。"[②]

二、设定方式

用益权主要通过要式口约方式设定。

要式口约的成立是以某个人实际讲过的话为基础的。要式口约是一种口头约定，通过口问与口答而成立，也就是一个人提问，一个人回答。要式口约的成立与要式买卖的成立非常相似，都要履行一定的仪式，这种仪式也有见证人。美国学者艾伦·沃森认为："就这种契约而论，罗马法像其他古代法一样，只认为实际上讲过的话是极其重要的，而不考虑说话的动机如何。"[③]

三、用益权的特点

（一）用益权标的物须为他人之物

用益权为他物权，故必须设立于他人所有物之上。用益权标的物既可以是动产也可以是不动产，用以维持用益权人日常生活的需要，包括文艺用品。

---

① 柯努特尔. 导言 [M] //民法大全学说汇纂第七卷：用益权. 米健，译. 北京：法律出版社，1998：31.

② 柯努特尔. 导言 [M] //民法大全学说汇纂第七卷：用益权. 米健，译. 北京：法律出版社，1998：32.

③ 沃森. 民法法系的演变及形成 [M]. 李静冰，姚新华，译. 北京：中国政法大学出版社，1992：25.

在早期罗马法上，用益权适用于不消耗物、有体物。帝政时期，在消耗物及债权上设定准用益权。后元老院做出决议，规定用益权可适用于消耗物，在用益权终止时，用同种类、同品质、同数量的物品返还，称准用益权。

奥古斯都皇帝统治时期规定：在无体物及消费物上均可设定准用益权。凡物件经长期使用而消灭者，视为消耗物，比如毛笔、书籍等。

《法国民法典》第587条明确规定：如用益权包括非予消费即不能使用之物，如金钱、谷物、饮料等，用益权人有权使用该物，但应当偿还相同数量与质量之物。《法国民法典》第589条明确规定：如用益权包括虽然不是当即消费，但因使用而逐步损耗之物，如衣服、动产、家具等，用益权人有权按照此种物品的用途使用之。《瑞士民法典》第745条第1款明确规定，对动产、土地、权利及财产，可设定用益权。《德国民法典》将用益权规定为物上用益权，权利上的用益权，财产上的用益权，遗产上的用益权。物包括动产与不动产。权利主要指债权。

《中华人民共和国民法典》规定，用益物权包括土地承包经营权、建设用地使用权、宅基地使用权。在我国，用益权通常只能在物上即不动产上设定，《中华人民共和国民法典》第323条明确规定：用益物权人对他人所有的不动产或者动产，依法享有占有、使用和收益的权利。我国《矿产资源法》《中华人民共和国渔业法》及《中华人民共和国野生动植物保护法》规定了渔业权、采矿权、狩猎权三种准用益权，国有耕地、林地、草原使用权，农村土地承包经营权，宅基地使用权等用益权。

(二) 用益权可依法律规定或者当事人的意志而设立

罗马法上，用益权是人役权中最重要的一种，是家长用作处分其遗产的一种手段，即以遗嘱将某项遗产的使用收、用益权遗赠给需要照顾的人，使其生活有保障，而保留虚空所有权给其继承人。在受照顾人死亡之后，继承人再恢复其完全的所有权。后世民法普遍认为，用益权既可由当事人自主设定，也可基于法律规定产生。

《法国民法典》第579条明确规定：用益权依法律设定，或者依人之意愿设立。《中华人民共和国民法通则》以及《中华人民共和国物权法》规定，有基于法律规定的，如土地承包经营权、建设用地使用权、宅基地使用权为法定用益权。由双方当事人设定，为协定用益权。

《中华民国民法典》第1204条明确规定：以遗产之使用收益为遗赠，而遗嘱未定返还期限，并不能以遗赠之性质确定其期限者，以受遗赠人之终身为期限。依法律规定设定，是指一方依照法律的规定直接取得另一方的用益权。《法国民法典》第382条、第767条明确规定，父母对未成年子女的财产享有用益权，被继承人的遗产由其生存配偶对遗产的四分之一享有用益权，有兄弟姐妹继承时，其生存配偶对二分之一的遗产享有用益权。

（三）用益权可以转让

罗马法上规定用益权之行使能够转让。

《法国民法典》第595条明确规定：用益权人可自己享有其权利，或者向他人出租其权利，甚至出卖或无偿转让其权利。《瑞士民法典》第758条第1款明确规定：用益权，除专属用益权人的权利外，可转让他人行使。《德国民法典》第1059条明确规定：用益权不得转让。用益权可由他人行使。用益权有一定的期限，罗马法上认为用益权是为了照顾某一特定人而设定，故最迟于该人死亡之时终止。

法人用益权的最长期限为100年，《瑞士民法典》第749条第1款明确规定：用益权，因权利人死亡或法人解散而消灭。《瑞士民法典》第749条第2款明确规定：法人的用益权，仅以存续100年为限。《德国民法典》第1061条明确规定：用益权，因用益权人死亡而消灭。

用益权属于法人或者具有权利能力的人和公司，随法人或者人和公司的消灭而消灭。

《中华人民共和国民法典》第332条明确规定：耕地的承包期限为三十年。草地的承包期限为三十年至五十年。林地的承包期限为三十年至七十年。

第三节 用益权人的权利和义务

一、用益权人的权利

（一）使用权

使用权是指对标的物享有的，在不损坏物的本体及不变更其用途的前提下，依法加以利用的权利。

1. 用益权人对物的使用权

罗马时代，为鼓励用益权人充分发挥用益物的效用，同时达到保护用益物的目的，法律明确规定，用益权人可以根据用益物的用途对其加以使用，允许用益权人对用益物的重建和完善，只要用益权人愿意，他都拥有这样的权利，以便使用益物能够更好地发挥作用。乌尔比安指出："不能阻止用益权人进行修缮，因为他也不能被阻止去耕作和建筑。"[1] 从乌尔比安的观点可以看出，罗马时代，法律倡导用益权人对用益物进行必要的修缮，同时按照用益物的用途进行耕作和建筑。罗马时代法律规定，用益权人应当按照用益物的用途对其加以使用，如果一只船的用益权被遗赠，那么用益权人可以将这只船用于航行。乌尔比安指出："我认为该船只可以用于航行，即使这时有船只破损的威胁，因为一艘船只就是为了航行制造的。"[2]

2. 有完善、装饰用益物的权利

罗马时代法律认为，如果一座建筑物的用益权被遗赠，用益权人可以对建筑物进行必要的装修及完善，乌尔比安指出："用益权人可以安装窗户，同时还可以粉刷，装贴壁画，铺设大理石地面，设置小的立像以及其他可用于

---

[1] 柯努特尔．导言［M］//民法大全学说汇纂第七卷：用益权．米健，译．北京：法律出版社，1998：6.
[2] 柯努特尔．导言［M］//民法大全学说汇纂第七卷：用益权．米健，译．北京：法律出版社，1998：10.

装饰房屋的东西。"① 罗马时代法律认为，用益权人可以对享有用益权的建筑进行完善，包括室内装修、安装窗户等。这种装修和完善行为使建筑物朝着更加适合居住的方向发展，也是罗马法律鼓励和提倡的。在现实生活中也存在另外一种情况，就是对建筑物进行改造，将建筑物内部的墙拆除或者加高建筑物，或者对建筑物内部的结构进行改造。也有可能是在建筑物上安装窗子或者门。罗马时代的法律认为，用益权是由所有权派生的他物权，只有所有权人有权改造建筑物，用益权人并无此项权利。乌尔比安指出："用益权人不能改建房间，打通或分割房间，亦不能倒换前后过道，设置过道，改建大厅或者改变其基本的结构形式。"②

罗马时代法律规定，用益权人在完善建筑物时，必须要在保持建筑物现有状况的基础上进行。"因为他可以按照他自己的爱好加以美化，但却不可以改变建筑物的特性。"③ 由于用益权属于他物权，因此用益权人享有的使用权仅仅是按照物的用途对物加以利用的权利。当然，在不改变建筑物基本特征的情形下的适度完善和装修是允许的。用益权人无权改变用益物的属性，因此不能对用益物进行拆分、改建。罗马法律明确规定，对建筑物获得用益权者"不可以将其增加高度，即使并不会影响窗户的采光，因为这样一来无论怎样都会涉及房顶。"④ 在罗马法学家看来，将建筑物加高的行为，由于改变了房顶的形状和特征，因此是不允许的。当然，加高建筑物的行为不仅仅改变了房顶的结构，且改变了整个建筑物的形态和结构，在罗马法上是不允许的。同时，对于其他一些改变建筑物外部形态的建筑行为，罗马法律也是不允许的。

关于用益权人是否能够在墙上挖窗或通墙装门的问题。乌尔比安指出：

---

① 柯努特尔. 导言 [M] //民法大全学说汇纂第七卷：用益权. 米健，译. 北京：法律出版社，1998：17.
② 柯努特尔. 导言 [M] //民法大全学说汇纂第七卷：用益权. 米健，译. 北京：法律出版社，1998：17.
③ 柯努特尔. 导言 [M] //民法大全学说汇纂第七卷：用益权. 米健，译. 北京：法律出版社，1998：17.
④ 柯努特尔. 导言 [M] //民法大全学说汇纂第七卷：用益权. 米健，译. 北京：法律出版社，1998：17.

"用益人也完全不可以在墙上挖窗或通墙装门。"① 由于挖墙和打通墙装门的建筑行为，改变了建筑物的形态，因此是不允许的。意大利学者彭梵得指出，"法学家们认为，在这种使用中也不能改变物的经济用途"②。

另外，为保护所有权人的合法权益，体现用益权作为他物权的属性，罗马法律明确规定，用益权人对建筑物进行改善，而增加在建筑上的一些东西，当用益权终了时，应随同建筑物一同归还给所有权人。用益权人无权拆卸。乌尔比安在《论萨宾》第十八编明确指出："如果用益权人增建了一些东西，那么，他以后不可以取掉或拆除。"③ 罗马法学家认为，用益权人对用益物的使用行为，导致用益物的损耗和价值的降低。因此，为体现对用益物价值的补充，罗马法上方有此规定。

（二）收益权

收益权即由标的物收取孳息的权利，用益权人对标的物所产生的自然孳息和法定孳息享有完全的处置权。既可自行消费，也可让与他人。收益权是用益权的核心，用益权之标的物如为奴隶，则奴隶生子女时，应归奴隶所有权人所有。用益权人不得收取孳息。

收益权主要表现为，获取物的孳息的权利。孳息包括自然孳息与法定孳息。用益权人在收获孳息的过程中和所有权人享有同等的权利。自然孳息，首先包括无生命物，主要是土地产生的孳息，包括直接的孳息和间接的孳息。

用益权人有获得法定孳息的权利，也就是获得用益物产生的收益。罗马时代法学家指出："如果用益权是一项地产，如对房产而取得，那么，产生的所有孳息都属于用益权人所有。其中可能包括建筑物的收入，庭院及其他出于该房产的等等。"④。用益权人能够获得的收益，也即法定孳息，可以来自不动产，包括建筑物、庭院等产生的收益。这种不动产产生的收益主要来自

---

① 柯努特尔．导言［M］//民法大全学说汇纂第七卷：用益权．米健，译．北京：法律出版社，1998：17.
② 彭梵得．罗马法教科书［M］．黄风，译．北京：中国政法大学出版社，1992：257.
③ 柯努特尔．导言［M］//民法大全学说汇纂第七卷：用益权．米健，译．北京：法律出版社，1998：18.
④ 柯努特尔．导言［M］//民法大全学说汇纂第七卷：用益权．米健，译．北京：法律出版社，1998：4.

不动产的出租活动。

从自然孳息的角度来讲，罗马时代法学家认为用益权人可以获得来自土地的一切产物。这个范围是十分宽阔的，可以是来自土地的一切有生命物与无生命物。就有生命物而言，可以是来自土地的植物，例如树木，也可以是动物，例如牲畜。就无生命物而言，可以是产自土地的各种矿石、珠宝等，对于上述物品用益权人可获得其所有权。乌尔比安在《论萨宾》第十七编明确规定："如果一块地的用益权遗赠，那么，所有可以从这块土地上获取的东西都在孳息之列。"①

就来自土地的有生命物而言，用益权人享有的用益权分为两类，一类是就动物本身而言，用益权人可以通过先占的方式，获得来自土地的动物。这种先占的方式主要包括狩猎所得。用益权人对于一块设定了用益权的土地上的动物具有狩猎权。正如罗马时代法学家所言："捕禽和猎获的收获亦属于用益权人。捕鱼亦如此。"②

就土地产生的植物而言，用益权人可以砍伐树木，甚至将砍伐的树木卖出。彭波尼在《论萨宾》第五编中指出："用益权人得从砍伐林中获取木橛，木叉。"③ 罗马时代，从节约资源、防止浪费的角度出发，法律规定，对于土地上生长的植物，价值低廉的灌木和一般树木可以砍伐用作燃料使用。也就是人们常说的砍伐柴薪的权利，柴薪通常价值低廉，且直接产自土地。只要设定了用益权的土地，用益权人都享有砍伐柴薪的权利。但是对于价值高昂的树木，特别是生长周期很长的树木是不允许砍伐的。保罗在《阿勒芬学说汇纂引述》第二编中指出："如涉及大树，则用益权人不可以砍伐。"④

涉及生长周期长的大树，即便是已经被砍伐或被暴风吹倒，用益权人在

---

① 柯努特尔. 导言 [M]//民法大全学说汇纂第七卷：用益权. 米健，译. 北京：法律出版社，1998：6.
② 柯努特尔. 导言 [M]//民法大全学说汇纂第七卷：用益权. 米健，译. 北京：法律出版社，1998：7.
③ 柯努特尔. 导言 [M]//民法大全学说汇纂第七卷：用益权. 米健，译. 北京：法律出版社，1998：9.
④ 柯努特尔. 导言 [M]//民法大全学说汇纂第七卷：用益权. 米健，译. 北京：法律出版社，1998：9.

使用时也有诸多限制。乌尔比安在《论萨宾》第十七编中明确指出："对被砍伐或被暴风吹倒的树木，用益权人只可以为本身的需要和为了房产的需要而取用。"① 同时规定："如果用益权人可以在别处取得燃用木材，那么就不能将建筑木材用于燃料。"② 从罗马时代的法律规定可以看出，价值相对高昂的建筑材料是不能用作燃料的。反映了罗马时代，节约资源的理念。罗马时代的法律，一方面倡导节约资源，一方面由于用益权的属性在于满足用益权人的生产、生活需要，因此，当用益权人需要建筑房屋或者为了庄园的特定需要时，允许砍伐树木、采掘砂石等。乌尔比安在《论萨宾》第十七编中讲道："用益权人可以出于维持庄园的目的而砍伐木材……用益人可以同样烧灰、挖沙或取得其他对于庄园必需的材料。"③

另一类是来自土地的产物的孳息。比如植物的果实，动物的幼畜、乳汁、鬃毛等。正如罗马法学家所言："园圃的产品也属于用益权人，就是说，他可以卖掉植物并种植新的。"④

自然孳息，包括树上的果实。乌尔比安在《论萨宾》第十八篇中讲道："一个遗赠人遗留下了还长在树上但已经成熟了的果实。如果用益权人在取得用益权时发现了它们还长在树上，这个用益权人即可取得这些果实。因为既有的果实应该给予用益权人。"⑤ 按照罗马法律的规定，对土地享有用益权的人，可以获得土地上的孳息。如果土地上的树木结有果实，则用益权人可以采取树上的果实。

《法国民法典》第582条明确规定：用益权人，对其享有用益权的客体可以产生的任何种类的果实，不论是自然果实、人工果实的或民事上规定的果

---

① 柯努特尔.导言［M］//民法大全学说汇纂第七卷：用益权.米健，译.北京：法律出版社，1998：9.
② 柯努特尔.导言［M］//民法大全学说汇纂第七卷：用益权.米健，译.北京：法律出版社，1998：9.
③ 柯努特尔.导言［M］//民法大全学说汇纂第七卷：用益权.米健，译.北京：法律出版社，1998：10.
④ 柯努特尔.导言［M］//民法大全学说汇纂第七卷：用益权.米健，译.北京：法律出版社，1998：8.
⑤ 柯努特尔.导言［M］//民法大全学说汇纂第七卷：用益权.米健，译.北京：法律出版社，1998：31.

实,均有享有的权利。《瑞士民法典》第 756 条第 1 款明确规定:自然孳息,在用益权人权利的存续期间内产生的,为用益权人所有。《瑞士民法典》第 757 条明确规定:以用益本金所生的利息及其他定期收入,自用益权生效之日至用益权终之日,归属于用益权人。

《中华人民共和国民法典》第 324 条明确规定:国家所有或者国家所有由集体使用以及法律规定属于集体所有的自然资源、组织、个人依法可以占有、使用和收益。《中华人民共和国民法典》第 325 条明确规定:国家实行自然资源有偿使用制度,但法律另有规定的除外。

(三) 转让用益权

对于某物享有用益权的人,能否将自己拥有的用益权转让呢?罗马法律规定,当用益权人暂时不使用用益物时,可以将用益权转让,目的是节约资源,防止浪费,促进用益物的循环利用。乌尔比安在《论萨宾》第十七编中指出:"用益权人既可本人对用益物实现收益,亦可将它让与他人收益。"[①] 从乌尔比安的论述可以看出,用益权人可将用益物的使用、收益权让给他人,正如英国学者巴里·尼古拉斯所言:"用益权人可以将用益权的享用加以出租或者出卖。"[②]

现在出现的问题是,用益权人将用益物上设定的使用、收益权转让后,是不是意味着他对用益物享有的用益权就此丧失?罗马法律认为,用益权人最终保留有用益物的用益权,不因用益权的转让而丧失。罗马法学家认为,用益权人将用益物的使用、收益权再度转让,实际上是在收益该物,是享有用益权的体现。因此,用益权人不会因为用益物使用、收益权的转让而丧失用益物上设定的用益权。正如乌尔比安在《论萨宾》第十七编所言:"因为出租给人也是收益,恰如出卖人的收益一样……我认为他是在收益该物并且保留着用益权。"[③] 从乌尔比安的观点可以看出,罗马时代法律规定,当用益物

---

① 柯努特尔. 导言 [M] //民法大全学说汇纂第七卷:用益权. 米健,译. 北京:法律出版社,1998:10.
② 尼古拉斯. 罗马法概论 [M]. 黄风,译. 北京:法律出版社,2000:154.
③ 柯努特尔. 导言 [M] //民法大全学说汇纂第七卷:用益权. 米健,译. 北京:法律出版社,1998:10.

的使用、收益权再度转让时,受让的第三人获得的仅仅是对用益物收益的权利,他并不真正获得物之用益权。正如英国学者巴里·尼古拉斯所言:"他只能使买受人获得对人的权利(债权)。"① 用益权的买受人获得的仅仅是用益物的收益权——债权,而非用全益权本身——物权。用益权作为物权,仍然掌握在用益人手中。

二、用益权人的义务

（一）罗马法上关于用益权人义务的规定

1. 增值财产的义务

罗马法上明确规定,在园圃上设定了用益权的,园圃的产品属于用益权人。用益权人有出售产品的权利,可将产品卖出。但同时,为了节约资源、防止浪费,促进土地的循环利用,罗马法明确规定,用益权人在出卖园圃产品的同时,需要补充、种植新的植物,以充实原有的地产。对于园圃的用益权人,罗马法明确规定:"他可以卖掉植物并种植新的。不过他必须不断地充实为了地产培植而设置的园圃,就像它是地产的从属部分一样。"② 按照罗马法的规定,用益权人在卖掉植物的同时,需要补充相当数量的植物,以充实园圃,保证土地的循环种植和利用。

2. 保持用益物之原状

由于用益权是派生于所有权的他物权,因此,用益权的行使,以不损害所有权为限。用益权人在行使用益权时,不能够使所有权人对所有物的权利受到损害。因此,罗马法律明确规定:"用益权人不可使所有权的状态恶化,但却可以将其改善。如果用益权人就一块土地获得遗赠,则他既不可砍伐已结出果实的树木,亦不可拆毁田庄的农用建筑或作出其他不利于所有权的行为。"③ 按照罗马法律规定,用益权人可以改善用益物,但不能破坏用益物,

---

① 尼古拉斯. 罗马法概论[M]. 黄风,译. 北京:法律出版社,2000:154.
② 柯努特尔. 导言[M]//民法大全学说汇纂第七卷:用益权. 米健,译. 北京:法律出版社,1998:8.
③ 柯努特尔. 导言[M]//民法大全学说汇纂第七卷:用益权. 米健,译. 北京:法律出版社,1998:15-16.

不能行使损害所有权人利益的行为。

　　用益权人有对用益物保持良好状态的义务，具体表现为当建筑物出现破损和坍塌时的修葺和重建义务。乌尔比安在《论萨宾》第十七编中明确指出："法官就强制要求用益权人保持建筑物的完好状态……涉及用益权人一定程度上的修葺义务。"① 乌尔比安认为，用益权人对设定了用益权的建筑物，有修缮的义务。乌尔比安指出："不能阻止用益权人进行修缮。"② 关于建筑物坍塌是否需要重建的问题，在罗马法上区分了不同的情况。如果是因为自然的原因，例如年代久远而坍塌，用益权人不负有重建的义务。正如乌尔比安在《论萨宾》第十七编所言："倘若建筑因年久而塌落，那么继承人和用益权人都无义务加以重建。"③ 但如果是因为用益权人过度使用建筑物导致其坍塌，则负有重建的义务，乌尔比安在《论萨宾》第十七编指出："用益权人可以由法官强制重建用益物。"④

3. 承担相应税费的义务

　　罗马时代法律规定，用益权人在享受相应权利的同时，应当承担相应的税费负担。按照义务随同权利一同转让的原则，用益权人应当承担用益物上产生的相应费用，乌尔比安在《论萨宾》第十八编中明确指出："如果欠下了排水费用或要为通过田地的水管支付一些费用，要由用益权人负担。为了维护保养【公共】道路的费用，以我看来也必须由用益权人承担。此外还有军队通过时要上缴的收成。同样如此，要向市府上缴的东西……所有这些负担均由用益权人承担。"⑤

---

① 柯努特尔. 导言 [M] //民法大全学说汇纂第七卷：用益权. 米健，译. 北京：法律出版社，1998：5.
② 柯努特尔. 导言 [M] //民法大全学说汇纂第七卷：用益权. 米健，译. 北京：法律出版社，1998：6.
③ 柯努特尔. 导言 [M] //民法大全学说汇纂第七卷：用益权. 米健，译. 北京：法律出版社，1998：5.
④ 柯努特尔. 导言 [M] //民法大全学说汇纂第七卷：用益权. 米健，译. 北京：法律出版社，1998：6.
⑤ 柯努特尔. 导言 [M] //民法大全学说汇纂第七卷：用益权. 米健，译. 北京：法律出版社，1998：32.

按照罗马法律规定，用益权人在使用、收益用益物的同时，要承担用益物产生的各种费用。主要包括在用益权设定时，所有权人尚未支付的相关费用。比如欠下的排水费用，用益权人需要承担通过田地的水管产生的费用，还要承担维护公共道路的费用，供给通过军队的费用。在各种费用中，用益权人承担的主要费用是向市府缴纳的各种费用。罗马时代，按照义务随同权利一同转让的原则，用益权设定时，所有权人尚未缴纳的费用由用益权人承担。用益物在使用、收益过程中产生的各项费用，也应当由用益权人承担。

4. 尽善良家长的注意

罗马时代法律规定，用益权人虽然对用益物有使用、收益的权利，但是这种权利是有限而非无限的。用益权人行使物的用益权时，要对物尽善良家长的注意。既不能采用竭泽而渔的方式使用益物遭到破坏，也不能破坏周围的环境。乌尔比安在《论萨宾》第十八编中明确指出："如果用益权人或是污染了空气，或破坏了地力，或是如此多的矿工方面的浪费，以至所有权人不能够支持。那么，用益权人显然就是没有依据诚信之人的判断行使其用益权。"① 可见，用益权人在行使用益权时，不能够污染空气或者破坏地力，也不能过度使用。

如果用益权是就奴隶设定的，那么用益权人必须关爱奴隶，提供给奴隶必要的衣食、医药。乌尔比安在《论萨宾》第十八编中明确指出："用益权人必须分别按用益奴隶的身份和地位，给其以足够的营养和衣物。"② 从乌尔比安的观点可以看出，如果用益权就奴隶设定，用益权人应当关心、关爱奴隶。罗马法律规定，应当按照事先设定的用途使用奴隶，不得随意变换奴隶的工作性质，也不能过度使用奴隶，不能因此对其健康造成严重的损害。乌尔比安在《论萨宾》第十八编中明确指出："如果用益权人将一个抄写员送到农田，强迫他背筐拉石，让一个音乐家去做家务或让一个受过角斗训练的人去

---

① 柯努特尔. 导言 [M] //民法大全学说汇纂第七卷：用益权. 米健，译. 北京：法律出版社，1998：16-17.

② 柯努特尔. 导言 [M] //民法大全学说汇纂第七卷：用益权. 米健，译. 北京：法律出版社，1998：19.

清扫露天厕所，那么，人们就必须将此视作对所有权的滥用。"① 从乌尔比安的观点可以看出，罗马法律明确规定，必须按照奴隶的身份和工作性质对奴隶加以使用和收益。用益权人不能擅自变更奴隶的身份和工作性质。如果擅自变更奴隶的工作角色，则不仅仅被看作对用益权的滥用，而且被看作对所有权的滥用。因为此种行为，最终使所有权人对奴隶享有的所有权受到损害，特别是过度行使用益权，而使奴隶的健康和生命受到严重的威胁。

如果用益权是设定在衣物上的，那么用益权人应当爱惜衣物，不能过度使用而致衣物毁损。乌尔比安在《论萨宾》第十八编中明确指出："他使用这些衣物的前提是不使之毁损。"②

罗马法律同时规定，如果在动产上设立了用益权，用益权人在行使权利时，应当对动产尽善良家长的注意，不能过度使用和收益。如果由于过度使用和收益而致动产损毁的，用益权人应当承担相应的侵权损害赔偿责任。乌尔比安在《论萨宾》第十八编中明确指出："所有情况下用益权人都必须对一切动产节制的收益，以不至于由他的残忍和恣意毁损这些动产；否则他就可能根据阿奎利亚法而受到起诉。"③

（二）大陆法系国家民法关于用益权人义务的规定

1. 尽善良家长的注意

《瑞士民法典》第755条第3款明确规定：用益权人必须以善良管理人的注意行使本条的权利。《德国民法典》第1036条第2款明确规定：用益权人在行使用益权时，应维持物的原来经济用途，并依照通常经营方法处理此物。《德国民法典》第1037条第1款明确规定：用益权人无权对物进行改造或者重大变更。《法国民法典》第601条明确规定：用益权人应当对物之使用提供善良管理人之保证。

---

① 柯努特尔. 导言[M]//民法大全学说汇纂第七卷：用益权. 米健，译. 北京：法律出版社，1998：19.
② 柯努特尔. 导言[M]//民法大全学说汇纂第七卷：用益权. 米健，译. 北京：法律出版社，1998：19.
③ 柯努特尔. 导言[M]//民法大全学说汇纂第七卷：用益权. 米健，译. 北京：法律出版社，1998：19.

用益权人，不得于用益之土地上建筑房屋，或者改变耕作地而为建筑。

2. 税费负担义务

用益人在用益权存续期间应负责支付标的物，主要是不动产上的各种赋税，《法国民法典》第 608 条明确规定：用益权人在用益权存续期间对不动产上每年的各项负担，应承担义务。《瑞士民法典》第 765 条第 1 款明确规定：用益权的标的物通常保存及经营的费用，为该费用的债务所支付的利息及租税。在用益权存续期间，由用益权人负担。《德国民法典》第 1047 条明确规定：用益权人对所有权人负有承受的义务。

3. 返还原物和附属物的义务

用益权终了时，用益权人应向所有人返还原物。如果用益权是以用益权人终身为期限，此义务由其继承人履行。为避免返还之困难或不可能，罗马法及现代一般法例均规定用益权人应负提供担保，尽善良家长之注意，保持原物之用途及负担修理费用等责任。《瑞士民法典》第 767 条第 1 款明确规定：用益权人为所有人的利益，应对用益权的标的物加以火灾或其他灾害保险。《德国民法典》第 1045 条第 1 款明确规定：在用益权存续期间，用益权人应由自己负担费用，对物的火灾损害或者其他损害及其他事故进行保险。

第四节 用益权的设定与消灭

一、用益权的设定

（一）设定方式

罗马法上，由于用益权从性质上看不属于有体物（有形物），而属于无体物（无形物）——权利。罗马时代法律规定用益权不能通过要式买卖的方式转让，我们知道，要式买卖要有转让有形物给买方的环节，由于用益权不具备这样的特征，因此，用益权无法通过要式买卖的方式转让。用益权的设定方式主要有拟诉弃权和要式口约。

罗马时代法学家认为，如果所有权人未立遗嘱，那么可以通过简约和要式口约的方式来设定用益权。盖尤斯在《论日常事务与金律格言》第二编中指出："如果某人想要在无遗嘱的情况下设定用益权，则他可以通过不拘形式的简约和要式口约来进行。"① 由于简约和要式口约在缔结的过程中形式简单，通常不需要履行一方转移物件给他方的行为，比较适合无形物上用益权的设定，同时为了保证用益权设定的有效性，通常口头约定要履行一定的法律程序和仪式。

（二）标的物

罗马时代，法律明确规定，设定用益权的标的物，应当是有形物中的非消耗物。由于消耗物存在的目的是通过消耗导致标的物实体灭失，消耗物实体灭失的属性，无法实现用益权使用、收益的目的，因此在消耗物上不能设定用益权。查士丁尼《法学阶梯》明确规定："这些物都是不适于设定用益权的。这些东西中有酒、油、面粉、衣服等。钱币与此极相类似，因为通过在不断周转中使用，它也就多少等于消耗了。"② 《法学阶梯》具体列举了几种典型的消耗物：酒、油、面粉等，包括钱币。《法学阶梯》认为，通常不能在这些物上设定用益权。关于能否在钱币上设定用益权的问题，在查士丁尼统治时代，认为钱币作为消耗物，原则上是不能设定用益权的。由于钱币消耗物的性质，考虑到有可能使继承人对钱币的继承权落空，因此通常不能够设定用益权。当然，查士丁尼统治时代，出于同时保护继承人以及用益权人权益的考虑，充分发挥物的效用，《法学阶梯》明确规定，在用益权人提供了担保，能够保障设定用益权的钱币返还所有人的情况下，可以在钱币上设定准用益权。《法学阶梯》规定："如以钱币的用益权遗赠他人，所给予的钱币成为受遗赠人的所有物，但受遗赠人应向继承人提供担保。"③ 查士丁尼时代，法律规定，接受遗赠的用益权人在向继承人提供担保的情况下，可以在钱币上设定准用益权，当受遗赠人身份减等或者死亡时，需将估价数量的钱币归还。

---

① 柯努特尔. 导言 [M] //民法大全学说汇纂第七卷：用益权. 米健，译. 北京：法律出版社，1998：2.
② 查士丁尼. 法学总论——法学阶梯 [M]. 张企泰，译. 北京：商务印书馆，1989：61.
③ 查士丁尼. 法学总论——法学阶梯 [M]. 张企泰，译. 北京：商务印书馆，1989：61.

二、用益权的消灭

查士丁尼《法学阶梯》对用益权消灭的情况进行了规定:"用益权因用益权人死亡或遭受两种身份减等之一,即大减等或中减等,或因不依约定方式和规定期间行使而消灭……用益权因用益权人将其权利移转于所有人,或相反的情形,因用益权人取得物的所有权——这种情形称合并——而消灭,除此之外,建筑物无论由于火灾、地震、衰败而消灭,用益权也消灭。"① 从《法学阶梯》的规定可以看出,用益权消灭的情况有以下几种:

(一) 因用益权人死亡或者身份减等而消灭

用益权人死亡,导致设定用益权的主体条件消失,从而导致用益权灭失。另外,因为用益权人的身份减等而致用益权灭失。身份减等的情况分为两种,一种是人格大减等,在这种情况下,由于用益权人丧失了自由权、家长权、市民权从而导致民事死亡,人格灭失。在此种情况下,当事人民事主体资格丧失,用益权消灭。第二种情况是人格中减等,在人格中减的情况下,用益权人虽然拥有自由权,但是由于市民权与家族权的丧失,而致市民资格丧失。由于丧失了罗马的国籍和市民资格,用益权随之宣告灭失。

(二) 因违约而致用益权消灭

根据《法学阶梯》的规定可以看出,用益权人不按照约定方式行使用益权或不按照规定期限行使用益权,用益权人因违约而致用益权灭失。

(三) 因用益权标的物灭失而消灭

用益权可因用益物的灭失而灭失。用益物灭失,导致用益权失去依托,从而灭失。在罗马法上,用益物的灭失需属意外或不能预料的原因导致。

---

① 查士丁尼. 法学总论——法学阶梯 [M]. 张企泰,译. 北京:商务印书馆,1989:62.

第八章

他物权之地上权、永佃权

第一节 地上权

一、概念

地上权是指以在他人土地上设置或保有建筑物、其他工作物或竹木为目的，而使用他人土地的权利。罗马法上，地上权是指支付地租、利用他人的土地建筑房屋而使用的权利。德国学者马克斯·卡泽尔认为：地上权是一种"可以对城市土地支付土地租税（vectigal）而保有建筑物的权利"[1]。

地上权是在他人土地上设置工作物，从而利用他人土地的物权。如因建筑房屋、高架桥、地下通道、地铁等，而利用他人土地的物权。乌尔比安在《论告示》第25卷中指出：我们将在租借地上建造的房屋称为"在他人土地上建造的房屋"，根据市民法和自然法，其所有权属于土地所有权人。[2] 乌尔比安认为，地上权，首先是在他人土地上建造房屋的权利。而所谓他人的土地，则是我们租借而来的土地。因此，地上权的行使不是随意在他人土地上进行的，而是以租借土地为前提的。地上权实际上是一种在他人土地上为建

---

[1] 卡泽尔，克努特尔. 罗马私法 [M]. 田士永，译. 北京：法律出版社，2018：309.
[2] 斯奇巴尼. 物与物权 [M]. 范怀俊，译. 北京：中国政法大学出版社，1999：163.

筑的行为。那么，所建造的建筑物的所有权归谁所有呢？乌尔比安认为，在所租借的他人土地上为建筑，产生的建筑物的所有权归地上权人所有。需要注意的是，地上权的现实，使土地的所有权和房屋的所有权发生了分离。土地的所有权归他人所有，而房屋的所有权归自己所有，也即地上权人所有。

何为地上权人？保罗对地上权人进行了界定。保罗在《论告示》第21卷中指出：所谓地上权人，"即通过交付特定的租金（pensio）而在他人土地上享有地上权的人"①。

二、地上权的构成要件

（一）地上权是以他人土地为标的物的他物权

罗马时代，地上权亦即存在于他人土地上的权利，这里的土地不仅指地面，也包括土地上空及地表下层。

《德国民法典》第1012条明确规定：土地可以此种方式设定其他负担，使因设定负担而享有利益的人，享有土地的地上或者地下设置建筑物的可转让或者可继承的权利。我国法律以土地使用权制度对相应的物权关系予以调整。在中华人民共和国，土地使用权标的是国家或集体所有的土地，城市土地属于国家所有，农村或者城郊土地，除法律规定属于国家所有者外属于集体所有。

（二）地上权是以保有工作物或竹木为目的的物权

所谓工作物，是指土地上下的建筑物及其他设施，如桥梁、沟渠、堤防、隧道等。所谓竹木，是指以植木为目的而种植的竹木，以耕作为目的而种植的谷物、蔬菜等。按罗马法的规定，由于向土地所有权人交纳了租金，因此地上权人拥有地上建筑物及其附着物的所有权。

《德国民法典》第1014条明确规定：地上权不允许只限于建筑物的一部分，特别是只限于建筑物的一层。《瑞士民法典》建筑权第779条第1款规定：在土地上可设定役权，役权人有权在土地的地上或者地下建造或维持建筑物。《日本民法典》第265条明确规定：地上权人，因于他人土地上有工作

---

① 斯奇巴尼. 物与物权[M]. 范怀俊，译. 北京：中国政法大学出版社，1999：165.

物或竹木，有使用该土地的权利。

《中华人民共和国物权法》明确规定，土地使用权是为保存建筑物或其他工作物而使用国家或集体土地的权利。土地使用权可为保存既有的建筑物或其他工作物而设定，也可为在将来一定时期设置建筑物或其他工作物而设定。《中华人民共和国民法典》第342条明确规定：建设用地使用权人依法对国家所有的土地享有占有、使用和收益的权利，有权利用该土地建造建筑物、构筑物及其附属设施。《民法典》所指建筑物主要包括住宅、写字楼、厂房，构筑物主要包括道路、桥梁、隧道。《中华人民共和国民法典》第330条明确规定：农民集体所有和国家所有由农民集体使用的耕地、林地、草地以及其他用于农业的土地，依法实行土地承包经营制度。

（三）地上权通常以交付租金为代价

罗马法时代，一般情况下，地上权以交付租金为成立要件，但不以此为必要，以区别于土地租赁权以及永佃权。

《瑞士民法典》第779条第ⅰ款明确规定：土地所有人为担保建筑权的租金，有权请求任一建筑权人在已在不动产登记簿上登记的建筑权上设定抵押权。《日本民法典》第266条第1款明确规定：地上权人应向土地所有权人支付定期地租时，准用第274条至276条的规定。《中华人民共和国民法典》第347条明确规定：设立建设用地使用权，可以采用出让或者划拨等方法。

（四）地上权具有可继承性即可转让性

享有地上权的人，也即地上权人，因为对自己建筑的房屋拥有所有权，因此，地上权人可将其转让，也即转让房屋的所有权，通过赠遗、遗嘱或者买卖的方式将其转让。正如乌尔比安在《论告示》第70卷中讲道："但应当知道，就像它可以被遗赠和赠与一样，它也可以被转让。"[1]

《瑞士民法典》第779条第2款明确规定：建筑权如无另行约定，可让与或继承。《德国民法典》第1012条明确规定：因设定负担而享有利益的人，享有在土地及地上或者地下设置建筑物的可转让或者可继承的权利。

---

[1] 斯奇巴尼. 物与物权 [M]. 范怀俊，译. 北京：中国政法大学出版社，1999：164.

在我国，土地使用权可以转让。《中华人民共和国民法典》第334条明确规定：土地承包经营权人依照农村土地承包法的规定，有权将土地承包经营权互换、转让。《中华人民共和国民法典》第353条明确规定：建设用地使用权人有权将建设用地使用权转让、互换、出资、赠与或者抵押。但是，法律另有规定的除外。

（五）设定形式严格，需要经过登记手续

罗马时代，地上权"可因契约、遗嘱和判决而取得"[①]。设定形式严格。《瑞士民法典》第779条第3款明确规定：建筑权系独立且长久的，可以作为不动产在不动产登记簿上登记。《瑞士民法典》第779条明确规定：关于设定独立并且长久的建筑权的契约，须采用公证始生效力。《德国民法典》第1015条明确规定：设定地上权，需有土地所有权人与地上权人之间成立的协议，双方当事人必须同时亲自到场，向土地登记局做出意思表示。

《中华人民共和国民法典》第333条明确规定：土地承包经营权自土地承包经营权合同生效时设立。登记机构应当向土地承包经营权人发放土地承包经营权证、林权证等证书，并登记造册，确认土地承包经营权。《中华人民共和国民法典》第348条明确规定：通过招标、拍卖、协议等出让方式设立建设用地使用权的，当事人应当采取书面形式订立建设用地使用权出让合同。《中华人民共和国民法典》第349条明确规定：设立建设用地使用权的，应当向登记机构申请建设用地使用权登记。建设用地使用权自登记时设立。登记机构应当向建设用地使用权人发放权属证书。《中华人民共和国民法典》第365条明确规定：已经登记的宅基地使用权转让或者消灭的，应当及时办理变更登记或者注销登记。

三、地上权的内容

（一）土地使用权

罗马时代法学家认为，地上权存在的目的就是对他人土地的使用，这是

---

① 周枏. 罗马法原论 [M]. 北京：商务印书馆，1994：389.

地上权的本质，也是地上权的核心内容。《瑞士民法典》第779条第b款、明确规定：契约中，关于建筑权的内容及范围，特别是建筑物的位置、外形、范围及用途等，以及建筑时关于利用空地的规定，对建筑权及承役地取得人均有约束力。《德国民法典》第1013条明确规定：如果使用土地的一部分对使用建筑物有利益，即使其对建筑物本身无必要，地上权仍扩及于该部分土地的使用。

(二) 地上权人享有权利的处分权

罗马时代法律规定，地上权人可以将其权利转让给他人行使。大陆法系国家通例，地上权人可将其权利转让与他人。我国现行立法也允许土地使用权的转让，规定了严格的条件。地上权转让时，地上建筑物或者其他工作物是否随之转让？《德国民法典》明确规定，建筑物是地上权本质的构成部分，地上物随地上权转让。《日本民法典》则主张建筑物上可设立独立的物权。地上权与地上物既可一并转让，也可分割转让。

《中华人民共和国民法典》第356条明确规定：建设用地使用权转让、互换、出资或者赠与的，附着于该土地上的建筑物、构筑物及其附属设施一并处分。也就是我们通常讲到的：房随地走。《中华人民共和国民法典》第357条明确规定：建筑物、构筑物及其附属设施转让、互换、出资或者赠与的，该建筑物、构筑物及其附属设施占有范围内的建设用地使用权一并处分。也就是我们通常讲到的：地随房走。

在我国，房随地走和地随房走已经在法律实践和社会生活中得到普遍认可。

(三) 抵押权

罗马时代，地上权可以作为抵押权的标的，为地上权人的债务提供担保。《瑞士民法典》第779条第i款明确规定：土地所有权人……有权请求任一建筑权人在已在不动产登记簿上登记的建筑权上设定抵押权。《中华人民共和国民法典》第354条明确规定了建设用地使用权抵押。

《中华人民共和国城市房地产管理法》第47条明确规定：依法取得的房屋所有权连同该房屋占有范围内的土地使用权，可以设定抵押权。《中华人民共和国民法典》第342条明确规定：通过招标、拍卖、公开协商等方式承包农村土地……可以依法采取出租、入股、抵押或者其他方式流转土地经营权。

（四）地上物取回权

罗马时代法律规定，地上权人作为地上建筑物、其他附着物的所有人，在地上权消灭之际，有权取回上述物品。《日本民法典》第269条第1款明确规定：地上权人于其权利消灭时，可以恢复土地原状，收去其工作物及竹木。但是，土地所有人通知愿以时价买取时，地上权人无正当理，由不得拒绝。《瑞士民法典》第779c条明确规定：建筑权消灭时，建筑物因为土地的组成部分而归属于土地所有人。《瑞士民法典》第779d条还规定：土地所有人，因建筑物归其所有应向原建筑权人支付合理的补偿金。《中华人民共和国城镇国有土地使用权出让与转让暂行条例》第40条明确规定：土地使用权期满，土地使用权及其地上建筑物、其附着物所有权由国家无偿取得。

《中华人民共和国民法典》第338条明确规定：承包地被征收的，土地承包经营权人有权依据本法第二百四十三条的规定获得相应补偿。《中华人民共和国民法典》第358条明确规定：建设用地使用权期间届满前，因公共利益需要提前收回该土地的……给予补偿，并退还相应的出让金。《中华人民共和国民法典》第359条明确规定：住宅建设用地使用权期间届满的，自动续期。

四、地上权的保护

罗马时代法律规定，可通过颁发不动产令状的方式对地上权人拥有的地上建筑物所有权进行保护。地上权保护令状由裁判官颁发。乌尔比安认为，地上权保护令状具有双重作用。一方面，使建筑物所有权得到保护不受侵犯，另一方面，使地上权人对土地的占有权得到保护。乌尔比安在《论告示》第70卷中指出："按不动产占有令状（inter-dictum uti possidetis）的模式建议使用的令状具有双重作用。因此就像使用不动产占有令状一样，裁判官保护主张地上权的人而不要求他说明占有的原因，唯一需要考虑的是，从对方的角度讲，其占有是否是暴力的、秘密的及不确定的占有。"①

乌尔比安认为，针对地上权的保护令状实际上具有不动产占有令状的功能。这种令状具有双重功能，一方面，保护地上权人对建筑物拥有的所有权；另一方面，保护地上权人对他人土地拥有的占有权。地上权保护令状对占有的保护相对容易，不需要地上权人提供合法占有凭据，只要占有没有暴力占有、秘密占有及不确定占有，也即不稳定占有的情况即可。

第二节 永佃权

在罗马时代，永佃权通常是就市政府与罗马市民之间土地的租赁关系而言的。罗马市民永久租赁市府的土地，且世世代代耕种市府土地。这种情况与古代中国农民租种地主土地的所谓永租权有很大的不同。

一、永佃权的含义

罗马时代，永佃权，通常是指罗马市民与市政府之间就土地的永久租赁关系签订的协议。永佃权，是租种土地的人在市府土地上设立的永久租赁关系，是设立在他人土地上的权利，也即他物权。德国学者马克斯·卡泽尔指出："租税地（ager vectigalis）是罗马国家或者社区所有的农耕地，在元首制时期还包括荒地，为收取租税（vectigal）将这些土地用于永佃。"②

二、永佃权的存在依据

永佃权的存在，与罗马版图扩张，与社会经济发展状况密不可分。一方面，帝国早期，罗马社会版图快速扩张，使城市的自治组织——市政府拥有大量的可耕土地。另一方面，罗马市民，通常是生活在山野乡村的农户，为

---

① 斯奇巴尼. 物与物权 [M]. 范怀俊, 译. 北京: 中国政法大学出版社, 1999: 164.
② 卡泽尔, 克努特尔. 罗马私法 [M]. 田士永, 译. 北京: 法律出版社, 2018: 308.

了生存需要，特别是在无力购买土地的情况下，需要租种他人的土地维持生计。永佃权便应运而生。罗马时代，特别是帝国时代，市府组织将大量闲散用地租赁给罗马市民，从而产生了永久租赁土地为生的永佃权人：乡村农户。

三、永佃权的特征

（一）永佃权所针对的土地是以缴纳租金为存在依据的乡村土地——税地

保罗在《论告示》第 21 卷中指出：在市府土地中，一些被称为税地（agri vectigales），另一些则否。被永久出租的市府土地被称为"税地"。根据契约（lex），只要这些土地的地税（vectigal）被交纳，便不许剥夺土地承担人及其继承人耕种土地的权利。[①] 保罗认为，市府的土地由两部分组成，一部分是用来永久出租的，一部分则是自己使用的。

永久出租的土地被称为"税地"，"税地"是由罗马市民——乡村农户与市政府通过协议确定的，缴纳地税为成立要件的土地租赁关系。为了保证市府就土地租赁产生的稳定收入，也保证农民与土地之间的相对稳定的联系，市府的一部分土地，通过永久租赁来获得稳定收入。

（二）永佃权人的权利受到法律保护

这种永久租赁的土地，从性质上看，一方面，租赁人可以世世代代耕种土地，也就是保罗所讲的，不能剥夺税地承租人及其继承人耕种市府土地的权利。另一方面，由于永佃权属于他物权，是罗马市民设定在市府土地上的权利。因此，永佃权人对所租赁的市府土地不享有所有权，也即不享有所租赁土地——税地的处分权，不能将税地卖出。当然，尽管如此，永佃权人还是享有一定的权利。正如保罗在《论告示》第 21 卷中讲道的："为了永久享用土地而向市府租地的人虽未变成所有权人，但他有权对任何一个占有人，甚至对市府本身提起对物之诉。"[②] 保罗认为，永佃权人作为他物权人，不享有所有权，但他还是拥有相当的权利。永佃权人可以对抗他人的非法占有行

[①] 斯奇巴尼．物与物权［M］．范怀俊，译．北京：中国政法大学出版社，1999：125．
[②] 斯奇巴尼．物与物权［M］．范怀俊，译．北京：中国政法大学出版社，1999：125．

为,也可以对抗市府的侵权行为。拥有对他人非法占有行为和市府侵权行为提起诉讼的权利。

(三)对土地租赁的永久性

永佃权,从性质上看,主要表现为永远租赁土地。因为其对土地租赁的永久性,因此,罗马法学家认为,永佃权与严格意义上的租赁关系以及买卖关系有很大的不同。永佃权不同于普通的租赁关系,普通的租赁关系通常是有期限的,而非永久的,而永佃权则具有永久性。永佃权,虽然具有永久租赁土地的特点,但永佃权毕竟只是他物权。因此,与具有所有权属性的土地的买卖关系,也有很大的不同。永佃权人不具有土地的买卖权利,不能将租赁的土地卖出。正如芝诺皇帝在致大区长官色巴斯蒂亚鲁斯的信中指出:"我们规定,永佃权(jus emphyteuticarium)既非租赁(conductio)亦非买卖(alien-atio),而是同上述两种合同毫无联系或相似之处的一种权利,是一个独立概念,是一个正当、有效的合同的标的。"① 芝诺皇帝认为,永佃权是一种特殊的租赁关系,和一般的有期限的租赁关系和拥有所有权的买卖关系有很大的不同。他的判断是准确的。

因此,永佃权是一种针对土地租赁的永久协议。

芝诺皇帝认为,"那一合同中,双方以书面形式就任何情况(包括意外情况)达成的协议被看成是永远不变的,不管怎样必须被遵守。"② 芝诺皇帝认为,永佃权是一项永久租赁,因而也是永远不变的协议,对租赁人和出租人都具有法律效力。英国学者巴里·尼古拉斯认为:"罗马法上的永佃权(emphyteusis)起源于这样的实践:长期地或者永久地出让国家的或者城市的土地(赋税田【ager vectigalis】),其回报是支付年租金。"③ 英国学者巴里·尼古拉斯的观点是十分正确的。

---

① 斯奇巴尼.物与物权[M].范怀俊,译.北京:中国政法大学出版社,1999:126.
② 斯奇巴尼.物与物权[M].范怀俊,译.北京:中国政法大学出版社,1999:126.
③ 尼古拉斯.罗马法概论[M].黄风,译.北京:法律出版社,2000:157.

第九章

担保物权之质权

　　罗马时代法学家认为,他物权的存在有两种需要,一种是为了满足人的生产、生活需要,或者是土地的利用需要,称为用益物权。罗马时代,法学家发现,一个人的物是有限的,常常需要借助他人之物来满足自己生产、生活的需求。当然这种生产、生活需求有两种情况:一种是满足自己对土地的利用需求,所谓地役权;另一种是满足自己的生产、生活需求,所谓用益权。当然满足自己的生产、生活需要的使用权、地上权等都属于他物权。在他人物上设定权利的第二种情况是,满足和保障自己的债权得以实现,避免因债务人违约而导致履约不能。为保障自己的债权得以实现而设立的他物权称为担保物权。

　　担保物权的设立,从根本上讲,是保证债务人及时履行债务,保障债权人的债权得以实现。当债务人不积极履行债务时,债权人可以将债务人抵押的不动产、质押的动产卖出,从价款中优先受偿,从而使自己的债权不至于落空,使债权人的合法权益得到保障。

　　罗马时代,对于债务担保,不提倡对人的担保,也就是说不能够扣押人身。将债务人变为债务奴隶,在法律上是严格禁止的。罗马时代法学家认为,债务抵押只能在物上设定。彭波尼在《论萨宾》第 11 卷中明确指出:"物的担保(cautio)优于人的担保。"[1]

---

[1] 斯奇巴尼. 物与物权 [M]. 范怀俊,译. 北京:中国政法大学出版社,1999:166.

第一节 质权概况

担保物权，根据债权标的数额大小的不同，有抵押权和质押权的存在，通常抵押权的标的物为不动产，以保障大额的债务得以履行，债权人的债权得以实现。而质押权的标的物常常为动产，以保障小额的债务得以履行。罗马时代，有关于质押和抵押的规定，两者除标的物为动产和不动产外，区分并不明显。罗马时代法学家认为，质押和抵押并无根本区别。因此，有学者将罗马法上标的物为动产的质押称为给付质押，将标的物为不动产的抵押称为协议质押①。

一、质权概述

（一）动产之质押

在罗马法上，质押是针对动产设立的。罗马时代法学家从不同角度对质押进行了定义。乌尔比安在《论告示》第28卷中指出：我们确实将物之占有转移于债权人的"质"（pignus）。② 乌尔比安认为，质的存在或者设立，是以物之占有能够转移给债权人为基础的。当然，能够转移占有的只能是动产，不能是不动产。盖尤斯在《论十二表法》第6卷中对质押做了深刻定义，他说："质押"（pignus）一词源于"拳头"（pugnus）。因为用于质押之物要被亲手交付，所以一些人认为质权（pignus）本身被设定于动产之上。③ 盖尤斯也认为，质押权是设定在动产上，以动产为基础的。刘家安指出："质押（pignus）是指任何不导致作为担保之客体的物的所有权的直接移转的物权性担保。"④ 乌尔比安在《告示评注》第28卷中指出：质押与抵押是两种不同

---

① 费安玲. 罗马私法学 [M]. 北京：中国政法大学出版社，2009：239.
② 斯奇巴尼. 物与物权 [M]. 范怀俊，译. 北京：中国政法大学出版社，1999：166.
③ 斯奇巴尼. 物与物权 [M]. 范怀俊，译. 北京：中国政法大学出版社，1999：166.
④ 费安玲. 罗马私法学 [M]. 北京：中国政法大学出版社，2009：239.

215

性质的担保物权。我们称之为"质押（pignus）"，正是因为向债权人移转【占有】；【而称之为】"抵押（hypotheca）"，则因为连占有也不向债权人移转。①

（二）协议质押：不动产之抵押

在罗马法上当债务人不积极履行债务，使债权人的合法权益受到侵害，债权人为了督促债务人及时履行债务，保证自己的合法权益不受侵害，要求债务人针对大额债务设置抵押，提供抵押物。罗马法上，小额债务，可使用质押完成，而大额债权标的则需要通过抵押完成，罗马时代，在五大法学家生活的时代，法律上对质押和抵押已有明确区分。

乌尔比安在《论告示》第28卷中指出：将物之占有不转移于债权人的称为"抵押"（hypotheca）。②

罗马时代法学家，主要从是否转移物的占有出发，区分质押与抵押，不转移物的占有，就是抵押权设定的标志。

罗马时代，质押与抵押在法学家的言论中很容易发生混淆，相关法律规定在早期也有含混不清的情况。质押和抵押在五大法学家生活的时代，逐渐有了较为清晰的区分。一般而言，转移物的占有的就是质押，而不转移物的占有的就是抵押。从这个意义上讲，罗马早期社会，区分质押和抵押的依据不是动产和不动产，但是就质押而言，通常会是动产，因为不动产难以移动。就抵押而言，只要是不转移物的占有，也可以设定抵押，因此，早期质押和抵押在区分上让人产生疑虑。当然，就物的移动情况而言，抵押权的设立多以不动产为标的，正如周枏先生所言："但实际上，动产担保多用质权，不动产担保多用抵押。"③

---

① 学说汇纂第13卷：要求归还物的诉讼 [M]. 张长绵，译. 腊兰，校. 北京：中国政法大学出版社，2016：107.
② 斯奇巴尼. 物与物权 [M]. 范怀俊，译. 北京：中国政法大学出版社，1999：166.
③ 周枏. 罗马法原论 [M]. 北京：商务印书馆，1994：395.

二、质权的产生

罗马时代，质权的产生，与罗马时代经济的繁荣，商品交易的活跃有着十分重要的关系。共和国早期，伴随着罗马国家的扩张，从共和国中期到帝国初期这一段时间，罗马经济繁荣，社会发展，市场发育，商品经济有了长足发展，贸易活动频繁。金钱交易与买卖行为活跃。当时，在罗马的大广场——卡斯托尔神庙附近，每天都进行着交易活动。美国学者罗斯托夫采夫指出：这里进行着"各种各样现金交易或信用交易的货物，意大利和外省的农庄与地产，罗马及其他地方的房产与铺面，船只和货栈，奴隶和牲口等等"①。罗斯托夫采夫指出："在早期罗马帝国的经济生活中，除了农业，主要的因素当然就是商业了。"② 罗马社会商品经济的发展使借贷行为十分活跃。借贷行为的发生，极大地推动了商业活动的顺利进行，同时也带来了一系列的问题。主要的问题就是债务人可能因为自身原因导致无法履行债务，使债权人的债权难以实现。在这种环境下，推行债务担保制度就成为必要。质权，在罗马时代，是十分重要的一种债务担保制度。

三、质权的实现

质权就其设立目的而言，主要是保证债务人积极履行债务。质权，主要存在于以金钱为标的债权、债务关系中。为防止债务人不能履行债务，债权人要求债务人将其动产转移占有给自己，或者不转移占有，在不动产上设定权利。这个时候债务人转移的是物的占有权而非所有权。正如英国学者巴里·尼古拉斯所言："质押不涉及对所有权的转移，只涉及转移对物的占有。"③ 在质押设立的时候，转移的仅仅是物的占有权而非所有权。

---

① 罗斯托夫采夫. 罗马帝国社会经济史：上册[M]. 马雍, 厉以宁, 译. 北京：商务印书馆, 1985：53.
② 罗斯托夫采夫. 罗马帝国社会经济史：上册[M]. 马雍, 厉以宁, 译. 北京：商务印书馆, 1985：53.
③ 尼古拉斯. 罗马法概论[M]. 黄风, 译. 北京：法律出版社, 2000：160.

质权，就其设立目的而言，是为了保证债务的积极履行，保证债权人债权的实现。为此可以设定质押。加图在《农业志》中对质押的情况进行描述。他说："在他付清费用或立下保证以前，他们带到地产上的物品，都被当作抵押品。"① 加图在这里讲到的抵押品，实际上就是罗马法上的质押。加图还写道："在未偿付赔款，或提出保证，或指定还债人以前，在该地的牲畜和奴隶，都应作为抵押品留下。"② 加图所言这种情况，是针对土地的租赁者而言的。加图还讲道："要作为抵押留下，直到买户向主人立下保证，或付清了款项的时候。"③ 这个内容，是针对侵权损害赔偿而言的。加图在上述描述中讲到的抵押或者抵押品，实际上就是罗马法上的质押，其中的奴隶以及牲畜等都属于动产的范畴。

第二节 质权标的物

一、具体之标的物

（一）动产

就质押权设立的标的物而言，质押主要在一般的动产上设立，这些动产种类繁多，有时候孳息也可以作为质押之物。彭波尼在《案例选集》第13卷中指出："就乡村土地而言，其产生的孳息被默视为质押给了出租土地的所有权人。"④ 在彭波尼看来，孳息作为质押之物，是就土地的租赁关系而言的。租赁土地的他物权人为保障租金的及时给付，可将土地上产生的孳息作为质押物，出质给土地的所有权人。当租金给付不能时，土地所有权人将租赁土地的人提供的质押物——孳息变卖后从中优先受偿。当然孳息的范围是广阔

---

① 加图. 农业志 [M]. 马香雪，王阁森，译. 北京：商务印书馆，1986：67-68.
② 加图. 农业志 [M]. 马香雪，王阁森，译. 北京：商务印书馆，1986：69.
③ 加图. 农业志 [M]. 马香雪，王阁森，译. 北京：商务印书馆，1986：70.
④ 斯奇巴尼. 物与物权 [M]. 范怀俊，译. 北京：中国政法大学出版社，1999：167.

的，包含了土地自身产生的孳息如矿产资源；土地上产生的各种农作物、植物；土地上的植物产生的孳息，主要是树上结出的果实。

（二）不动产

罗马法律规定，可以在不动产——土地上设立抵押权。同时规定，可以就一块土地与几个债权人设定土地的抵押权。莫特斯丁在《论抵押规则》单卷本中指出："你因向铁裘斯贷了一笔钱，并同他商定将一块土地抵押给他；后来你又向麦威乌斯贷了一笔钱，并同他商定，如果那块土地不再是铁裘斯的抵押权的标的，便将被抵押给他；最后，为偿还铁裘斯的贷款，第三人贷给你一笔钱，并同你商定同一块土地将被抵押给他，他将取代铁裘斯。"[1] 莫特斯丁讲到的司法实例中，某人在自己的土地上设定了三个抵押权。首先，他与铁裘斯商定在自己的土地上设定抵押权，这是第一个抵押权。其次，与麦威乌斯设定了负有条件的抵押权，即当铁裘斯不再是抵押权人时，将把土地的抵押权转让给他。另外，与第三人签订协议，将第三人的贷款归还给铁裘斯，第三人将取代铁裘斯，成为新的抵押权人。在这种情况下就出现了矛盾，第三人取代铁裘斯成为抵押权人时，第二人的抵押权如何实现？能不能实现？莫特斯丁认为，在第二和第三人针对土地的抵押权发生纠纷时，"第三个债权人的法律地位毕竟比第二个债权人的优越"[2]。司法活动中情况往往是复杂的，莫特斯丁认为，如果某人用第三人的贷款偿还了铁裘斯的贷款，那么就可以替代铁裘斯，成为新的抵押权人。

二、标的物设立的条件

（一）须为可有物

就质权设定的标的物而言，罗马法律明确规定，质权的标的物不能是非财产物（不可有物），查士丁尼《法学阶梯》明确规定："神圣物指大祭祀向神隆重奉献的东西，例如专供礼拜上帝的神圣建筑物以及奉献物；根据朕的

---

[1] 斯奇巴尼. 物与物权 [M]. 范怀俊，译. 北京：中国政法大学出版社，1999：169-170.
[2] 斯奇巴尼. 物与物权 [M]. 范怀俊，译. 北京：中国政法大学出版社，1999：170.

宪令，这些东西禁止出售和质押。"① 质押物必须是财产物（可有物）。由于质权的实现是以出质物的卖出为基础的，因此，质权的标的物必须能够参与市场流转。也即，质权只能在可流通物上设立，不能够在禁止流通物上设立。马尔西安在《论抵押规则》单卷本中指出："一个人不得以不能被购买之物作为质权标的，因为它不是交易物。"② 马尔西安认为，质权的标的物必须是可交易物、可流通物，不能够在禁止流通物上设立质权，他的观点无疑是正确的。

（二）可以更换标的物

关于质权的标的物是否可以更换的问题，罗马时代法学家认为，质权的标的物是可以更换的。塞维鲁和安东尼皇帝在致鲁齐乌斯的信中指出："虽然你的对方接受了以特定财产充当的质物，后又同意以一般财产作为质物，以特定财产和以一般财产设定的质权具有同等效力。"③ 塞维鲁和安东尼两位皇帝都认为，在债权人和债务人自愿协商的情况下，出质物可以由特定财产更换为一般财产，也即由特定物更换为一般物。当然，质权标的物更换是有前提的。一般情况下，只要特定财产能够保证债务人债务的履行，则不可以一般财产替代，只有在特定财产难以保证债务及时履行的情况下，才能够用一般财产替代特定财产。塞维鲁和安东尼皇帝在致鲁齐乌斯的信中指出："如果他的整个债权肯定能以其接受的以特定财产充当的质物来满足，那么行省长官将命令他不能接受后来以一般财产充当的质物。"④

（三）允许以他人之物出质

罗马时代，在现实生活中，还遇到能否以他人之物作为出质物的问题，回答是可以的。保罗在《告示评注》第29卷中明确指出："经所有权人同意，他人之物可被给付作为质物，即使物在所有权人不知情的情况下被给付，而后他追认的，质押仍有效。"⑤ 罗马时代法学家认为，在设定出质物的过程

---

① 查士丁尼. 法学总论——法学阶梯 [M]. 张企泰，译. 北京：商务印书馆，1989：49.
② 斯奇巴尼. 物与物权 [M]. 范怀俊，译. 北京：中国政法大学出版社，1999：168.
③ 斯奇巴尼. 物与物权 [M]. 范怀俊，译. 北京：中国政法大学出版社，1999：168.
④ 斯奇巴尼. 物与物权 [M]. 范怀俊，译. 北京：中国政法大学出版社，1999：168.
⑤ 学说汇纂第13卷：要求归还物的诉讼 [M]. 张长绵，译. 腊兰，校. 北京：中国政法大学出版社，2016：119.

中，主要考察物的所有权人的意愿。只要物的所有权人同意将自己的物作为质物，质权便可成立，哪怕是他人之物也不再过问。出质前同意或者出质后追认，均不再过问。

（四）房、地不得分开出质

罗马时代，关于房和地能否分开，只出质房或者只出质地，回答是否定的。罗马时代法学家认为，由于房子是土地的附着物，无法与土地分离。因此，在将房子出质时，地基要受到影响。同样，出质物为土地时，土地上的房屋也会受到影响。保罗在《（告示）短论》第6卷中明确指出："出质房屋，则地基已受束缚；实际上，后者是房屋的一部分，在相反的情形，则房随地走。"① 可见，罗马时代法学家认为，由于房屋和土地不可分割的属性，要么地随房走，要么房随地走，房屋与土地一同出质。

（五）以物的实际转移为成立要件

质押，一般需以物的实际转移为成立要件，但是对于一些小额借贷，也有相对宽松的要求。乌尔比安在《论萨宾评注》第40卷中指出："质押不仅可通过交付缔结，也可通过裸体协议缔结即使没有交付。"②

三、标的物转让的条件

（一）债务履行不能时转让

罗马时代，由于债权人并非出质物的所有权人，出质物只是在其临时占有、管领之下。因此，对于出质物是否可以卖与他人的问题，罗马法律做了相对宽松的规定。乌尔比安在《萨宾评注》第41卷中指出："从【质押】开始或随后，若达成协议转让该质物，则不仅出卖行为有效，而且买方开始享有物之所有。"③ 罗马法律规定，质押开始后，双方可达成协议。债权人，也

---

① 学说汇纂第13卷：要求归还物的诉讼［M］.张长绵，译.腊兰，校.北京：中国政法大学出版社，2016：121.
② 学说汇纂第13卷：要求归还物的诉讼［M］.张长绵，译.腊兰，校.北京：中国政法大学出版社，2016：99.
③ 学说汇纂第13卷：要求归还物的诉讼［M］.张长绵，译.腊兰，校.北京：中国政法大学出版社，2016：101.

即质押权人，有权将出质物卖出，将出质物所有权转让于他人。在罗马的司法环境中，这种情形一般较少发生，但在几种情况下可发生出质物的买卖行为。第一种情况是，债务人无力履行债务，或者有特殊原因导致履约不能。第二种情况是，债务人自愿放弃出质物，愿意用出质物抵偿债务。由此可以看出，罗马法律对于出质物的转让，条件相对宽松。

（二）双方约定转让

首先，如果双方已达成出质物不得在债务履行完毕前转让的协议，债权人不得转让出质物，如果转让，则构成侵权行为。乌尔比安在《萨宾评注》第41卷中指出："若已达成不得转让之协议，债权人却转让该物，则受盗窃之诉的束缚。"[①]

其次，对于质押所用的土地能否卖出的问题，罗马时代的法学家也进行了深入探讨。一般的观点认为，由于土地作为不动产是重要的物，正常情况下，不允许债权人随意出卖质权人出质的土地，当然，为了方便债权的实现，双方也可以就质押的土地的买卖行为达成协议。双方可通过协议来确定由债务人卖出用于质押的土地，或者由债权人卖出用于质押的土地。

再次，双方可达成协议，由出质人出卖质押的土地，以清偿债务。在一些特定的情况下，债权人也可单方面决定出卖质押的土地。彭波尼在《萨宾评注》第35卷中指出："债务【数额】相对非常少，今天出卖质物可以比以后出卖质物获得更高的价格。"[②]

另外，通过对价支付转让。在罗马的现实生活中，有些时候，债务尚未履行完毕，债权人已死亡。这个时候，就存在一个质押物返还的问题。在现实生活中，有可能在某人去世后，多个继承人继承其债权。比如质权人甲就十万元消费借贷与出质人商定，由债务人乙将自己的土地质押给甲。后来甲去世，甲的五个儿子继承了十万元债权，每人平均继承二万元，其中一个儿

---

① 学说汇纂第13卷：要求归还物的诉讼 [M]. 张长绵，译. 腊兰，校. 北京：中国政法大学出版社，2016：101.
② 学说汇纂第13卷：要求归还物的诉讼 [M]. 张长绵，译. 腊兰，校. 北京：中国政法大学出版社，2016：103.

子的二万元得到了清偿，剩余四个儿子的债权未得到清偿。现在存在的问题是，这四个儿子想要将获得质押的土地怎么卖出的问题。罗马时代的法学家认为，在这种情况下，如果未获债权清偿的四个儿子想要将出质的土地卖出，那么可行的做法是，这四个儿子与出质人协商，给付出质人对等的价款，他们只要将债务人已经履行的给付归还给债务人，就可以将出质的土地卖出。"只要其他继承人向债务人给付——该债务人已经向共同继承人支付的——金钱，则他们可以出卖整个【作为质物之】土地。"①

（三）不动产转让的限制

首先，土地，不得随意转让。总体而言，如果质押的标的物是重要的物——土地，那么，债权人不得随意将出质人用于质押的土地卖出。只有在债权人感到债务人履约无望时，才能够将质押的土地卖出，当然，双方也可以协商，由出质人将质押土地卖出，但为了保证债权人债权的实现，债务人需要提供相应的担保。"债务人需事先向债权人提供担保，对可能造成的损失负责。"②

其次，不得用土地转让金放高利贷。在罗马的司法实践中，还有一种情况，就是债权人将用于质押的土地卖出，然后用这笔价款放高利贷。这个时候，就存在一个问题：由此笔价款产生的高利贷利息应当归谁所有，是归出质人所有，还是归债权人所有？罗马时代的法学家认为，如果是一般意义上的存款利息，则应当归债权人所有。放高利贷产生的利息，应当归出质人所有。"若【用该价款】放高利贷，则他必须向出质人给付该价款之利息所得。"③

（四）出质物转让的时间

关于出质物出卖的时间问题，罗马时代法学家也进行了广泛的讨论。普遍认为，如果出质人与质权人，签订了要式口约，承诺债务通过几年支付完成，每年支付一定数额。这种情况下，在债务履行完毕之前，一般来说，质

---

① 学说汇纂第 13 卷：要求归还物的诉讼 [M]. 张长绵，译. 腊兰，校. 北京：中国政法大学出版社，2016：111.

② 学说汇纂第 13 卷：要求归还物的诉讼 [M]. 张长绵，译. 腊兰，校. 北京：中国政法大学出版社，2016：103.

③ 学说汇纂第 13 卷：要求归还物的诉讼 [M]. 张长绵，译. 腊兰，校. 北京：中国政法大学出版社，2016：103.

权人也即债权人，不得出卖质押物。"在所有债务清偿期届满前，我不得出卖质物。"① 罗马时代法学家认为，在债务履行的最后期限到来之前，即便有部分债务未按期履行，质权人也不能出卖质押物。

（五）关于出质物的损毁赔偿

罗马时代，现实生活中还有一种情况是，当遭遇意外事件时，质押物损毁谁来承担责任的问题，例如质押的奴隶因为疾病死亡，质押的房屋因遭遇火灾损毁，罗马时代法学家认为，当债权人在支付了必要的管理等多项费用后，质押物损毁"则享有质权人职权"。② 当出现这种情况时，债权人也即质权人能够享有质权人之诉，通过诉讼方式，要求出质人承担相应的损害赔偿责任，同时，重新交付出质物。

第三节　质权双方主体权利、义务及质权的消灭

一、债权人的权利、义务

（一）债权人的权利

1. 获得出质物也即质押物的权利

债权人与出质人根据约定，为担保小额债务的实现，由债务人转移动产的占有权给债权人。

2. 转让质押物的权利

罗马时代法律规定，当债务人不能及时履行债务，而致履约不能时，债权人可以将质押物卖出，优先受偿。查士丁尼《法学阶梯》明确规定："债权人根据约定出让质押物，虽然这一质押物并非他的财产。可是，这种让与也

---

① 学说汇纂第13卷：要求归还物的诉讼 [M]. 张长绵，译. 腊兰，校. 北京：中国政法大学出版社，2016：105.
② 学说汇纂第13卷：要求归还物的诉讼 [M]. 张长绵，译. 腊兰，校. 北京：中国政法大学出版社，2016：105.

>>> 第九章 担保物权之质权

许可以认为是出于债务人的意思,因为当初订立约定时,他同意债权人如果债务不清偿,则可出卖质押物。"① 查士丁尼认为,债务人履约不能时,债权人可以将质押物卖出,也即转让质押物所有权给他人,从而保证自己的债权得以实现。按照罗马时代的法律规定,当主债权履约不能时,质权人也可以出卖质押物。同时当"其他【债权】,如利息、涉及质物的必要费用【等未获清偿时,也可以出卖质物】"②。按照罗马时代的法律规定,不仅主债权要得到清偿,其他债权,例如利息、保管质物产生的费用等都需要得到清偿。如果其他债权得不到清偿,债权人仍可以出卖质押物。

3. 解除质权

罗马法上,法学家认为,质权人也即债权人,还有解除质权的权利。罗马时代,现实司法活动的情况是复杂的。很多时候,在司法实践中,债权人的想法可能会发生变化。比如债权人认为以奴隶或者其他动产作为质押物,可能会产生质押物毁损的情况。于是产生是否允许在质押行为完成后,想要以其他出质物为标的担保,从而解除原质押的问题。罗马时代的法律做出相对宽松的规定,一般而言,只要质权人和出质人双方达成协议,即可解除原质押协议,更换新的质押物,只要双方愿意,即便新的质押物,可能在质量和数量方面不如原有的质押物,也不再过问。"只要使得债权人愿意解除质押,或为他提供了其想要之担保——即使他因此而受到了欺骗——也认为他获得了满足。"③

4. 提起诉讼的权利

罗马时代法律认为,债权人在自己合法权益受到侵犯时,拥有提起诉讼的权利。在罗马的司法实践中,可能会遇到债权人因为胁迫向债务人交付质押物的情况。例如,债权人因胁迫向出质人返还用以质押的奴隶。这个时候,债权人是善意的,且是非自愿的。在这种情况下,债权人可以提起诉讼。"若

---

① 查士丁尼. 法学总论——法学阶梯 [M]. 张企泰,译. 北京:商务印书馆,1989:70.
② 学说汇纂第13卷:要求归还物的诉讼 [M]. 张长绵,译. 腊兰,校. 北京:中国政法大学出版社,2016:107.
③ 学说汇纂第13卷:要求归还物的诉讼 [M]. 张长绵,译. 腊兰,校. 北京:中国政法大学出版社,2016:109.

他根据胁迫之事实提起诉讼，并且获得四倍之赔偿的，无须归还任何获得的东西，也无须将之抵偿债务。"① 罗马时代法律认为，如果质权人因受到胁迫向出质人归还了出质物，他可以提起诉讼，如果提起诉讼可获得四倍的赔偿，质权人获得的四倍的赔偿仅只是损害赔偿金，不需要抵偿债务，也不需要抵偿出质物。

在罗马时代的司法实践中，可能会发生出质物遭盗窃的情况。在这种情况下，债权人能够提起盗窃之诉。罗马时代法学家认为，即便债权人对出质物的盗窃负有过失责任，一样享有提起盗窃之诉的权利。乌尔比安在《告示评注》第30卷中明确指出："债权人因【源于盗窃的】请求返还之诉获得的东西，也同样如此【即诉抵偿债务】。"② 乌尔比安认为，债权人通过提起请求返还其所获得的东西，可以用于抵偿债务。

在罗马时代的司法实践中，如果遇到出质物是可以产生孳息的物，比如动物，质权人在出质物被盗窃后是否可以提起诉讼，向强盗提起返还物的孳息的诉讼，罗马时代的法律认为是可以的。乌尔比安在《告示评注》第30卷中指出："既可通过所有权返还之诉要求强盗返还现存孳息，也可通过请求返还之诉返还已消耗的孳息。"③

在罗马的现实生活中，还有一种情况，就是债务人的出质物在他人的临时占有或者是租赁状态下，在债务人不转移出质物的占有给债权人的情况下，债权人能否提起诉讼？罗马时代的法律认为是可以的。乌尔比安在《告示评注》第30卷中指出："临时占有或者租赁质物的债务人，在质物转让后，不归还占有的，则他受质权人之诉之束缚。"④（D. 13. 7. 22. 3）

---

① 学说汇纂第13卷：要求归还物的诉讼 [M]. 张长绵，译. 腊兰，校. 北京：中国政法大学出版社，2016：121.
② 学说汇纂第13卷：要求归还物的诉讼 [M]. 张长绵，译. 腊兰，校. 北京：中国政法大学出版社，2016：121.
③ 学说汇纂第13卷：要求归还物的诉讼 [M]. 张长绵，译. 腊兰，校. 北京：中国政法大学出版社，2016：123.
④ 学说汇纂第13卷：要求归还物的诉讼 [M]. 张长绵，译. 腊兰，校. 北京：中国政法大学出版社，2016：123.

(二) 债权人的义务

债权人在质押物上设定的权利是有限的,债权人不能使用质押物,也不能随意处分质押物,债权人对质押物需要尽善良家长的注意,不能使质押物毁损或者遗失。

其次,当债务履行终了时,及时返还质押物。由于质押物只是债务人履行债务的一种保证手段,转移的也只是物的占有权而非所有权。因此,当债务人的债务履行终了时,债权人应及时归还质押物。

二、债务人的权利、义务

(一) 债务人的权利

债务人的权利主要表现在,当债务履行完毕后,得请求债权人及时返还出质物。

(二) 债务人的义务

1. 按照约定交付出质物

罗马法律规定,出质人应当按照约定交付出质物。但是在现实的生活中,经常会出现一些特殊情况。比如甲与乙缔结了质押的裸体协议,协商确定以金子作为将来交付的质物,但是后来实际交付的不是金子,而是铜块。这个时候,就出现了一个问题,前面以金子作为质物的协议有效,还是后面实际交付铜块的法律行为有效?乌尔比安在《萨宾评注》第40卷中指出:"他对金子而不是铜块负责,这是推论的自然结果,因为并未对铜块达成协议。"[1]在罗马时代的法律规定中,质押行为不一定非要转让出质物,只要双方达成协议,即便出质物尚未转移也具有法律效力。

2. 不得将出质物卖与他人

在罗马的现实生活中,实际情况是纷繁、复杂的,有些时候会出现甲向乙贷款,并签订协议确定了出质物,然而甲又将出质物卖给了丙的情况。于

---

[1] 学说汇纂第13卷:要求归还物的诉讼 [M]. 张长绵, 译. 腊兰, 校. 北京:中国政法大学出版社, 2016:99.

是在甲、乙、丙三方之间产生了复杂的关系。在这种情况下，如果甲和乙之间签订的质押协议继续生效，则会侵害到丙的合法权益。因此，甲和乙的协议在法律上被认定为无效协议。彭波尼在《萨宾评注》第6卷中指出："上述已出卖之物将作为你的【债权】的质物。则显然你未完成任何行为，因为你接受了他人之物作为质物。"①

3. 积极履行债务

塞维鲁和安东尼皇帝在致铁莫特乌斯的信中指出："允许将质物转让给债权人的债务人，不能因此被免除债务。"② 塞维鲁和安东尼皇帝都认为，出质物的转让只是债务履行的保障，债务人的债务并未因此撤销，债务人应当积极履行债务，以保障债权人的债权得以实现。

三、质权的消灭

罗马法上，质权的消灭有几个非常重要的原因。

（一）质押物的灭失，导致质权消灭

罗马时代，法律上明确规定，用以质押的必须是有体物。随着有体物的灭失，质权灭失。马尔西安在《论抵押规则》单卷本中明确指出："有体物消灭，质权或抵押权随之消灭。"③

随着有体物的灭失，质押存在的物质基础丧失。标的物不存在，用以支撑质押的权利、义务关系，也将无法维系，质权随之消灭。如果债务人尚未履行债务或者尚未完全履行债务，债权人与债务人之间需重新确定新的质押关系，更换质押物便成为优先选择。

（二）债务得到履行

质押权灭失的第三个原因是，债务得到及时履行。罗马时代法学家认为，质押行为只是债务履行的保证，而不是债务本身。因此，随着债务的履行，

---

① 学说汇纂第13卷：要求归还物的诉讼［M］. 张长绵，译. 腊兰，校. 北京：中国政法大学出版社，2016：101.
② 斯奇巴尼. 物与物权［M］. 范怀俊，译. 北京：中国政法大学出版社，1999：166.
③ 斯奇巴尼. 物与物权［M］. 范怀俊，译. 北京：中国政法大学出版社，1999：171.

质押作为保证债务履行的手段，也因失去自身存在的价值而灭失。

（三）身份混同

另外，质押物的所有权人与作为质权人的债权人两者身份发生混同，也即合于一身的情况下，质押权宣告灭失。罗马时代法学家认为，出质物的所有权人与债权人也即质押权人应当是两个人。因此，法律明确规定，不能在自己的物上设定质押权。

（四）因时效占有的原因灭失

在罗马的司法实践中，有可能在债务人交出质物后，债权人对出质物长期疏于管理，以至出质物被善意占有人长期占用。占有人可以通过自己的占有行为，在占有期限届满后，成为出质物的所有权人。而质押权人因为自己疏于管理出质物的原因，丧失了出卖出质物的权利，也就丧失了对抗第三人——善意占有人的权利。由于出质物所有权的转移，质押权消灭。

结　语

罗马时代法律，盖尤斯《法学阶梯》和查士丁尼《法学阶梯》将法划分为三个版块：人法、物法、诉讼法。其中，人法部分的内容留下了很多时代痕迹：家长权的盛行、妇女的终身监护制、有夫权婚姻等。应该说在罗马私法的人法部分，保留了较多时代的遗迹和糟粕。这些糟粕伴随着资本主义时代人文精神的兴起，逐渐被抛弃。可以说，罗马私法人法中的很多内容，因为打上了时代烙印而被扔进历史的垃圾堆。

罗马私法物法部分的情况则完全不同，物法部分内容虽然具有罗马奴隶制时代法律的基本特征，但其更加深刻地反映了罗马时代商品经济发展的基本需求，是罗马社会生产力发展水平和社会经济状况的生动反映。共和国中期以后，伴随着罗马国家的对外扩张，罗马的商品经济处于快速发展的时期。到了帝国时代，商品经济的发展速度进一步加快。这一时期，生产力发展水平提高，市场繁荣，经济发达，法律作为上层建筑也伴随着经济的发展进入了繁荣、发展的快车道。罗马私法中的物法正是罗马社会繁荣、经济发展的生动反映。

罗马时代，物法在发展过程中，有几个十分突出的值得关注的现象。

第一，罗马法学家创建了物法的理论结构和体系。以五大法学家为核心的罗马职业法学家群体，在世界法律发展史上，最早地对法律上的物的概念进行界定，为后世民法物权理论的发展奠定了基础。后世民法，特别是大陆法系国家民法，在发展的过程中基本上无法突破罗马时代法学家创建的物的概念体系。

罗马法学家从广义和狭义两个方面，区分了民法上的物与其他法律上的物。认为民法上的物是狭义的物，由其他法律调整的物是广义的物。为后世法律区分民法调整的物与其他法律调整的物提供了早期的思路。

第二，罗马法学家将物划分为多种类型，这些物的种类的划分对后世民法产生了重大影响。比如动产与不动产的划分，以物是否能够移动及移动后是否会带来性质的改变与价值的减损作为划分标准，这种关于动产与不动产的划分标准整体上被后世民法特别是大陆法系国家民法完整借鉴。罗马法在原物与孳息的划分过程中，将孳息按照是否施加了人力划分为天然孳息与加工孳息，这种划分体现了逻辑的严密性，对后世民法产生了广泛影响。罗马法学家从是否为民法调整角度出发，将物划分为可有物（财产物）与不可有物（非财产物），凡是能够为人们拥有所有权，能够参与市场流通的，就是可有物。可有物是人们财产的组成部分，也是私法调整的对象。不可有物，是不能够作为人们财产的组成部分，不能够为个人拥有所有权的物，也是不能参与市场流通的物，也就是禁止流通物。这些物在今天大陆法系国家民事法律中，种类虽然有所扩张，但其基本划分来自罗马法上的不可有物（非财产物）。

第三，罗马法学家对主物与从物的划分，也对后市民法产生了广泛影响。罗马法学家按照合成物的效用，将从物划分为几种情况。与主物紧密结合，不可分离的情况下，决定合成物基础的就是主物。例如，文字与纸张的结合，文字是从物，纸张就是主物。主物与从物可以分离，但分离后，从物难以单独发挥作用的情况，有独立效用的是主物。例如房屋与窗子，房屋是主物，窗子是从物。还有一种情况，就是从物可以与主物分离，分离后也可以独立发挥作用，但因为其具有从属性，这种物依然是从物。例如雕像之于院落，院落属于主物，雕像属于从物。罗马法上关于主物与从物的划分，体现了罗马法学家思维的缜密性。

第四，罗马法上，关于有体物与无体物的划分，反映了罗马法律的超前性及罗马法学家的高瞻远瞩。罗马法学家在考察可以参与市场流转的物的过程中发现，不仅仅有实体存在，能够为触觉感知的物可以参与市场流通，一些无实体存在，不能够为触觉感知的物也可以参与市场流通，这种物被称为权利。罗马法学家关于有体物与无体物的划分，为后世民法关于物的划分留下了广阔的空间。

第五，罗马时代法学家，按照物的权利设定标的物的不同，将物权划分为自物权（所有权）与他物权。规定凡是在自己物上设定的权利，称为自物权，也即所有权。凡是在他人物上设定的权利，称为他物权，这种划分简单、明了，且是物权的终极划分。因为物上权利的设定，除了这两种情况，找不到第三种情况。

罗马法学家在对他物权进行分类时，按照人们的利用需要来进行划分。首先将满足人们生活、生产需要的叫作用益物权。在用益物权中，又根据土地的利用需要和一般的生产、生活需要将其划分为人役权与地役权。罗马法学家认为，在他人物上设定权利的第二种需要是满足债务履行的需要，这种情况下的物权称为担保物权。罗马法上，在他物权中，关于担保物权与用益物权的划分为后世民法，特别是大陆法系国家民法完整借鉴，对后世民法的发展影响深远。

罗马私法物法板块的设计，体现了罗马法学在发展过程中的几个十分重要的理念，值得关注。

第一，节约资源，节约社会财富的理念。

罗马私法物法之所以对后世民法产生重大影响，源自其节约资源的理念。罗马时代法律认为，个人财产是社会财富的组成部分，不能随意浪费，浪费个人财产等同于浪费社会财富，是不允许的。罗马法上关于时效取得所有权制度的规定体现了这一理念。罗马法律规定，凡是所有权人不能够及时履行自己的权利导致所有物闲置的，在经过了一定的时效后，可能会丧失物的所有权，而占有人则可能通过自己对物的积极利用的行为成为物的所有权人。罗马法上关于时效取得及其他相关规定体现了节约资源、节约社会财富、反对浪费的理念，对后世民法影响深远，十分值得关注。

第二，罗马私法物法在发展过程中，体现了早期的自然法思想。

罗马时代的自然法理论，强调物的所有权的取得依据的是自然理论：先到先得。该理论促成了罗马法上先占制度的形成。另外依据自然法理论，自然法适用于一切的人和物。按照希腊、罗马的早期自然法思想，万事万物都是平等的。在这样的理论影响下，奴隶在法律上的地位得以提升。首先，奴隶的子女在法律上不能被规定为孳息。其次，奴隶虽然是法律上的物，但主人不能像对待其他物一样随意虐待或者抛弃奴隶。主人对奴隶的所有权受到了法律关于人道主义规定的限制。

第三，罗马时代，哲学、逻辑学的高度发展，为罗马私法物法概念体系的创建提供了理论支撑。

罗马私法物法的生命力在于，其逻辑的严密性，概念体系的相对独立，及不相容性。罗马法上，有关物与物权的所有分类，实际上都是一种终极划分。所谓终极划分就是，你在罗马法学家对物与物权基本种类的划分外，找不到第三种情况。比如，罗马时代法学家将物权划分为在自己物上设定的权利和在他人物上设定的权利。除了这两种情况外，你找不到第三种情况。另外，罗马时代的法学家在对动产进行分类时，将动产根据移动方式划分为自力移动与它力移动。同样，在这两种方式外，你找不到第三种方式。

罗马时代物法上物的概念及种类的终极划分，是自希腊时代以来逻辑学发展的产物。罗马法上，每一个概念都各自独立，且不相容。罗马私法物法体系，体现了法学概念清晰、界定准确的特点。在物与物的种类、物权与物权种类划分的过程中，内容层层递进，分类明确，且穷尽一切的可能性。比如，罗马时代法学家将动物划分为天空中的动物、地面上的动物及水中的动物，既体现了逻辑的严密性，又体现了穷尽一切的法学思维模式。应该说，抛开罗马私法物法的内容不论，罗马私法物法概念的精确及体系的严密性，就足以让后世法律叹为观止。

第四，罗马时代，私法中的物法之所以具有生命力，还跟其实用理性精神有十分重要的关系。

罗马私法物法，是在实践中成长和发展起来的。物法的发展，离不开纷繁、多元的司法实践。物法的具体规定，也是罗马时代具体司法实践的需求，反映了多元化的司法需求。正因为罗马私法物法的实用理性精神，其规定十分全面，穷尽了罗马时代司法实践中的各种情况。因此从一个角度分析，罗马时代的法律包括罗马私法，不仅是法学家的法律，还是来自司法实践，反映和解决司法问题的法律。

正因为其实用理性精神，造就了罗马私法物法的可适用性、灵活性，也为各种可能出现的司法现象提供了解决方案。这种情况在质押权的规定中有相当生动的表现。罗马私法物法，对现实司法环境中各种可能出现的质押情况进行了规定。比如，关于出质物是不是需要交移债权人的问题，罗马法律规定，只要双方有口头协议，质押行为即可设定，不需要出质物的实际移交。另外，罗马的司法环境十分复杂，现实生活中可能出现由于债权人疏于管理，导致出质物被他人占有的情况，出现了这种情况怎么办？罗马法律规定，出质物被他人占有，只要达到一定的期限，占有人便可通过时效取得的方式获得占有物的所有权。也就是说，在出质物被他人占有的情况下，可能会因为时效取得的原因导致质押权的灭失。

罗马私法物法的具体规定，来源于司法实践。罗马私法物法的成长，反映了现实司法环境的多元化与复杂化。由于其灵活、多元化的规定，能够满足司法实践的现实需求。而罗马时代的商品经济环境，与现代资本主义商品经济环境虽然所处时间不同，但基本的经济体制也即所有权形式是大同小异的。罗马时代的土地私有制，与近、现代资本主义社会的土地私有制，具有异曲同工之妙。

产生于罗马时代社会经济生活的物法，反映了法律保护人们财产所有权的主观意愿，体现了法律对人们财产权利的尊重与保护。罗马时代高度发达的经济环境，为物法的成长提供了广阔的空间。罗马时代高度发达的哲学、逻辑学，为罗马私法物法的发展注入了活力。罗马私法物法概念的明确性，法律规定的终极性，使其具有强大的生命力，并且对后世民法，特别是大陆法系物法的成长，产生了持久而深刻的影响。

参考文献

一、专著

[1] 陈朝璧. 罗马法原理 [M]. 北京：法律出版社，2006.

[2] 费安玲. 罗马私法学 [M]. 北京：中国政法大学出版社，2009.

[3] 冯卓慧. 罗马私法进化论 [M]. 西安：陕西人民出版社，1992.

[4] 高富平，吴一鸣. 英美不动产法：兼与大陆法比较 [M]. 北京：清华大学出版社，2007.

[5] 黄风. 罗马私法导论 [M]. 北京：中国政法大学出版社，2003.

[6] 江平，米健. 罗马法基础 [M]. 3版. 北京：中国政法大学出版社，2004.

[7] 李中原. 欧陆民法传统的历史解读——以罗马法与自然法的演进为主线 [M]. 北京：法律出版社，2009.

[8] 刘文荣. 西方文化史——从阿波罗到"阿波罗" [M]. 上海：文汇出版社，2014.

[9] 律璞，蒙振祥，陈涛. 罗马法 [M]. 2版. 北京：中国政法大学出版社，2011.

[10] 马克思，恩格斯. 马克思恩格斯选集：第四卷 [M]. 北京：人民出版社，1972.

[11] 马骕. 绎史 [M]. 北京：中华书局，2002.

[12] 王泽鉴. 民法物权 [M]. 2版. 北京：北京大学出版社，2010.

[13] 谢邦宇. 罗马法文稿 [M]. 北京：法律出版社, 2008.

[14] 徐国栋. 罗马法与现代民法：第一卷 [M]. 北京：中国法制出版社, 2000.

[15] 周枏. 罗马法原论 [M]. 北京：商务印书馆, 1994.

[16] 周一良, 吴于廑. 世界通史资料选辑：上古部分 [M]. 北京：商务印书馆, 1962.

二、译著

[1] 柏拉图. 智者 [M]. 詹文杰, 译. 北京：商务印书馆, 2012.

[2] 查士丁尼. 法学总论——法学阶梯 [M]. 张企泰, 译. 北京：商务印书馆, 1989.

[3] 德国民法典 [Z]. 郑冲, 贾红梅, 译. 北京：法律出版社, 2001.

[4] 恩格斯. 家庭、私有制和国家的起源 [M]. 张仲实, 译. 北京：人民出版社, 1955.

[5] 法国民法典 [Z]. 罗结珍, 译. 北京：中国法制出版社, 1999.

[6] 盖尤斯. 法学阶梯 [M]. 黄风, 译. 北京：中国政法大学出版社, 1996.

[7] 古郎士. 希腊罗马古代社会研究 [M]. 李玄伯, 译. 上海：上海文艺出版社, 1990.

[8] 黑格尔. 法哲学原理 [M]. 范扬, 张企泰, 译. 北京：商务印书馆, 1961.

[9] 加图. 农业志 [M]. 马香雪, 王阁森, 译. 北京：商务印书馆, 1997.

[10] 卡贝. 伊加利亚旅行记：第二、三卷 [M]. 李雄飞, 译. 北京：商务印书馆, 1978.

[11] 卡泽尔, 克努特尔. 罗马私法 [M]. 田士永, 译. 北京：法律出版社, 2018.

[12] 科瓦略夫. 古代罗马史 [M]. 王以铸, 译. 北京：生活·读书·新知三联书店, 1957.

[13] 罗斯托夫采夫. 罗马帝国社会经济史：上册 [M]. 马雍, 厉以宁, 译. 北京：商务印书馆, 1985.

[14] 洛克. 政府论：下册 [M]. 瞿菊农, 叶启芳, 译. 北京：商务印书馆, 1982.

[15] 尼古拉斯. 罗马法概论 [M]. 黄风, 译. 北京：法律出版社, 2000.

[16] 庞德. 法律史解释 [M]. 邓正来, 译. 北京：中国法制出版社, 2002.

[17] 彭梵得. 罗马法教科书 [M]. 黄风, 译. 北京：中国政法大学出版社, 1992.

[18] 蒲鲁东. 什么是所有权 [M]. 孙署冰, 译. 北京：商务印书馆, 1982.

[19] 日本民法典 [Z]. 王书江, 译. 北京：中国法制出版社, 2000.

[20] 瑞士民法典 [Z]. 殷生根, 王燕, 译. 北京：中国政法大学出版社, 1999.

[21] 世界史资料丛刊编辑委员会. 罗马帝国时期：上 [M]. 李雅书, 选译. 北京：商务印书馆, 1985.

[22] 世界史资料丛刊编辑委员会. 罗马共和国时期：上 [M]. 任炳湘, 选译. 北京：商务印书馆, 1962.

[23] 世界史资料丛刊编辑委员会. 罗马共和国时期：下 [M]. 任炳湘, 选译. 北京：商务印书馆, 1962.

[24] 斯密. 欧陆法律发达史 [M]. 姚梅镇, 译. 北京：中国政法大学出版社, 1999.

[25] 斯奇巴尼. 物与物权 [M]. 范怀俊, 译. 北京：中国政法大学出版社, 1999.

[26] 斯奇巴尼. 债·私犯之债（II）和犯罪 [M]. 徐国栋, 译. 北京：中国政法大学出版社, 1998.

[27] 苏维托尼乌斯. 罗马十二帝王传 [M]. 张竹明, 王乃新, 蒋平, 等译. 北京：商务印书馆, 1995.

[28] 瓦罗. 论农业 [M]. 王家绶, 译. 北京: 商务印书馆, 2006.

[29] 沃森. 民法法系的演变及形成 [M]. 李静冰, 姚新华, 译. 北京: 中国政法大学出版社, 1992.

[30] 西塞罗. 论共和国 论法律 [M]. 王焕生, 译. 北京: 中国政法大学出版社, 1997.

[31] 学说汇纂第13卷: 要求归还物的诉讼. 张长绵, 译. 腊兰, 校. 北京: 中国政法大学出版社, 2016.

[32] 学说汇纂第41卷: 所有权、占有与时效取得 [M]. 贾婉婷, 译. 纪蔚民, 校. 北京: 中国政法大学出版社, 2011.

[33] 学说汇纂第八卷: 地役权 [M]. 陈汉, 译. 纪蔚民, 校. 北京: 中国政法大学出版社, 2009.

[34] 学说汇纂第三卷: 起诉的问题与基本制度 [M]. 吴鹏, 译. 腊兰, 校. 北京: 中国政法大学出版社, 2016.

[35] 学说汇纂: 第一卷: 正义与法·人的身份与物的划分·执法官 [M]. 罗智敏, 译. 纪蔚民, 校. 北京: 中国政法大学出版社, 2008.

后 记

本书酝酿于2020年春季，由于疫情的原因，这一年的春季学期采用了线上教学的模式。线上教学省去了来回奔波的劳顿，使我有更多的时间思考罗马私法物法的相关问题。我在20世纪80年代，在西北政法学院攻读学士学位时，就对民法产生了浓厚的兴趣。我在1999年硕士毕业留校任教的第一个学期，就开始从事罗马法的教学工作，至今已有25个春秋。在罗马法教学活动中，深感罗马法所蕴含的巨大的价值及其生命力。特别是其物法的规定，更是让后世法律与学者叹为观止。

一直在想，读书人的使命，大学老师的使命是什么？是在课堂上传承学术，教书育人吗？当然是。但是课堂教学具有时限性，会因为时间的流逝，导致教学效果散失。如何让自己的学术思考得以传播，让罗马法精神发扬光大，唯有学术著述方能完成。此想法正是本人写作罗马私法物法的初衷。

本书的写作，只想通过自己对罗马私法物法的点滴思考，起到抛砖引玉的作用，也借此书引起人们对罗马私法物法的高度关注。

谨以此书献给培养我成长、造就我人生的母校——西北政法大学。

谨以此书献给成就了我博士梦想的第二母校——陕西师范大学。

谨以此书献给我的亲人，你们的支持是我在学术路上披荆斩棘、奋勇前行的力量。

谨以此书献给我的同事，你们的理解和支持，永远是一盏明灯，照亮了我前行的征程。

感谢西北政法大学博士科研启动经费的资助，使本书得以顺利出版。感谢光明日报出版社编辑为本书出版付出的努力。

律璞
2023年岁末于西北政法大学雁塔校区